森　清範 清水寺貫主 猊下傘壽慶祝

北法相宗管長・音羽山清水寺貫主、森　清範猊下には、令和庚子七月八日に傘壽の賀を迎えられます。

至情、慶祝の極みであります。平成丁酉歳より三年、変わることなく石造文化財調査研究所の活動を正視、誘導せられてきた洪恩に対し、関係者一同、感銘しております。「モノ」から「ココロ」を考える仏教の考古学の資料として石造文化財の調査と研究を揚げております私たちにとって、仏教的思惟は自性認識の理に他なりません。

顧問として誘導賜っている猊下の傘下のもと、仏教を「モノ」から理解したいと願う研究所に対し、今後ともご指導を希い願い『石造文化財』一二号を献呈申し上げさせて戴きます。

令和二年庚子嘉節

石造文化財調査研究所

顧問　坂詰秀一

代表　松原典明

森清範先生（清水寺 HP より）

森清範先生（中央）・森清顕師（後列左端）・坂詰秀一先生と所員一同（2013. 1.19）

巻頭言

鎌倉時代 工人集団の活動と役割

坂詰秀一

鎌倉時代における「工人集団の活動と役割」を考古学的視点より検討する場合、まず要求されるのは対象とさるべき資料のあり方についての認識である。

「工人」を広義に捉えれば、各種多様の資料について逐一それぞれの「工人」の性格と特質を念頭に入れて考える必要があろう。しかし、ここでは「工人」中とくに〝石工〟に関する資料の検討に止めることにした。その起因は、考古学的な資料としての適確かつ普遍的に認定し得るのが〝石工〟資料であると言えるからである。

〝石工〟に関する研究は、川勝政太郎氏による先駆的研究が知られている。それによって鎌倉時代における〝石工〟の存在が石造塔婆を資料として明らかにされ、全国的に約八〇余名の〝石工〟名が提示されたのである。その後、望月友善氏は川勝資料を増補して一覧表を作成し中世〝石工〟についての研究の現状を示されたのであった。資料件数は約二倍に増え、新たなる石工の名も収録され、基礎的資料として重要な役割を果たすものと言える。

石大工名を刻した石造資料は、塔婆類がもっとも多く、ついで石仏・燈籠の順となっている。塔婆類のなかでも宝篋印塔と重層塔・宝塔に多く、石幢・板碑・五輪塔がそれに続き、数は少ないが笠塔婆にも見出すことが出来る。そのほか鳥居・基礎石・石額（鳥居）などにも若干認められる。

石塔婆中、宝篋印塔と重層塔類に大工名が多く見られるのは、それの製作が小工を率いた集団の作品と目されるからである。宝篋印塔にしても三・五・七・九・十三重塔にしてもそれの製作には多くの員数が必要であり、かつ熟達の設計者が必要である。すなわち組織をもった石大工の集団によってはじめて製作が可能であり、ためにその棟梁であった大工名が刻されていることも首肯されるのである。同様なことは石燈籠資料についても指摘することが出来るであろう。

中世に全国的に多くの造立を見た板碑〈板石塔婆〉に石大工名がさして多くないのは、それの製作が没個人的な生産物であり、画一的な大量生産物であったことに起因している。しかし板碑資料に石大工名の見られる場合もあるが、それはかなりの大きさと手間を経たものであり、そこに個性が窺われるのである。
中世の石工として、古来最も知られているのは、宋より来日した〝伊行末〟にはじまる「伊系」の石大工と忍性と、密接な関係をもっていた「大蔵系」の石大工、そして大和を中心としていた「橘系」の石大工である。

「伊系」の行末などが東大寺の修造に力を注ぎ、東大寺の石大工として活躍していたことは、寺院に従事する石大工と集団の存在を暗示している。また、特定の僧侶 - 忍性 - に従っていた「大蔵系」の石大工は、忍性の布教の歩みと同調して動いていた石大工集団の好例である。一方、限られた地域間において製作を果たしていた「橘系」の石大工は、在地における石大工集団としての位置付が考慮されなければならないであろう。

「伊系」「大蔵系」「橘系」の三者を試みに性格づけを果たしてみるとするならば、「伊系」は寺院型、「大蔵系」は教線拡張型、「橘系」は在地型とすることが出来るであろう。特定の寺院に従事する寺院型の石大工は、その寺のみに止まらず末寺などの造営修造にも関与していたであろう。そして、後世にまで技術が継承されていったものと考えられる。教線拡張型の石大工は、自己が従属する僧侶の動きと共に作品をそれぞれの土地に残していったものであり、そこには教線の伸張と布教活動の点が顕在化されている。このような集団としての「大蔵系」の存在が知られていることは、ほかにも同様の集団の存在を考えさせるものであり、特徴的技法の認定による作品の地域的あり方を特定することによって教線拡張型の石工集団の存在を摘出し得る可能性がある。以上の二型に対して、相対的に普遍性をもつのが在地型の石工集団である。在地型の石工集団は、限られた空間内に作品を多く残しているものであるが、大工名が見られぬ場合にあっても、まま地域色の濃厚な石造塔婆類集中的な存在が認められることがある。その場合にはまさに在地型の石工集団の存在を示すものとして理解され、そこに地域的な信仰の展開を窺うことが出来る。

このように展望してくると、石工集団のあり方の検討は、石大工名の有無を超えて、技術的特徴面の摘出を試みることにより、集団の存在を想定することが可能になってくる。教線拡張型の石工集団の摘出は今後における鎌倉仏教の地域的なあり方に関する問題を考える上にも重要であろう。

〔主要参考文献〕

川勝政太郎『日本石材工芸史』(昭和三二年)
望月友善「中世の石大工」(『日本の石仏』八　昭和五三年)

昭和五六年度科学研究報告「鎌倉時代における文化伝播の基礎的研究」(研究代表者・大隅和雄)の分担研究者として参加した際の内部報告のメモである。

朝鮮時代士大夫墓制における性理学的受容と実践について

―灰槨墓の形式と埋蔵主体部の特徴を中心に―

李　芝　賢

Ⅰ　はじめに

本稿の動機となったのは、朝鮮時代の墳墓から出土するミニチュアの白磁である。一六世紀頃に突如出現するこの独特な副葬品の登場背景には、性理学という思想的背景があり、この性理学が朝鮮社会に受容される過程には、士大夫という権力階級による介入を確認できる。熾烈な党争が巻き起こるほど律法を重視し、また宗教に近い性格を帯びながら、倫理的な側面はもちろんのこと生活の中に深く浸透した時代的思想であったと言える。

「士大夫」とは、朝鮮において文武両班官僚全体を包括する名称であり、四品以上を「大夫」、五品以下を「士」とする。彼らは王室のすぐ下に位置する階級として、基本的には学問に励み、官職を得て朝廷に出入りしながら国政に携わり、日常生活では庶民層と密接に交流した社会階層である。儒教国家という名分のもと建国された朝鮮では、国家体制の構築と政策推進に率先して貢献するいっぽう、庶民層を教育する義務も担っていた。

朱子家礼における喪礼の規範についても同様であり、朝鮮王室がこれを制度化する際、社会全般に拡散させるいわば拠点のような役割を士大夫層に担わせていたと考えられる。このような背景のもと一六世紀前半頃から新しい墓制が出現し、その墓制に伴う新たな特徴を纏わる墳墓が出現するのである。

本稿では、このような新しい墓制に基づく士大夫層の墳墓に現れる特徴について、これを紹介し、その変遷のなかに読み取ることのできる朝鮮社会の四礼受容様相について言及する。

このような朝鮮時代の墓制をめぐって韓国の歴史学で議論が活発になったのは、近年のことである。先行研究では民俗学の観点から朝鮮時代の喪葬を研究したものや、門中による改葬に伴う救済発掘調査で出土した服飾類について服飾史の観点から研究報告するなかで、出土状況と調査内容から、墓の構造を窺う程度であった。一九八〇〜一九九〇年代には、様々な文献資料をもとに王陵の石物と墓誌石、神道碑を対象とした研究が始められ[1]、さらに二〇〇〇年代に入って宅地開発に伴って大規模な朝鮮時代の墳墓群の発掘調査が行われるなか、朝鮮時代の墳墓の実態と喪葬礼についての議論が本格化した。このせいかにより多数の論文が発表され、また学術会議などが開催されるようになった[2]。同時に出土品をめぐって美術史的な考察も活発に行われるようになった。

考察の手順としては、Ⅱ章で朝鮮の性理学の受容における思想的な流れ、そして朱子家礼が学問的深化を超え、実践の問題に移行して社会に浸透していく様相を述べる。そのうえでⅢ章で士大夫階層墳墓に現れる新しい墓制の代表例である「灰槨墓」についてその構造、そして埋蔵主体部の特徴を発掘調査事例を通して考察する。さらにⅣ章では、Ⅱ章とⅢ章の内容を踏まえて、灰槨墓形式の変化、副葬品の出土率と項目の変化、その内容を裏付ける文献記録などを検討して、朝鮮社会における朱子家礼規範の認識と実践の特徴について考察し、結論とする。

Ⅱ　朝鮮における朱子家礼の学問的深化

儒教立国を標榜した朝鮮は、一刻も早く高麗時代の仏教的意識から抜け出し、儒教儀礼を定着させることによって、社会の倫理化や隷属化を果たすことを国家的課題としていた。朝鮮の社会において儒教儀礼の定着は上からの改革となり、まず王室が率先して礼制を直接実践に移し始めるが、四礼の中で喪葬礼においては特に厳しく求められた様子が見られる。高麗の末期から受け継がれてきた墳墓の形式は板状の石をもって石室を作った石室墓であり、これが王室や貴族、豪族の墓であった。これに対して朝鮮は建国から一〇年ほど経った太宗六年（一四〇六）に「大臣の葬礼にあたって王室で行われる国葬と礼葬[3]において、生きている人のみに苦労を負わせ、死者にとっては無益である石室を禁じ、文公家礼に従って灰隔を用いるよう」という記録がみられ、さらに太宗一八年（一四一八）に「宗親以下の礼葬には石室を無くし灰隔にするよう」という記事がある。[4]

実際の考古学的成果から、朝鮮王陵において石室墓から灰隔墓に転換した最初の例は世祖（七代王、在位一四五五～一四六八）の光陵である。これは世祖の遺命によるものであったと書かれており、石室と比べると、灰隔墓の築造は必要な労働力を大幅に減らすことができたという。

一五世紀末の『経国大典』と『国朝五礼儀』の完成は、国家的に礼制の整備が一段落したことで、礼制の実践のための制度が設けられたことを意味し、以後は礼の制度整備よりも礼を実行することへの倫理的自覚と実践、そして礼の秩序を郷村社会に根付かせることに注力するようになった。

性理学的素養を強く有する士林派の登場により教化への認識が深まり、法ではなく「礼」による教化として既存の風習を変えていくことが主張された。士林派と勲旧派勢力間の葛藤は数回に渡る士禍（政治的反対勢力に対する粛清（弾圧））を起こし、このような背景の中で性理学的な王道政治論理は観念的な理論を越えて、具体的な実践形式として礼学に向き合わせる新たな条件を築いた。退渓李滉《たいけいりこう》と栗谷李珥《りっこくりじん》は、理論をさらに深化させる一方、性理学を画期的で新しい水準へと引き上げて礼学という境地に導き、新たな活気を呼び起こした。一六世紀後半期には士大夫層がある程度朱子家礼を体化するが、一六世紀以降に発達する郷約と書院はこれを反証するものである。科挙官僚はこれらを通して着実に成長した。書院では、『小学』の規範と倫理を身につけ実践することを学問の第一歩と考え、幼い生徒たちに初めの基礎倫理として『小学』を普及させる一方、儒学者を育て、地方の両班の子弟らを教育した。

このように儒教の礼儀秩序をもって社会の地盤を固めていた朝鮮において大きな分岐点となった事件が、一五九二年から始まった文禄・慶長の役（壬辰倭乱）である。殆どの典籍・文物が戦火で焼失して国家経営の根拠が失われ、科挙官僚の構築した性理学的な社会体制が弛緩した。そのため戦後には、疲弊した生活儀礼の回復が課題となった。仏教と民間信仰を抑えると同時に、戦争期間中にも喪祭礼を執り行わない者を処罰し、体制秩序を維持させる根拠となる典籍を収集・再刊行しながら、四礼の内容を生活の中で再解釈した朝鮮ならではの家礼書が刊行され始めた。

宣祖年間（一五六七～一六〇八年）から一七世紀～一八世紀初頭にかけては、礼学の時代と言われるほど多くの礼学者が輩出され、学派を成し、礼書の刊行もピークを迎える。この時期に礼は崇尚の対象を超えて、ほとんど宗教的な傾向を帯びるようになっていた。[5]

そのようなかで、申義慶（一五五七〜一六四七）が著した『喪礼備要』[6]は、『朱子家礼』のうち、特に喪礼を重んじて『朱子家礼』を中心に『礼記』と多くの学者の解釈を抜粋、整理し、沙渓金長生《きんちょうせい》などのような礼学者の増補を受け、一六四八年（仁祖二六）に刊行された。これはその後に出版される礼書や喪礼手順の重要な根幹となった礼書として評価される。

西人学派である沙渓金長生は、『家礼集覧』で彼の礼学を整理した。『朱子家礼』を注釈し、自身の意見を補うことによって朱子家礼を完成することを目的としてあり、分量は『朱子家礼』の五倍にのぼる。その凡例では『朱子家礼』を祖述し、補充しながら彼自身の説で補い、朝鮮の俗制を含めることで実用性に考慮したとしている。[7]このような礼書を通じて、朱子家礼の深化が朝鮮社会において実質的に適用される様相と実際に喪祭礼を行った経験をもとに実用性を強調した実践マニュアルとして遜色のないものとなっている。このような様子は、当時の社会全般において性理学的礼がどの程度実践されていたのかを反映しているともいえる。

このように、礼の解釈と体化を担当していた階層が実質的な執権勢力と両班の士大夫であったため、政治的混乱につながるほど熾烈な過程を経て「朝鮮性理学」という体系を構築するに至った。一七世紀以降、朱子家礼は朝鮮礼学の根幹となり、礼の具体的な規定と手順をめぐって多くの議論が起き、朱子礼の不備を補って進歩するに至った。さらに、朝鮮時代後期に入って、より施行しやすいように再解釈した礼書が出版されるが、この代表的なものが李縡の『四礼便覧』であり、ここでは特に朱子家礼の項目が選り分けられ、朝鮮の実情に合わせて整備されたという側面がある。[8]

以上のように、朝鮮の性理学は朱子家礼に基づき建国当初は王室から始まり、一六世紀後半には士大夫階層にまで拡散して本格化し、一八世紀からは『四礼便覧』を代表とする朝鮮性理学的な礼制の完成を見るまでに至ったと理解できる。

このような思想の流れを念頭に置いて、朝鮮墳墓で灰を使い始めた灰墓に注目し、調査例と研究成果に基づいて、埋蔵主体部の特徴などについて紹介し、礼書の内容と比較・検討していきたい。

Ⅲ　灰槨墓の形式と埋蔵主体部の特徴

朝鮮王室の基本方針として、朱子の『家礼』とは異なる儀礼であった火葬は全面的に禁止された。成宗年間（一四五七〜一四九五年）の記録には、大明律の法度を引用し、葬事費用の節約のため父母・祖父母の遺体を火葬して廃棄することを法に従って論断すると書かれている。[9]このような記録からも推察されるように、朝鮮社会は儒教の基本秩序の下、仏教の僧侶を除いては火葬は行われず、土葬が一般的な喪礼風習であった。

一般的に朝鮮時代の墳墓の形式としては石室墓・土壙墓・灰槨墓・甕棺墓・火葬墓・草墳などがあるが、最も多い形式は土壙墓と灰墓である。このうち火葬墓と草墳を除いてはすべて土葬墓である。[10]灰墓はまだもう少し研究が必要な状況であるが、高麗の末期から見られる形式であることが分かっており、主に一五世紀から近世にかけて造成された墓制である。つまり、『朱子家礼』の喪礼秩序を導入するまでは見られなかった新しい形式の墳墓様式といえる。

二〇〇六〜二〇〇八年にわたり調査が行われたソウル市恩平区津寛洞一帯の恩平ニュータウン遺跡では、北漢山の西側から延びる稜線の斜面から約五〇〇〇基以上の朝鮮時代の墳墓が発掘調査された。[9]二地区C工区と三地区C工区内の全調査件数の内、四四九六基（九〇％）が土壙墓であり、五〇五基（一〇％）が灰墓として報告されている。また、別の大規模な朝

図1　恩平津寛洞2地区C工区調査後全景

鮮墳墓の調査例として、二〇〇七年宅地開発敷地事業の一環として調査されたソウルの新内洞遺跡では、四ヶ所の地点で計二一九基が調査され、そのうち一二四基（五七％）が灰墓、九五基（四三％）が土壙墓で、より高い割合で灰墓が確認された[12]。京畿道南楊州市の別内遺跡の場合、計七八六基の朝鮮墳墓調査例のうち五七九基が土壙墓、二〇七基が灰墓で、概ね土葬墓が優勢で、一部灰墓の様相を呈している[13]。調査が行われた灰墓の埋葬主体部の様相は、その形式が少しずつ異なり、この差に基づいて形式分類が可能であり、この型式に基づいて時代区分することも可能であるため、時代ごとに一定の変化があることが確認された。

先行研究では各研究者が把握している調査資料範囲によって若干の分類が異なり、現在まで統一案は存在しないが、筆者が墓主の明らかな灰槨墓であり明器などの副葬品が出土した灰墓の資料を中心に遺構を考察した結果、大きく分けて四つの形式に分類ができた。また、『朱子家礼』を模本とした『喪礼備要』、『家禮集覧』のような礼書ごとの治葬、治棺の礼が熱心に実践された一六世紀半ば～一七世紀前半にあたる典型的な墳墓調査の例について考察したい。

（一）灰墓の形式

まず、灰墓の構造を取りあげる。朝鮮時代の灰墓とは、土壙を長方形に広く掘り、その内部に木槨の枠を設置して土壙の内部と枠の間に灰隔を行って槨の形態を作り、その中に内棺を拵えたものを指す。あるいは、灰隔を行った後に槨を抜き取って木棺のみを置く例も見られる。木棺の底部に七星板を敷いて被葬者を安置させ、天板で蓋をした後に灰槨内に降ろし、灰壁の上に横帯を乗せて天灰で蓋をする。図2は灰墓の各部分の名称を図表化したものである。

まず、灰墓を指し示す用語として現在灰槨と灰隔とが混用されているが、

『国朝五礼儀[14]』巻八に凶礼の大夫士庶人条に灰墓の構造と作法について記述された部分の内容は、『朱子家礼』の治葬条の作灰隔と大きくは異なっておらずと判断され、その詳細は以下の通りである。

「ついに壙を掘る段階に入る。既に掘り終えたのであれば、まず炭末を土壙の底に広げ、二、三寸ほどの厚さになるように重ねて置いていく。次に、石灰、細砂、黄土をよく混ぜたものをその上に被せ、厚さが二、三寸ほどになるように重ねていっぱいにし、槨をこの真ん中に置く。次に四方で四つの物を回して納めるのだが、薄い板で仕切りを作って炭末を外側に置き、三つの物は内側に置いて、下部の厚さと同様に重ねる。それが終わったら、板を抜き取って上部に寄せて置き、再び炭末や石灰などを納めて重ね、槨の平らな面までこれらで満たされるまで行う。炭は木の根を防ぎ、水気と蟻を追いやる。石灰は砂と合わせると丈夫になり、泥と合わせると粘性が生じ、しばらくして固まると鉄や石のようになり、モグラや蟻、盗賊が皆近づけなくなる[15]。」

『国朝五礼儀』における「作灰隔」の用語とは、薄い板片で隔離して炭末と三物を分けて重ねる方法であることに由来していると考えられており、朝鮮時代の文献中にはしばしば灰隔という用語だけが登場する。研究者によっては異なる形式として分類されることもあるが、過程よりも結果として、箱状であるという理由から現在は灰槨、灰槨墓という名称がより広く用いられている。

慶尚北道榮州市所在の判決事金欽祖[16]（一四六一～一五二八）合葬墓は、現在確認できる灰墓の中で、その年代が明らかな最初期の例である。移葬の際に封墳が破壊された状態で、墓壙の大きさは横三〇〇㎝、縦三一七㎝で深さは二〇〇～二八六㎝であった。埋葬部は灰槨と四面の周囲と上下面に厚さ一五㎝ほどの炭が詰め込まれ、長方形の木槨（外棺）と木棺（内棺）がすべて揃っており、棺材は赤松である[17]。

さらに、全羅北道完州市全州柳氏の先山移葬の際の調査では一七世（一六世紀前半）から二三世（一八世紀前半）まで二一基の墳墓が確認されたが、その中で早い時期の一七世柳彭成墓と一八世柳世華墓の埋葬部から炭槨灰槨木槨木棺構造が確認された。柳彭成の没年は正確には判明されていないが一六世紀前半に活動した記録があり、また柳世華が一五五四年に没しているため、一五二八年の金欽祖合葬墓に続いて築造年代が分かる例と言える。全州柳氏の遺構らは他の多くの墳墓の調査例と同様に、墳墓改葬に伴う調査であるため徹底した考古学的調査が行われず正確な記録は残っていない。また出土品を中心とした簡略な報告書を参照すると、両墓とも掘壙の側壁に便房が確認されるものの、大部分の副葬品は墓壙内部と木棺内で出土しており、白磁器各種と青銅鉢・青銅匙・銅鏡・盒・扇子や木製櫛など、生前に使用した品々が出土している[18]。さて京畿道龍仁霊徳洞遺跡一四地点において確認された二号墓も、灰槨と炭槨がいずれも確認できる例である。夫婦合葬墓と見られ、墓主は不明であるが、垂直に掘壙を作って掘壙と灰槨の隙間の斜面を全て木炭で埋めている。

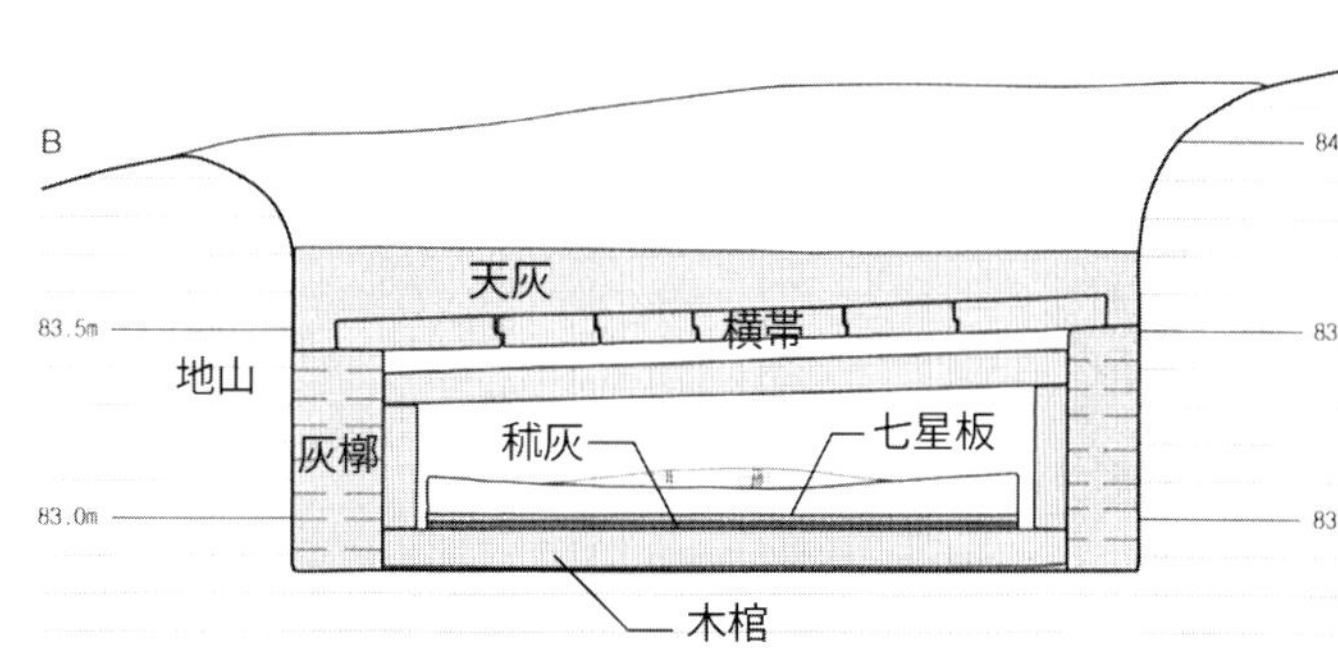

図２　朝鮮の灰槨墓模式図（津寛洞ＣⅠ区４地点２号灰墓、筆者加筆）

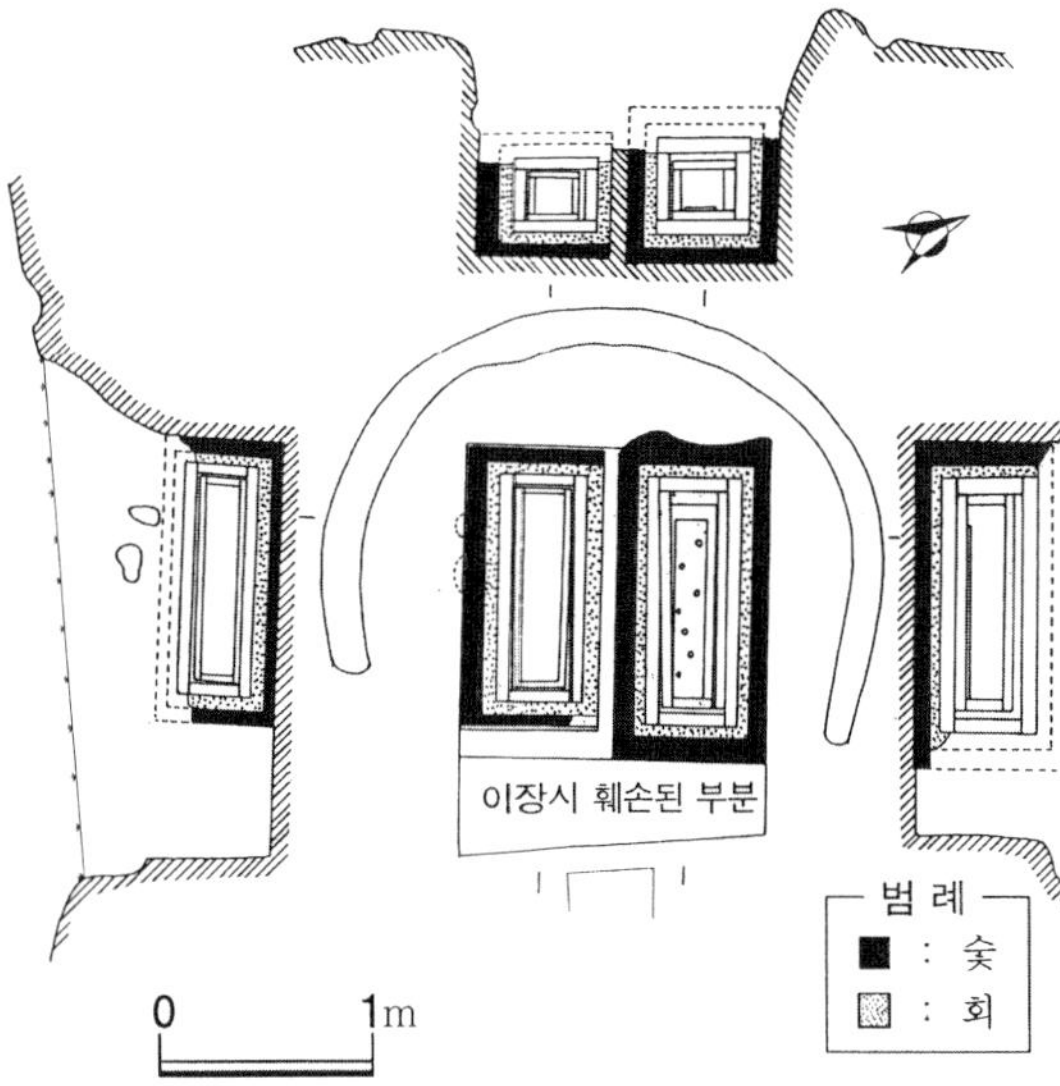

図４　金欽祖墓遺構平面図

図３　金欽祖墓棺槨の露出全景（天灰除去後）

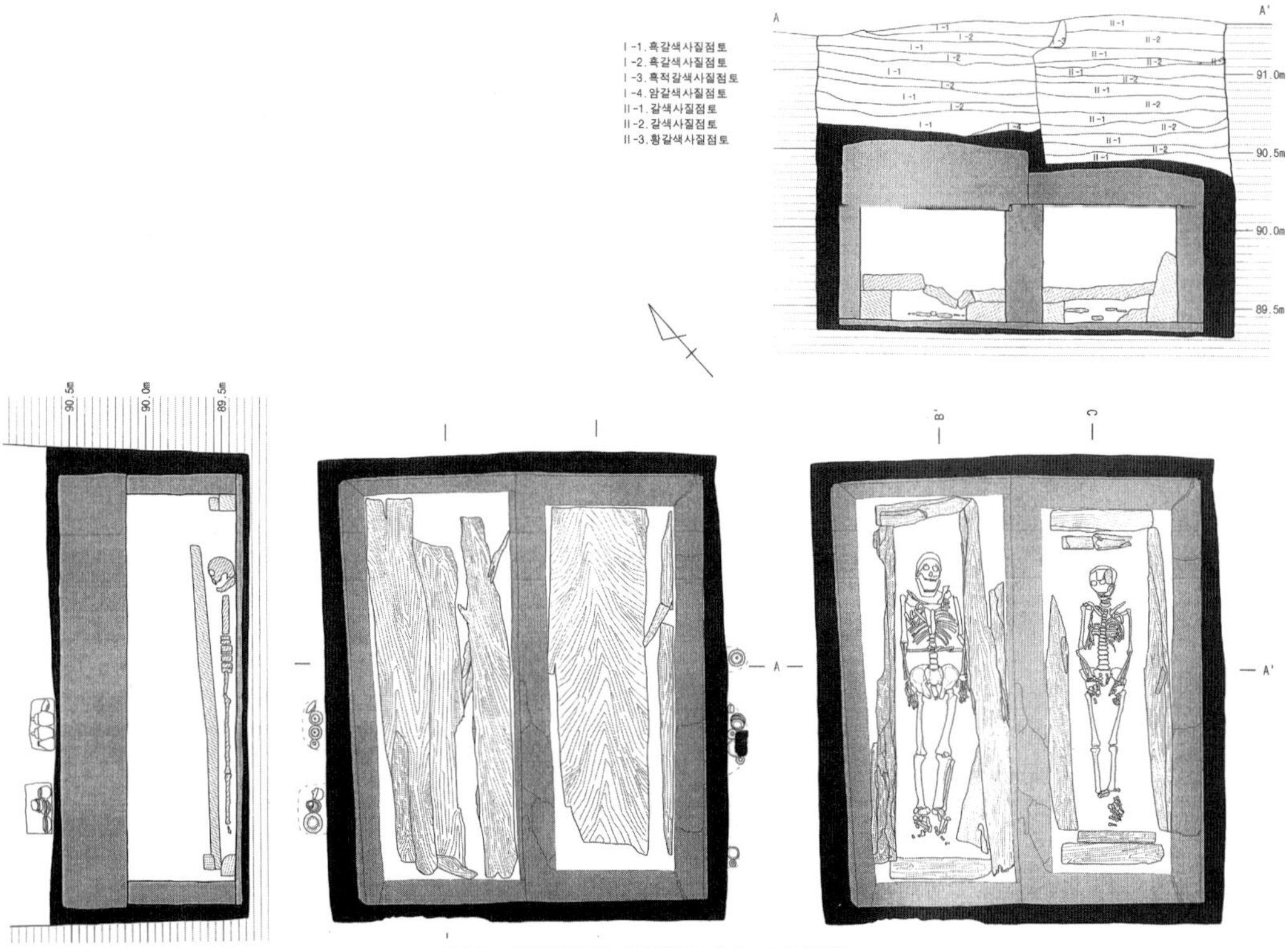

図５　京畿道龍仁霊徳洞 14 地点２号墓

天灰と四方灰がすべて用いられ、灰槨壁の厚さは一四～二〇㎝である。灰壁は生石灰と三物灰を交互に七回重ねて平らにした痕跡が見られる。これは、灰壁築造において一般的な築造方式である(17)。

上記の四つの遺構の築造形式は『国朝五礼儀』に記された方式と一致していると考えられる。隔を作り内外に炭と灰を交互に均して造成された方式で、第Ⅰ型式にあたる。朝鮮時代には朱子家礼に基づく葬礼の実施を奨励する方針の下で王が功臣に賻儀として炭や灰を下賜したという記録が確認できる(20)。この功臣とはいずれも堂上官の官職に該当し、このような形式の墓が士大

判決事 金欽祖墳墓	全州柳氏　柳世茂墓
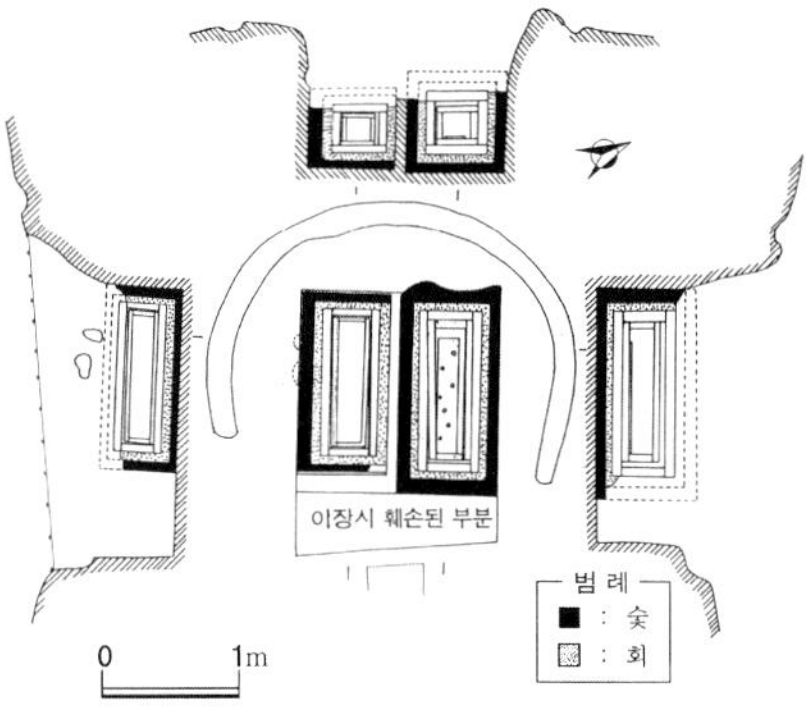	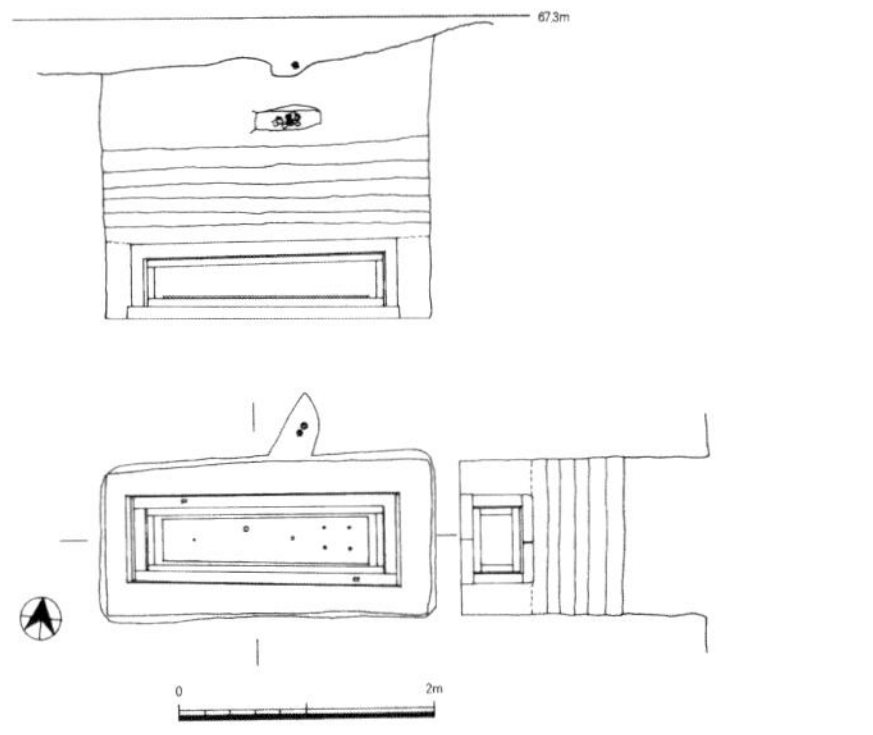
Ⅰ式：炭槨+灰槨+木槨+木棺	**Ⅱ式：灰槨+木槨+木棺**
南楊州好坪3地区12号墓	ソウル新内洞1地点11号墓
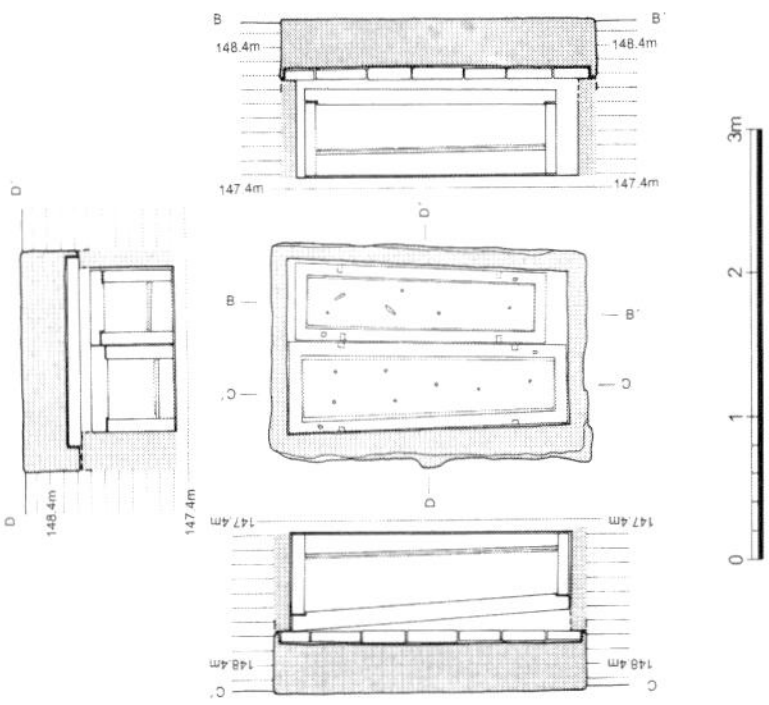	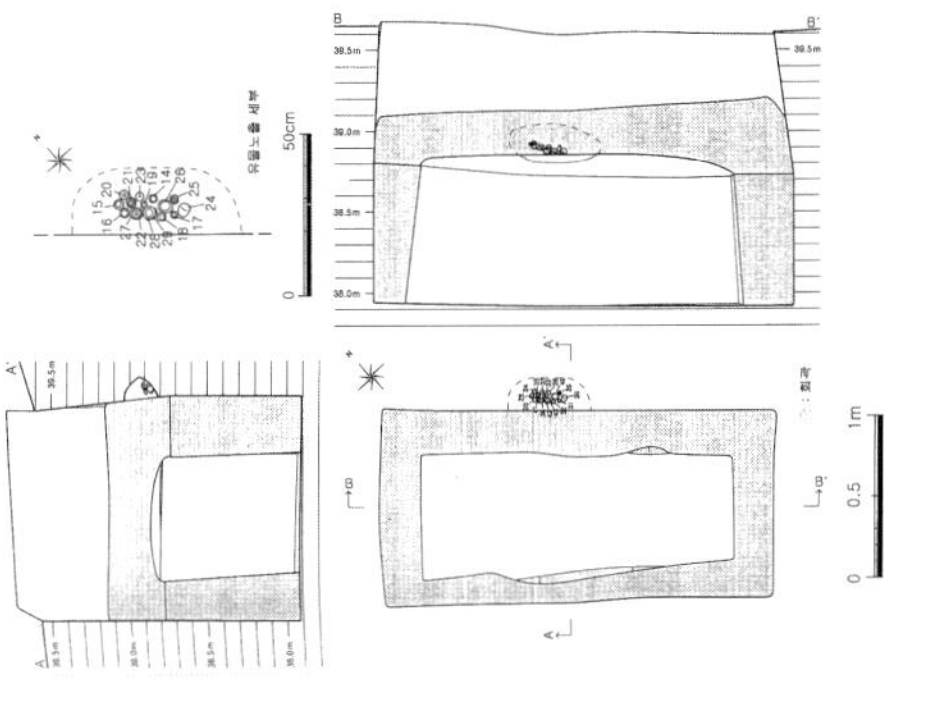
Ⅲ式：灰槨+木棺+横帯	**Ⅳ式：灰槨+脱棺+横帯　/補強土＋脱棺＋天灰**

表１　灰槨墓の形式分類

夫層のみに限られていたことを推察させる。しかし、炭槨層の確保のために掘壙の幅が広く場所確保する必要があり、また築造費用が高額で多くの労力を必要とすることから、長くは続かなかったものと見られ、朝鮮時代前期の比較的早い時期のみに現れた墓制として位置付けることができる。

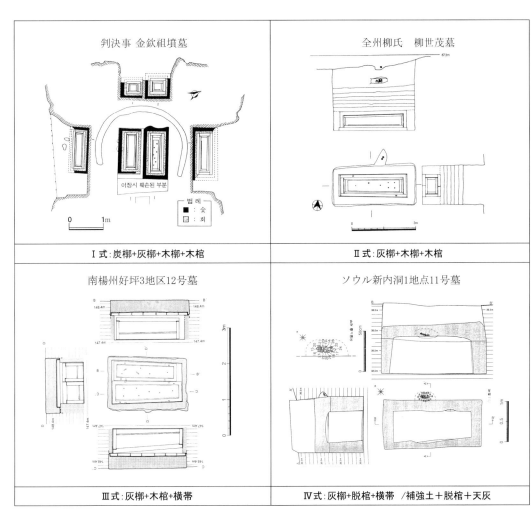

　これに続き、全羅北道完州郡全州柳氏先山出土二一基の墳墓の中で、柳彭成墓と柳世華から続く柳世茂（一五八六年没）と柳思謙、高阜殷氏合葬墓（一五九九年）、柳応元と彼らの夫人たちなど一〇基の墳墓と泰安君李彭壽墓（一五九八年没）と夫人安山金氏墓[21]（一五七九年没）、権守（一五八〇年没）権慶男[22]（一六〇七年）、済州高氏（一六三〇〜四〇年没と推定）墳墓[23]と南揚州好坪・坪内遺跡三地区七号墳、一一号墳[24]などの埋葬部は、炭槨を除外して掘壙内に木槨を設置して四方に灰を詰め、木槨内に木棺を安置した形式である。墓主が判明している資料内容を土台に、これは時期的には炭槨墓以後が中心になっていることが分かるが、研究者によってはこのような灰槨内の木槨と木棺を有する様式と炭槨墓とをまとめて灰隔墓と規定している[25]。特徴としては、壙中と木槨との隙間を三物で満たして、再度木槨の上を三物で覆う方式である。そのため、構造上最も頑丈に造成されミイラ及び服飾類の出土例が最も多い。

　第Ⅲ形式は、灰槨木棺墓で灰槨内に直接木棺が安置され、「横帯」が乗せられた形式である。「横帯」とは棺を安置した後天灰と木棺が直接触れないよう灰壁の上に乗せる物である（図６）。朝鮮時代前期には二重棺の使用により「横

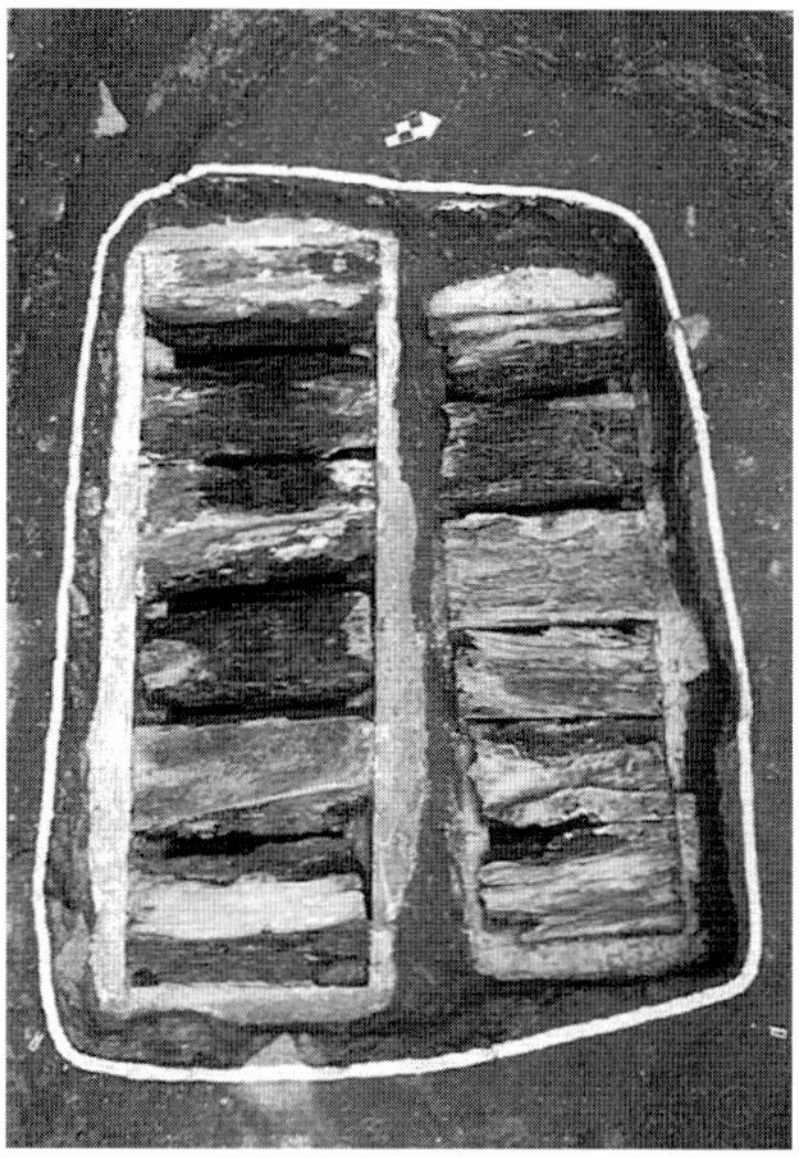

図6　横帯（恩平津寛洞Ｃ工区４地点１号灰墓）

帯」は見られなくなったが、中期以降は単棺の灰槨墓が造成されて再び横帯が用いられるようになる。(26) 木槨や炭槨などの外棺機構のない単棺であることから、一・二式と比較して墳墓の規模が小さく灰隔をする際に砂や真砂土を多く混ぜた結果灰槨の強度が落ちるケースが確認される。

第Ⅳ形式は、灰槨（四方灰）または天灰のみを有し、木棺が置かれるか、木棺無しで（脱棺）そのまま遺体が安置されたり、四方灰が真砂土と灰の混合物あるいは二段掘壙で代替する構造である。

新内洞一地点一一号墓、津寛洞三地区Ｃ工区四地点四号・七号墓、南揚州別内遺跡八四号墓、沃川仁政里遺跡一号墓と全州柳氏墳墓群の最後の世代である二三代柳澗（一七一一年没）の墓などがこの形式である。

以上のように、灰墓の形式は炭槨灰槨墓で掘壙し灰槨を作る前に周辺に炭槨を造成して灰槨と木槨を築造した後に木槨内に木棺を設置したものと、それ以外に炭槨を持たない灰槨墓の中では灰槨内の木槨の有無によって分類し灰槨のみを持つものに分類されることになる。またそのほかに、分類によっては、灰槨が四方を囲っているか、地灰か天灰だけが置かれているのか、さらに三物の成分によって細分されることがある。

（二）棺槨の特徴：七星板、秫灰《じゅつはい》、炭米、蝶形契り・棺釘、翣《そう》

次に、掘壙内の棺槨とその周辺に表れる特徴について項目ごとに取りあげる。

忠簡公李基祚（一五九五～一六五三）の墓域発掘では、埋葬部から灰槨木棺墓が出土したことを初め諸棺槨の内容が詳細に報告されている。(27) 墓域の所在地は京畿道軍浦市山本洞の修理山麓であり、宅地開発のなかで移転、復元される過程で発掘調査が行われた。封土を完全に取り除いて露出した墓壙の大きさは横一八〇～一六五cm、縦二三四～一六五cmで頭広足狭の形である。約二〇cm下に精選された三物を使用して非常に頑丈に築造された四方灰槨があった。天灰を除去し、合葬墓構造で空間が二つ構築された灰

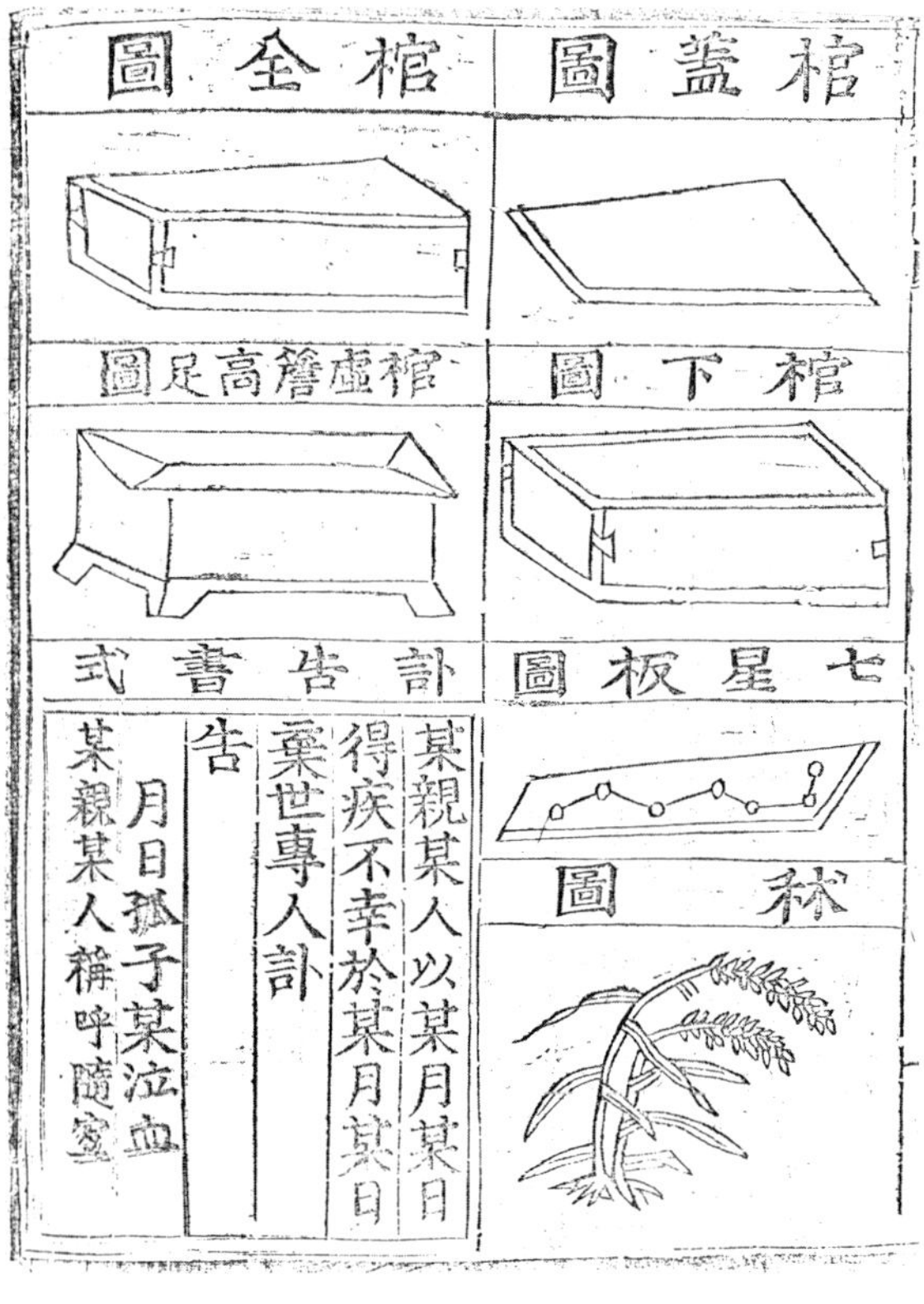

図７『喪礼備要』棺全図・秫図

槨があり、その中に木棺が安置され、その上に「横帯」がかけられている。「横帯」は天灰を被せる前に木棺を保護するためにも乗せる物であるとして、朝鮮時代前期にはほとんど確認されなくなるが、中期以降に単棺である灰槨墓が造成されるようになって使用されるようになる。

木棺は天板、地板、四方板から構成されるが、棺釘を用いずに木組みによって作られる。四方板の長壁と短壁はほぞ組で、地天板と四方板は蝶形契り(나비장이음)である。壁の接合部は片方の面に二つずつ同じ繫を行い、内棺の内部には韓紙を貼り付けた跡があり底には七星板を敷かれている(図7・8)。

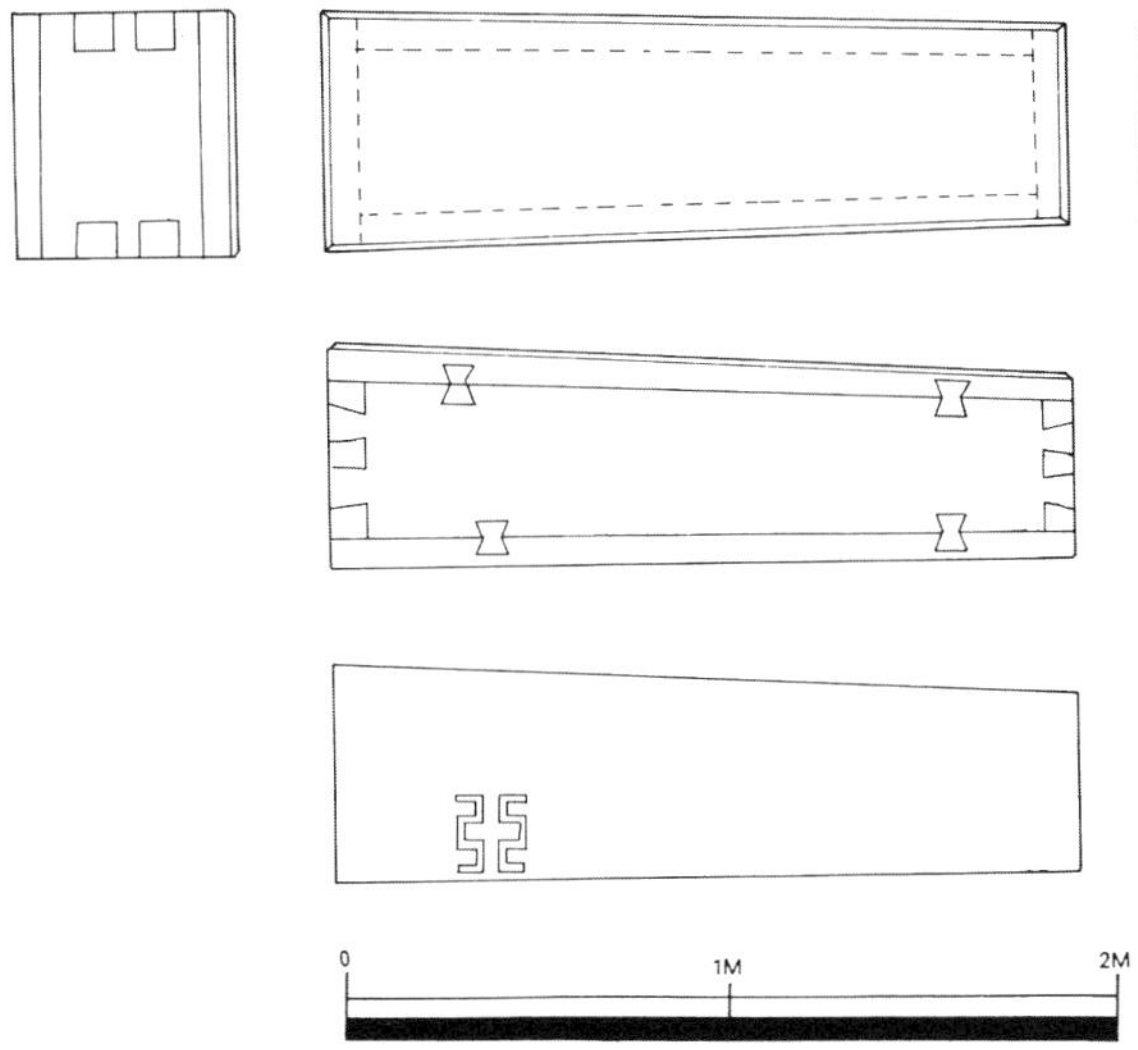

図8　忠簡公李基祚木棺実測図

七星板は木棺の底に敷く木製板で、北斗七星形に七ケ所に穴を穿って漆を塗ったものである。威斗を墓地に埋めるのは、地下の邪鬼を抑えこむ目的があり、北斗七星形に穴を穿つことは死を司る北斗神に祈って死からの救済を図るためである。棺の下の七星板はまるで方相と墓の前の石奴に等しいものである[28]。大殮を行う際に棺の底に秫灰を敷いて紙を被せ、その上に七星板を置いて使用した。『喪礼備要』の秫灰はモチ粟を燃やしたもので、木棺内の七星板の下に燃え殻あるいは炭を敷く。火で燃やして完全に灰にならないものには、火性が残っており水が染み込まないので腐らないとされ[29]、木棺内の秫灰が出土した調査例としては、恩平津寛洞C工区四地点二号・五号灰墓、龍仁霊徳洞一四地区三号墳、参判公済州高氏墓[30]、権守墓[31]などが多数確認されている。

また、李基祚木棺の地板と長壁の蝶形組の部分に「亞」字形の翣(柩の両側に置く扇形の羽飾り。)が一つ表されている。翣は発靷《はついん》の際に携える治葬具の一つであり、下棺の時に柩の横に立て掛けて置くものである(図8～10)。

図9は『喪礼備要』

図10　南陽州花接里遺物散布址4-5地点13号墓の翣出土状況

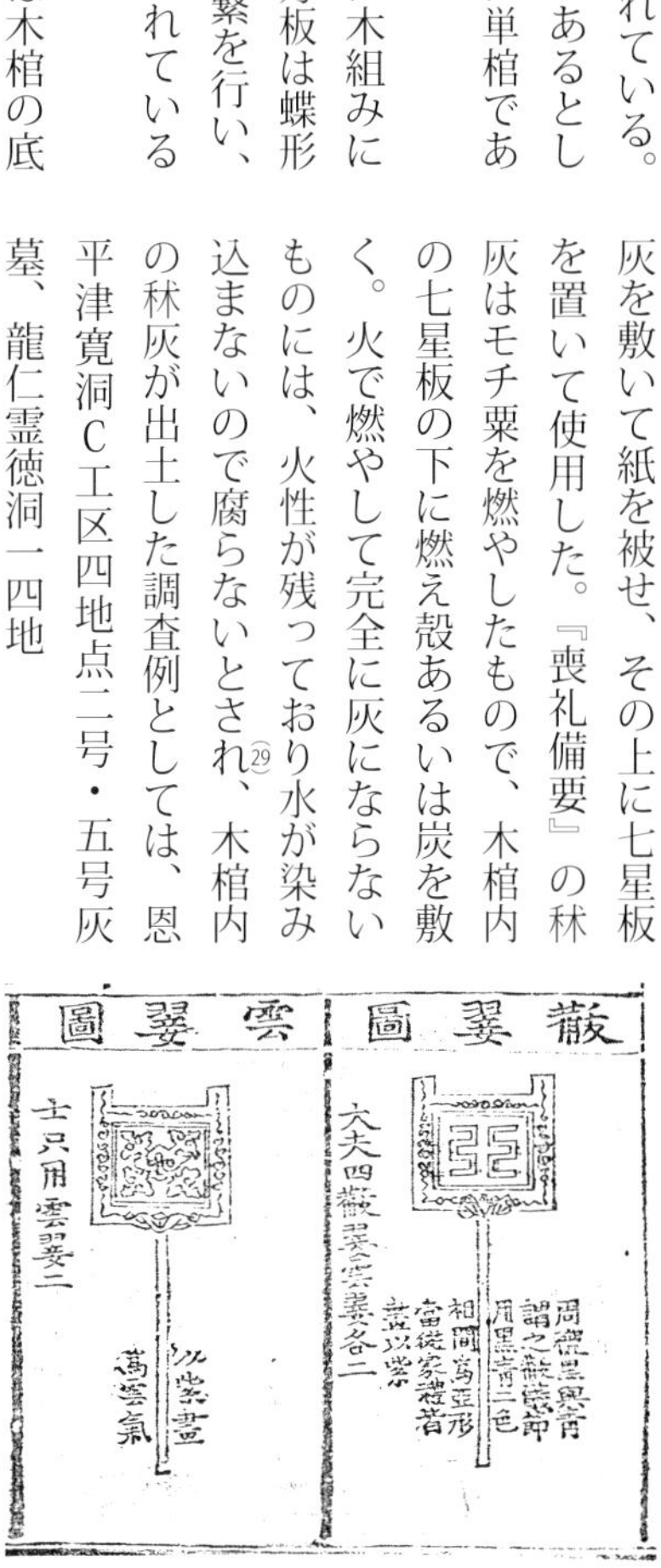

図9『喪礼備要』翣扇図

において提示された翣（翣扇）図の例示で、李基祚合葬墓出土の翣（図8）は「亞」字形が表され「亞翣」または「黼翣」と言われるものである。『備要』によると、大夫は雲翣と黼翣をそれぞれ二個、士は雲翣二個を使うように書かれている。大概は翣は木で仕切りを作り白布や厚紙を利用して作って下棺の際に棺と一緒に壙内に入れて棺と壙の間に入れるのが一般的であるが、この場合は木棺の長壁に直接翣を描いた例となる。そのほかに南揚州好坪三地区二・一二号墓、龍仁霊徳洞一四地区三号墳などで出土例が確認される。

取りあげた李基祚合葬墓の例を踏まえるならば、朝鮮墳墓の実際の調査例においても埋葬部をはじめとする棺槨の特徴が、『国朝五礼儀』や『喪礼備要』などの文献とも大部分が一致しており、非常に忠実に倣っていると言える。

（三）墓誌石

灰墓において誌石の出土率は低くなく、壙上部の天灰の上面あるいは壙内のやや南寄りに埋葬されるのが一般的である。『四礼便覧』には、まず一層の塼石を置き、その上に誌石を置いて、再び塼石四個で囲んでその上部を覆うと書かれている。誌石の蓋に「某官某公之墓」と表記する、などの内容は『朱子家礼』と一致している。朝鮮墳墓において実際最も高い出土率を示すのは石製よりも土製誌石と磁器製誌石である。調査者らは特に土製誌石が多いと報告しているが、これは『四礼便覧』において片灰で刻字するのも良いと記録されていることから、これと照らし合わせて灰誌石であると考えられる。灰、砂、泥を混ぜて数個のレンガ状にして、それぞれに文字を深く刻み込んで炭の粉と石灰を法油と混ぜて彫り跡を埋めて字を浮かび上がらせ、天灰の上部に縦に配置する手法が一般的である。津寛洞A工区八号墓、南揚州別内遺跡六‐六地点七七号墓などで確認された。

磁器製誌石は二枚〜一〇数枚の白磁板を作って青花、鉄砂顔料で書く、または陰刻などで文字を刻むのが一般的で、灰槨上面や壙中の壁面にそれぞれ立て掛ける形式で出土することもある。出土例以外にも伝世品を通して鉢型、皿型、神柱型など多様な形態の磁器製誌石を見ることができる。京畿道城南市で調査された泰安君李彭壽夫妻合葬墓では、夫人の安山金氏のものと見られる青花白磁墓誌七枚のほかに、白磁鉢型の墓誌が出土した。白磁は接地面が狭く砂目で支えられ、内低に円刻があり口縁部が若干外反した典型的な一六世紀頃の白磁鉢の特徴を示している。内面には墨書きで四行の銘文が記されており、墓主の寝向きと壙の深さ、葬礼を行った日付などが書かれている（図11〜13）。

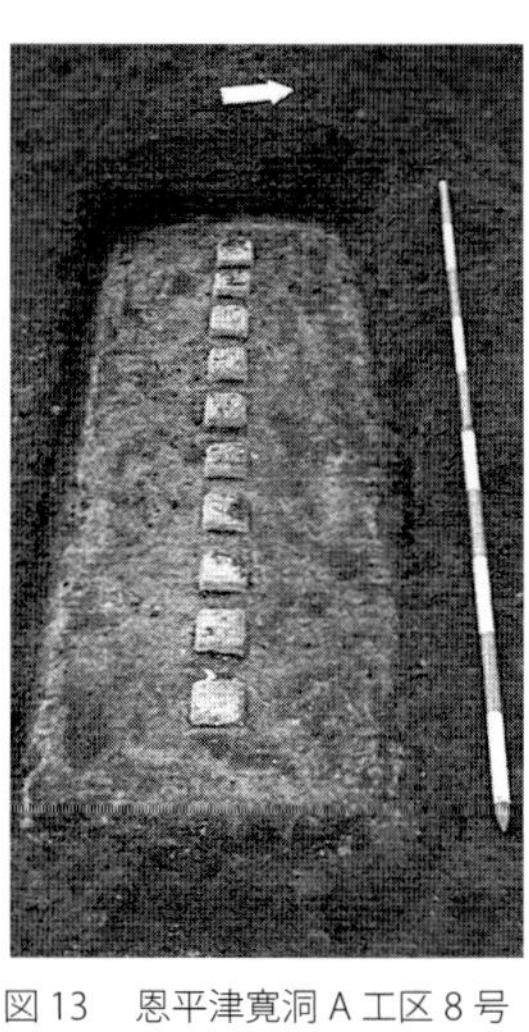
図13　恩平津寛洞Ａ工区８号灰墓出土「灰誌石」

図12　安山金氏（李基祚配位）鉢形墨書銘墓誌

図11　忠簡公李基祚合葬墓青花白磁墓誌の出土状況

（四）出土遺物（副葬品・遺衣）の特徴

表4からもわかるように、灰槨墳墓において副葬品の埋葬場所は大きく分けて墓壙内、棺内、便房であるが埋納位置ごとの副葬品の品目は概ね共通していて、また、ある程度定型化した組み合わせの傾向もうかがえる。その組み合わせをめぐって第一に、生前に使用していた磁器類と青銅の碗、青銅匙や種々のガラス玉、装身具、鉄製鋏などの組み合わせに加えて、銅銭、鉄釘などが共伴するものである。ここでは磁器類は粉青あるいは白磁碗類と磁器瓶あるいは土器瓶が組み合わされる。棺槨に鉄釘が使われるのは、蝶形組みの朝鮮灰墓の典型的な棺槨が登場する以前の傾向として、早い時期の墓制の特徴と理解されている。

第二に、灰槨墓の典型的な出土品である白磁明器類と服装類が共伴する様相である。明器は主に白磁で各種の祭器の形を模した器皿一式をミニチュアとして作ったもので、埋葬位置は原則としては墓壙の壁面に便房という龕室を作って埋納する。まれに墓壙内または灰槨の左側に副葬される場合もある。『世宗実録』「五礼儀」（一四五四）凶礼 明器条や成宗代に刊行された『経国大典』と『国朝五礼儀』には明器製作と副葬を滞りなく実践するために図解とともに詳細なマニュアルを提示しており、このような法制書編纂以前から行われていたことを推察させる。『国朝五礼儀』には大夫士庶人喪の場合明器の使用において品階ごとの制限が提示されており「四品以上は三〇事、五品以上は二〇事、庶人は一五事を用いる」とした。[32] 一方『喪礼備要』（一六四八年刊行）の造明器条の内容は『朱子家礼』とほとんど一致している。

『喪礼備要』をはじめとする他の礼書でも類似している図解と共に明器・下帳・笣《ほう》・筲・甖《かめ》、誌石を埋納する方法について説明されており、墓壙とは別に便房という施設を作ることが記されている。明器条の内容では墓壙は長方形で頭が北を向くようにして、墓誌石は墓壙の南側に埋めて明器は便房に入れるという。明器は竹器五事、磁器三事を入れて僕従と侍女、車馬を入れると書かれている。実際に明器の一式のうちには僕従と侍女、車馬がそれぞれ含まれている例が見られ、白磁明器は大概一〇数点の器皿が

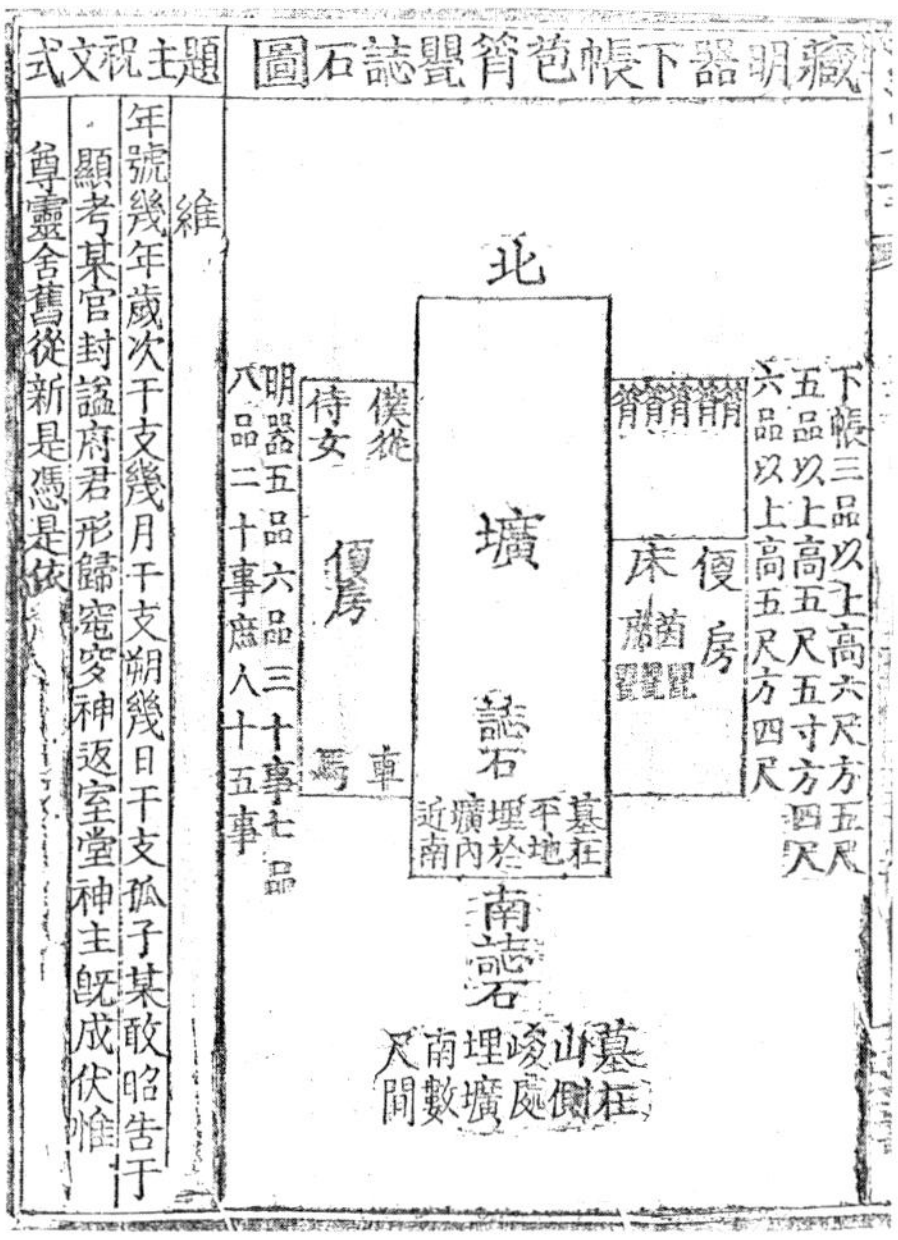

図14　金長生『家礼集覧図説』
藏明器下帳笣筲甖誌石図

表2　『喪礼備要』『朱子家礼』造明器条

	『朱子家礼』巻5喪葬「造明器」	『喪禮備要』「造明器」
定義	刻木為車馬僕従侍女各執奉養之物象平生而小	刻木為車馬僕従侍女各執奉養之物象平生而小
使用制限	五品六品三十事七品八品二十事餘十五事 泥塑亦可	五品六品三十事七品八品二十事非陞朝官十五事
笣・筲・甖	笣竹俺三以盛遣奠脯醢 筲 竹器五以盛五穀 甖 甖音英瓶之總名瓷器三以盛酒醯醢	笣 竹俺一以盛 遣奠餘脯 筲 竹器五以盛稲黍稷麦菽（既夕禮其実皆淪注湛之湯）甖磁器三以盛酒醯醢

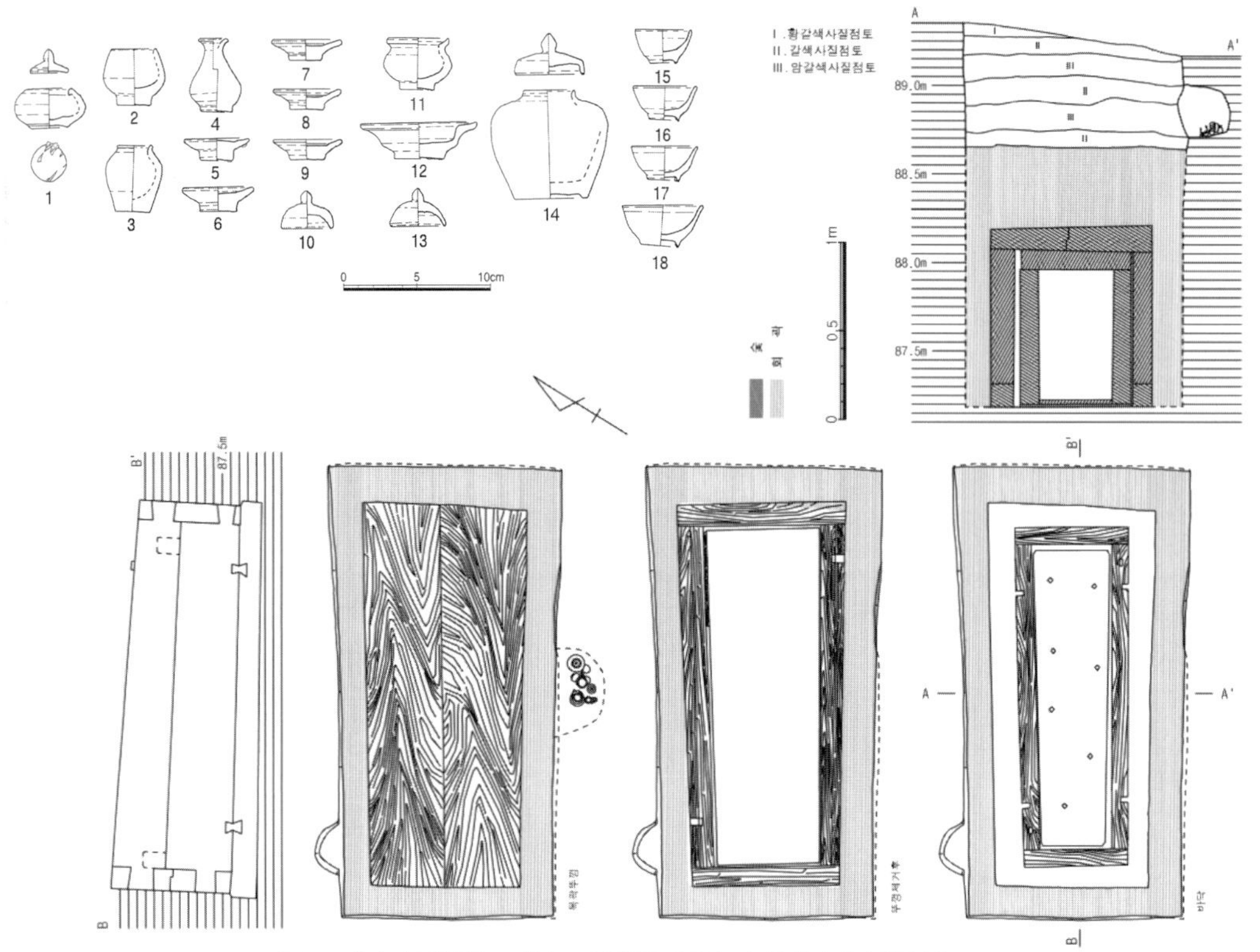

図15　龍仁市霊徳洞14地点3号遺構平面図・同墳墓出土白磁明器

一式を構成する。その種類は『世宗実録』「五礼儀」に収録された明器の図解例示からその種類と名称を知ることができ、有蓋壺、酒樽、酒瓶、飯鉢、唾盂、盥盤、盥匜、盒、溲器、皿、杯、羹鉢、香炉などである。

図15は、龍仁霊徳洞一四地点三号墳の平面図と出土明器の一覧で、便房の位置がよくわかるようになっている。掘壙の側壁には全部で二つの龕室を設けられ、南長壁からは白磁明器一八点が服飾類と共に出土した。墳墓の形式は木槨が省略された灰槨Ⅲ式であった。

実際に士大夫墓に明器が副葬されるようになったのは一六世紀の第二四半世紀頃で、名目上は一九世紀まで制度は続いたが、一七世紀後半には副葬率が大きく降下してほとんど見られなくなる。明器が数十個単位で一括で便房に埋納されるのは、灰槨墓が登場する時期と消えていく時期までを共有しているが、器物の大きさや形式面の様式変化は文禄・慶長の役が始まった時期から衰退が著しく加速化する様相であった。

図16　白磁鉄絵侍僕馬形明器
（釜山広域市立博物館所蔵）

図17　龍仁市霊徳洞14-2・14-3号
出土白磁明器一括

出土する織物遺物は主に服飾類と殮襲具で、出土位置は木棺内である。遺体に着せられた襲衣（壽衣）と遺衣、新衣などが隙間を埋める補空具として使用されており、材質はほとんどが絹であり、殮襲具の場合は麻布である。多いケースでは四～五〇件以上の多様な種類の服飾類が完全な形態で出土し、服飾史研究の重要な資料の根幹を担っているのだが、その内容については非常に膨大であるためここでは扱わないこととする。表4に示した出土服飾類は、残存状態が良好な事例に限定したものであり、完全に腐食して収集できなかった事例、また改葬に伴う調査であることから忠実な報告が行わなかった事例については、記載していないが、頻度としては先述の条件を満たすほとんど全ての墳墓から出土していると言える。

（五）ミイラ・殮襲

最後に、灰槨墓に同伴する特徴として、ミイラの出土が取り上げられる。ミイラの出土率に関しては統計など試みられてはいないが、全体としては調査過程において灰槨木槨木棺の構造かつ灰槨の厚さが一メートル程度で完全に固まって密封された状態の灰槨墓である場合、衣褶類と共に遺体がミイラとして発見される例が少なくない。

ミイラは、頑丈な灰槨墓構造でなければ出現せず、大概は全身の姿勢は

図18　ソウル新内洞遺跡出土ミイラ
（漢江文化財研究院）

各種の衣褶を伴う。また手が揃えられ前に置かれていることから、直接目にすることはできないが葬礼節次の中で遺体を殮襲した過程を間接的に知ることができる、行為の証拠であると考えられる。

ミイラが出土した事例としては、京畿道揚州海平尹氏墳墓、慶尚南道河東郡金星面可徳里の星州李氏墳墓、忠清南道泰安邑宜寧南氏南五星墓、京畿道坡州郡出土公州李氏鎮嵩墓、それ以外には恩平ニュータウン二-B地区、ソウル新内洞墳墓群からもミイラの出土が報告されている。(32)

Ⅳ　朝鮮社会における四礼の受容意識とその様相

ここまで論じたように、朝鮮時代の灰槨墳墓の様式と埋蔵主体部における様々な特徴は『朱子家礼』にもとづく朝鮮時代の礼書に比較的忠実に従って実践する傾向を示している。儒学者たちの間では理論解釈の違いによる礼訟論争や政争が絶えなかったが、書院と郷約を通じた実践的な規制装置が各地域に体系的に構築されたことにより、ある程度強制力をもつ実践圧力が士大夫層を中心として一般庶民まで広く構築されていたと考えられる。しかし社会的に施行するうえで、朝鮮の実情と経済状況に合う実践法案を模索することは容易ではなく、朝鮮の礼学者たちは様々な困難に直面したことが想像される。

このような状況のなか、朝鮮社会における四礼受容は漸次的な礼制の縮小傾向、そして朝鮮時代末期まで連綿と続く実践重視を特徴として挙げられる。

Ⅱ・Ⅲ式灰槨墓の登場は、簡素化の傾向を示すものとも言えるが、灰墓の拡大形式と考えることもできる。登場時期は、一六世紀後半から一七世紀半ば頃までで、礼学の成立時期と大きく関連していると思われる。とくにⅡ・Ⅲ式灰槨墓は、明器の副葬率が最も多く、副葬率のピークである。

宣祖年間は、朝鮮全土で書院の建立が爆発的に増加した時期に当たる。つまり生活規範として葬礼が定着する時期と郷約、書院が拡散する時期は密接な関係にあると考えられる。そして書院は地域社会において儒学の教育と指導を担うユニットであったため、儀礼の持続性との関連が高く、書院がある限り四礼規範は続けられたものと考えられる。

さて縮小傾向は、灰槨墓の様式、棺槨の特徴、副葬品など全般に現れる。まず灰槨墓の様式は先述の通り、灰槨の周辺に炭槨を構築して槨と棺を全て備えて『朱子家礼』と『国朝五礼儀』の様式を忠実に再現した例から、次第に炭槨、槨、棺が省略されていくことが研究成果から明らかになった。もちろん全体的な墳墓形式のうち、土壙墓の比率が灰槨墓と比べて常に圧倒しているということも念頭に入れておく必要がある。またそれだけでなく、『朱子家礼』と『国朝五礼儀』において三物の比率は石灰と黄土、細かい砂を三対一対一の比率で用いるよう記されているが、実際の発掘事例を踏まえると黄土を多めに用いて石灰を混ぜて補ったり、天灰にのみ石灰と黄土を混ぜて造成することもあった。このような場合、灰の層は頑丈ではなく、ぼろぼろと崩れるほどに脆いものもある。後に広く普及することになる一八世紀の礼書である『四礼便覧』において石灰、黄土、細砂の比率が三対一対二と記されていることは、朝鮮時代前期と比べて解釈の融通が効くようになったことを窺わせる。

朝鮮社会における喪葬礼の実践は、文禄・慶長の役を契機として大きな変化の局面を迎える。戦乱により混乱した社会秩序と、建国当初から育まれてきた儒教的秩序の基盤が揺り動かされることになり、これを元に戻すため社会的により規範を強化する方針を推し進めた。しかし現実は、経済的基盤の損失による物資不足から実践に苦戦を強いられることとなった。そのため現実に合わせ簡略化省略化されながら、内容と意義を十分なものとする強い意志のもと儀礼の順序や形式は維持される傾向が加速化した。このことを反映するかのように、一七世紀初めから二重棺槨は省略され、単槨式または脱棺に進み灰を用いながらも天灰だけが残すなどの様相が見られる。

鄭逑のもとで修学した朝鮮時代中期の文人・張顕光の『旅軒集』には、木槨の有害さについて指摘する記述を確認できる。「槨は古礼が故に廃れない。槨は昔の人々が厚いものを誡として重んじたが、板木は歳月が経つと結局腐ってただれてしまい無駄に壙中を広げるだけになるため、いっそ用いない方がいい。用いないのは貧乏だからではなく、亡者を安らかに保とうとするからである[34]」とし、また「人々が父母を葬る時、外棺を用いないのは槨を無くせという命があったからである。情礼としては当然だが、孫と曽孫以下まで代々守るとなると、太尽される恐れがある。或いは槨を用いても其の制度を多少緩めるのが妥当である[35]」。という一節から、棺槨形式が簡素化していく背景を推察できる。

また副葬品にも縮小・簡素化の傾向を読み取れるが、士大夫階層の墳墓において最も目立つものは、灰槨墓における副葬品の種類変化である。灰槨墓の副葬品は生前に使っていた品々や青銅盒、青銅匙などを組み合わせる高麗時代以来の風習が無くなり、朝鮮式灰槨墓の定着とともに、「便房」という別の埋蔵空間を持つ明器が主な副葬品として登場する。しかし最近相次いでいる大規模な朝鮮時代墳墓群の調査成果を踏まえて明器の副葬率を算出してみると、明器の副葬率はさほど高くはなく、突然登場した後に急速に減少していくという印象を受ける。この算出にあたって筆者は、ソウル新内洞遺跡(一一九基)、恩坪ニュータウン遺跡二地区C工区(三五六〇基)、三地区C工区(一六二基)の報告資料に基づき、明器が出土した墳墓のケース八五件を抽出、その墳墓形式を調査して、百分率に分けた。この数字だけを見ると、全三九四一件中八五件から明器が出土しており、副葬率自体は極めて低い。とくに『朱子家礼』や朝鮮時代の『国朝五礼儀』

をはじめとする礼書に基づけば、原則的に明器は灰槨墓様式に伴うべきものであるが、実際には土壙墓からの出土率が灰槨墓よりも若干低いほどで土壙墓からもほぼ同じ比率で出土する。灰槨墓の形式がある程度時代ごとに変化していることを踏まえるならば、朝鮮式灰槨墓の形式が定着し拡散していく時期と思われるⅡ式で最も高い出土率を示し、形式が簡素化されていくにつれ、墳墓からの出土率も減少し、その出土率が維持される傾向を確認できる。

　また出土率の問題だけでなく、明器は文禄・慶長の役を起点として一七世紀前半頃から粗悪化、名目化の傾向が強まり、器形や形の比例が乱れる様子が観察される。例えば器形について高台を削らず、蓋は身と一体化させて器の外見だけを模倣するような方式を取るようになる。しかしながら器物の数量と種類の省略は見られず、制度を維持する様相を呈している。

　一方、王室階層においても縮小、簡素化傾向は共有されていた。王室は五礼の行事を執行する際、臨時衙門の都監を設置・運営したが、そのすべての過程や詳細は当該「儀軌」に記録されており、なかでも『国葬都監儀軌』は、明器の詳細が分かる資料である。一六〇八年の宣祖から一九〇四の純明王后に至るまで現存する二九件の記録から分析すると、王室における明器の数量と種類は、建国当初から次第に増加し、一七二〇年（景宗即位年）の粛宗の国葬時にピークを迎え（八三種三四〇個）、一八〇五年（純祖五）の貞純王后の国葬では最も減少する（三一種五五個）ことがわかる[36]。内喪の場合、項目に役器（武器）が含まれていないことを考慮しても数量は大幅に減少していると言える。またこの流れの中で、特に英祖年間以降、品目と数量が急減することを読み取れるが、それを裏付ける記録が残されている。これは『英祖実録』二〇年（一七四四）八月の記録であり、国葬と礼葬に用いる木人は、使用に適さないため、礼文に基づくことなく各害から永久に消去するよう指示するものである。このほか人の形を模倣したあらゆるものを皆除去することを命ずる感令が英祖年間に三回も出されている[37]。

表３　墳墓類型別明器出土率

墳墓形式		明器出土墳墓数（%）	小計	計
土壙墓		41（48.0%）	41 件（48%）	85 件（100%）
灰槨墓	灰槨墓 1 式	4（4.8%）	44 件（52%）	
	灰槨墓 2 式	14（16.0%）		
	灰槨墓 3 式	6（7.0%）		
	灰槨墓 4 式	8（9.5%）		
	灰槨墓 未詳	12（14.0%）		

　このように朝鮮は建国当初から喪礼において、比較的徹底的に『朱子家礼』を受け入れ、その内容の精髄を理解しながら再解釈し、具現化する過程を絶え間なく繰り返し、真摯な実践に取り組んだ。墓制だけでなく、喪礼の手順や副葬品に至るまで、全体的に確認できる簡素化・縮小の傾向も、再解釈の過程を経ながら理論と制度を新たに構築したうえで実践へと移した結果と言えよう。

　換言するならば物質的基盤や経済的実情に合わない際に、手順の意味を踏まえながら省略や代替をする方式といえる。また灰槨墓形式が一式から四式へと変化する二〇〇年前後の期間はかなり急激な変化速度のように感じる。先行研究では、時代の推移にもとづく灰槨形式の変化を踏まえて編年を試みようとしており、灰槨墓の属性における長軸、短軸の長さと灰槨の高さ、天灰および地灰の有無、灰壁段の有無、横帯の有無、便房の有無、出土品の有無、また灰槨の形（長方形、頭広足狭）などの項目を設定する段階に至っている[38]。編年がより綿密になれば思想史的背景と制度の変化の関係についての考察も進み、また出土品について更に明確な考察を行なえるものと思われる。

Ⅴ　おわりに

以上、朝鮮社会に導入された性理学が生活規範として根を下ろす過程の中で、支配階層である士大夫の墳墓に現れる特徴とその推移をまとめた。喪礼や墳墓の問題は、その時代における価値観、宗教、文化と密接な関係にあり、墓制という法制的制度・様式の問題も有する複合的なテーマといえる。

本稿では、士大夫の階級に関する喪礼法道と墓制について述べたが、今回詳細について言及しなかった副葬品については、墓誌をはじめ、磁器、木器、金属器、ガラスなど様々な材質のものが含まれており、今後歴史学・美術史各方面からのアプローチが必要となるであろう。また同時代の王室は士大夫層とは異なる喪礼制度を有するため、こちらもまた別途検討が必要と考える。

近世日本社会でも、朝鮮同様に儒学者が活動しており、支配階級における儒教受容の歴史があった。筆者が観察する限りでも幕府や大名の墓にも流動的な傾向がみられながらも、朱子家礼の法道が導入された様子を確認できる。儒学という中国伝来の外来学問が、それぞれ異なる歴史と風土を持つ社会の中で、どのような形で受容され、そして実践されたのか、さらに共通点と特殊性をどこに見出せるか今後の研究課題としたい。

（東京芸術大学芸術学科教育研究助手）

註

1　崔虎林「朝鮮時代墓制に関する研究」漢陽大学碩士学位論文（一九八三）。
鄭鍾秀「朝鮮初期喪葬儀礼研究」中央大学博士学位論文（一九九四）。

2　金右臨「朝鮮時代 神道碑墓碑研究：京畿地域 및 園과 士大夫 墓를 中心으로」高麗大学碩士学位論文（一九九八）。
中央文化財研究院『恩平 津寛洞 墳墓群』（Ⅰ～Ⅴ）二〇〇八～二〇一〇。

漢江文化財研究院『ソウル津寛洞遺跡』（Ⅰ～Ⅲ）二〇一〇。

金右臨「ソウル・京畿地域の朝鮮時代士大夫墓制の研究」（高麗大学校博士学位論文、二〇〇七）。

趙明來「嶺南地域 朝鮮時代　灰炭墓研究」（東亜大学大学院修士学位論文、二〇〇七）。

閔소리「ソウル・京畿地域 朝鮮時代 中・後期 灰槨墓 研究」（高麗大学大学院修士学位論文、二〇〇八）。

李明燁・閔소리・金미경・池혜정「ソウル地域回郭墓研究」‐ソウル恩平・新内洞遺跡を中心に‐『野外考古学』五号（韓国文化財調査研究機関協会、二〇〇八）。

金右臨「国朝五禮儀と朱子家禮を通して見た朝鮮時代の墓制の研究」『考古学으로 본 朝鮮時代 葬送』第三七回 韓国上古史学會 学術發表大會（韓国上古史学會、二〇〇九）。

李義仁「高麗～朝鮮時代墓の展開様相」『考古学からみた朝鮮時代の葬送』第三七回 韓国上古史学会学術發表大會（韓国上古史学会、二〇〇九）。

趙盈宣「南楊州別内遺跡出土の灰墓研究」『南楊州別内朝鮮時代の灰墓発掘成果学術大会』（한백文化財研究院・国立民俗博物館、二〇一一）。

김현우「朝鮮時代灰槨墓の編年と変遷様相」『韓国考古学報』（韓国考古学会、二〇一二）。

김현우「朝鮮時代灰槨墓の階層性と拡散」『韓国上古史学報』（韓国

上古史学会、二〇一六)。
김한상「朝鮮時代灰槨墓の変容に関する小考」-二段掘壙墓の発生に関して-『白山学報』九五号(白山学会、二〇一三)。

3 礼葬とは、宗新・功臣・従一品以上の文・武臣が亡くなった際、国の葬礼として葬儀を行うことである。一四〇五年(太宗五)に定められた礼葬贈諡法には「従一品以上の官吏は礼葬を贈諡する。正二品は贈諡を致賻する。従二品は致賻する。功徳がありながら官職がこれに該当しない者は、司憲府で稟申を行い、議政府の議論を経て王命により施行する」とされる。

世宗即位年(一四一八)からは「礼葬都監」という臨時官庁を設け葬儀を備えた。『経国大典』には、礼葬の範囲は、王妃の父母、嬪(王世子の妃)・貴人(王の後宮)、大君(王子)、君とその夫人、公主・翁主・儀嬪、宗親、従一品以上の文武臣・功臣などと規定されている。(『韓国古典用語辞典』世宗大王記念事業会、二〇〇一・三から引用)。

4 『太宗実録』一二巻、太宗六年閏七月二八日乙酉の記事「乙酉/命大臣礼葬、禁用石室。政府啓:〝前朝之法〟大臣礼葬、許用石室。謹按石室之制、礼典所無、只勞生人、無益死者。乞依《文公家礼》、只用灰隔、勿用石室。〟従之」。

『太宗実録』一六巻、太宗八年七月二六日壬申の記事。

『太宗実録』三五巻、太宗一八年一月一一日、壬戌の記事。

5 崔英成『韓国儒学思想史』3(亜細亜文化社、一九九五)一四七頁。

6 金長生が一六二〇年(光海君一二)内容を増補し、その後、金集により再び編集され一六四八年(仁祖二六)二巻一冊として刊行された。

7 凡例の説明は次の通りである。

(1) 図説はすべて『朱子家礼』の順序に基づくが、合間に補足したものがあり、その順序が同じでないところもあるため、見る側より察すること。

(2) 添補した諸学説はすべてその書籍の名前と篇目を引用し、瞽説には「愚」字と「按」の字を用いて区別した。

(3) 喪具に関しては既に『朱子家礼』と『儀礼』の舊制があるが、俗制の利便なものがあれば添書し、用いる者より選ぶようにとし、その他は全てこれを模倣した。

8 『四礼便覧』の「跋文」では、『家礼』と『備要』の二つの儀礼を増補し、あわせて古礼と先儒の説に基づき、その煩しさや簡易さを参酌し、その重なる点と異なる点を正しく直して一つの礼書を作り、四礼便覧と名付けた」と表明している。(『四礼便覧』保景文化社、一九九四)。

9 『成宗実録』巻四一 成宗五年(一四七四)四月二五日 己卯:礼曹啓〝今承傳教〟輪對者有言:「近來愚民、或爲妖僧誑誘、或愛惜葬需、忍以親屍投火焼之、甚者身有疾病、乃以死者爲祟、至発(家)焼屍、傷風敗教、一至於此。願痛禁之。」其申明科禁、以絶其風。臣等據此參詳《大明律》、喪葬條、其從尊長遺言、將屍焼火者、杖一百、発塚條:若毀棄緦麻以上尊長死屍者・子孫毀棄祖父母、父母死屍者斬・今也無識之徒、或怵於邪說、或愛惜其財、投諸火焰、以毀親屍、人所不忍爲也。今後如有犯者、請依律論斷、其誑誘者與同罪、不能檢擧官吏及管領、里正、切隣亦重論。〟從之。

10 土壙墓とは墓穴を作り、遺体を安置する埋葬方法の一つとして、土壙の中に遺体だけを安置する純粋土壙墓とするが、木棺や木槨がすでに腐敗し、その使用の有無を明確に把握できない場合を含めて範疇に入れているのが通例である。(韓国考古学専門辞典、古墳篇参考)。

11 『恩平 津寛洞 墳墓群』Ⅰ～Ⅴ（中央文化財研究院二〇〇八・二〇〇九）。
『ソウル津寛洞 遺跡』Ⅰ～Ⅲ（漢江文化財研究院二〇一〇）。
12 『ソウル新内洞 遺跡』（漢江文化財研究院二〇一〇）。
李明煒外「ソウル地域回郭墓研究」‐ソウル恩平・新内洞遺跡を中心に‐『野外考古学』五号（韓国文化財調査研究機関協会、二〇〇八）八七～八八頁。
13 趙盈宣「南楊州 別内遺蹟 灰墓研究」『南楊州別内朝鮮時代灰墓発掘成果学術大会』二〇一一。
14 『国朝五礼儀』は一四七四年編纂された国家の基本礼式である五礼、すなわち吉礼、嘉礼、賓礼、軍礼について規定した礼典である。（『韓国民俗文化大百科辞典』韓国学中央研究院、一九九一）。
15 「穿壙畢 先布炭末於壙底 築実厚二三寸 次鋪石灰沙黄土拌匀者於既狀築 実厚二三寸　置槨於其上當中乃於四 旁旋下四物用薄板隔之 炭末居外三 物居内如底之厚築之既実 則旋抽其 板近上 復下炭灰等物而築之 及槨之 平而止（炭於木根辟水蟻石灰得沙而 実得土而黏歳久結而爲金石螻蟻盜賊 実不得進也）」『国朝五礼儀』巻之八凶礼大大・士庶人。
16 義成金氏の大同譜によると、樂琴堂 金欽祚（一四六一‐一五二八）は、高麗太祖の王建の外孫である金錫（義城郡）の一七世孫である。配は淑夫人鄭氏であり生員允元の娘である。
17 任世権「金欽祖夫妻合葬墓の構図」『判決事 金欽祖先生 合葬墓 発掘調査報告書』（榮州市一九九八）二七～三五頁。
18 全北大学校博物館『全州柳氏先山墳墓調査 조선시대무덤과 껴묻거리』二〇〇〇。
19 京畿文化財研究院『龍仁霊徳洞遺跡』二〇一〇。
20 『成宗実録』七巻一年（一四七〇）九月一三日戊子。
同冊一五一巻一四年二月二一日甲申。

同冊一七六巻一六年三月二三日甲辰。

同冊一九九巻一八年一月一九日庚申（趙明来二〇〇七「嶺南地域の朝鮮時代灰炭墓研究」東亞大学碩士学位論文五七～五九頁から再引用）。
21 高麗大学校博物館・韓国土地開発公社『全州李氏 泰安君墓（雙墳）発掘調査報告書』一九九二。
22 嶺南大学校博物館『権守와 権慶男父子墓의 調査報告書』二〇〇〇
23 이규훈・안보연「朝鮮中期士大夫家墓と済州高氏先山墳墓調査」『済州高氏 先山墳墓 出土服飾 研究』国立夫餘文化財研究所、二〇〇七。
24 畿甸文化財研究院・韓国土地公社『南楊州 好坪 坪内 宅地開発地區内 文化遺跡 試・発掘調査報告書Ⅰ：朝鮮時代 墳墓群』二〇〇一。
25 金右臨「ソウル・京畿地域の朝鮮時代士大夫墓制研究」高麗大学校博士学位論文（二〇〇七）一五八頁。
26 閔소리（二〇〇八）、一一頁。
27 忠簡公は、咸鏡道観察使に赴任したが持病で危篤になり工曹判書に任命を受けて帰ってくる途中病死した。癸巳（一六五三年）八月二七日であった。京畿道・大韓住宅公社（一九九三）、前掲書。
28 『星湖僿説』巻一三人事門　北鄲条「退渓云　古記云　南斗司死故救死請命　皆於北斗」。
29 『星湖僿説』巻6萬物文稲麦餘燼条「今喪用秫灰 良亦有理 燒而未灰 火性尙留 水不能漸入 故能不朽也 此不獨防木根 可以去濕」。
30 国立夫餘文化財研究所（二〇〇七）前掲書。
31 嶺南大学校博物館学術調査報告書第三四冊『権守と権慶男父子墓の調査報告書』嶺南大学校博物館　二〇〇〇。
32 『国朝五礼儀』に記載されている「庶人」は官人の対し無官者を意味するもので、厳密には身分概念ではない。王妃が廢庶人なると無

官者になるもので、一般平民（衆庶之人）を指す言葉ではなく非陞朝官のような概念で理解すべきである。（李成茂「朝鮮初期 身分史研究의 再検討」『歴史学報』一〇二（歴史学会一九八四）一二五頁。

33 国立民俗博物館遺物叢書Ⅰ『南五星墓出土服飾』国立民俗博物館二〇〇四、国立民俗博物館遺物叢書Ⅳ『李鎭嵩墓出土服飾』国立民俗博物館二〇一〇、高麗大学博物館『坡平尹氏の母子ミイラ総合研究論文集』一、二、三、二〇〇三、檀国大学校石宙善記念博物館『海平尹氏出土遺物研究論叢』二〇〇二。
国立民俗博物館遺物叢書Ⅰ遺物保存叢書Ⅴ『寧越申氏竹洞宗中墓出土幸州奇氏服飾』二〇一二、恩平ニュータウン二地点一六号灰墓など。楊州海平尹氏墓の場合は、改装の際に六歳の少年ミイラ（愛称は檀雄）が確認され、坡平尹氏の母子ミイラに続いて注目を集めた。

34 『旅軒集』巻3書 ○旅軒曰　用槨古礼不可廢　槨，古人固貴其厚，而但終歸腐爛，徒使壙中寛大。今欲用二寸餘之厚，或是太薄耶？
南溪曰　鄙家亦遵此制。

35 ○人有葬父母，不用外棺者，命不用槨。此則情礼固當，至孫曾以下，欲世世守之，恐太泥。或用槨而稍殺其度，爲合宜否。

36 『肅宗国葬都監都庁儀軌』下、二房儀軌　明器秩（慶宗即位年）。
『貞純王后国葬都監虞主所儀軌』巻之二、二房儀軌　明器秩（純祖五年：嘉靖一〇年乙丑正月）。

37 『英祖実録』六〇巻、二〇年（一七四四）八月、『英祖実録』七四巻、二七年（一七五一）一一月・一二月。

38 김현우「朝鮮時代灰槨墓の階層性と擴散」- ソウル京畿地域 大規模墳墓群を中心に -『韓国上古史学報』第九一号、二〇一六・二、一〇一〜一一七頁。

表４　朝鮮墳墓遺跡の墓制一覧

	遺跡名 / 墓主	遺構名 / 世代	形式	年代	官職 / 品階	棺槨				便房位置	遺物出土位置			出土地域 / 所蔵先
						炭（秫灰）	四方板形式	鉄釘	七星板		便房	木棺 / 墓壙内部	その他	
1	金欽祖　合葬墓		灰槨 1	1528	判決事 / 五衛都摠府都摠管（正二品）	有	a		有	○	便房 1：白磁明器、便房 2：紛青沙器印花文壺，白磁器 3，鉄製鋏 1，銅鏡 1，ガラス玉 4，ガラス装身具	服飾類	輓詞 / 祭文	慶北栄州市
2	柳彭成	全州柳氏 17 世	灰槨 1	16 世紀前半	生員					東長壁	甕器壺 6	青銅盒 1、青銅鉢 1、皿 3、碗 1、白磁鉢 9、白磁皿 3、盒 1、扇子、木櫛		全北完州市
3	山清沙月里遺跡		灰槨 1				腐食	鉄釘 32		東長壁	便房 1：鉄製鋏、便房 2：白磁有蓋壺など白磁 14 点、青銅匙著	銅鏡　青銅　指輪　ガラス玉		慶南山清郡沙月里
4	龍仁霊徳洞遺跡	14 地点 2 号	灰槨 1			有		有		両側長壁	東便房 3 室，西便房 2 室：白磁明器 37	鉄釘 37		京畿道龍仁市霊徳洞
5	伝 三峯先生墓域	1 号墓	灰槨 1			有	?				白磁明器 16			京畿道安山市・周辺に全州李氏 (1574) 墓誌
6	朴允良			1540							白磁明器 12			江陵市立烏竹軒博物館
7	柳世華	全州柳氏 18 世	灰槨 1	1554	府吏・3 品					西長壁		白磁壺 1、白磁鉢 6、白磁皿 5、青銅匙著、佩玉、印章、鉄製鋏、服飾類	誌石 8	全北完州市
8	洪潤		灰槨 2	1560							白磁明器 10	服飾類		京畿道楊平邑
9	盧玉孫	光山盧氏 18 世		1560 年頃							馬形・人物・白磁明器 32	総帯、ガラス玉		光州市立民俗博物館
10	金任			1561	五衛都摠府都摠管（正二品）						白磁明器 14			忠南大田郷土資料館
11	機張芳谷里	12 号墓	土壙	1561						東長壁	白磁盒 1，白磁明器 10，青銅匙著 1			釜山市機張郡
12	順天朴氏（金任配位 2）			1561+ ∂							土製明器　多数	服飾類		忠南大田郷土資料館
13	昌寧成氏（金任配位 1）			1561+ ∂							白磁明器 24			忠南大田郷土資料館
14	柳思謜	全州柳氏 20 世	灰槨 4	1572	學生		?				白磁明器 29，鉄製鋏 1			全北完州市
15	南陽州好坪・坪内遺跡	3 地区 7 号墳	灰槨 2					鉄釘 13			白磁明器 6	ガラス玉 3，鉄釘 13		京畿道南陽州
16	南陽州好坪・坪内遺跡	3 地区 11 号墳	灰槨 2					鉄釘 12			白磁明器 3	ガラス玉 6，鉄釘 12		京畿道南陽州
17	安山金氏（李彭壽配位）		灰槨 2	1579			a	真鍮釘		北長壁	白磁明器 9	服飾類	青華白磁墓誌，墨書名鉢形白磁墓誌	京畿道城南市亭子洞
18	權守		灰槨 2	1580					有		白磁明器一括	遺衣服飾類		京畿道議政府
19	尹思愼	坡平尹氏 21 世	灰槨 2	1585	判官公						白磁明器		鉄絵白磁墓誌	京畿道議政府
20	柳世茂	全州柳氏 18 世	灰槨 2	1586	通訓大夫 青松都護府使		腐食			破壊で遺失	白磁器	有蓋壺，香炉，馬形など白磁明器 12，白磁器 8，硯 1，青銅匙著 2，銅鏡 1，扇子 1，筆 1，笠纓	誌石 2 枚	全北完州市
21	安東權氏（沈壽倫配位）			1589 前後							白磁明器 11	服飾類		京畿道龍仁市
22	永川李氏（洪潤配位）			1592 前後							白磁明器 10	服飾類		京畿道南陽州
23	李彭壽		灰槨 2	1598	五衛都摠府都摠管（正二品）		a	真鍮釘		北長壁	白磁明器 2	翣，服飾類		京畿道城南市亭子洞
24	柳思謙	全州柳氏 20 世	灰槨 2	1599	成均館進士		a	有	有	破壊で遺失		服飾類	白磁明器 7，白磁器 6，青銅匙著 4	全北完州市
25	高阜殷氏（柳思謙配位）		灰槨（流失）	1599+ ∂			?			破壊で遺失		服飾類	白磁明器 4，硯	全北完州市
26	權慶男			1609							白磁明器	服飾類		京畿道議政府
27	金滋			1607	承政院 左承旨						白磁明器 36		青華白磁墓誌	忠南大田郷土資料館
28	杞溪 兪氏（金滋 配位 1）			1607+ ∂							白磁明器 24			忠南大田郷土資料館
29	慶州金氏（金滋 配位 2）			1607+ ∂							白磁明器 15			忠南大田郷土資料館

	遺跡名 / 墓主	遺構名 / 世代	形式	年代	官職 / 品階	棺槨				便房位置	遺物出土位置			出土地域 / 所蔵先
						炭 (秫灰)	四方板形式	鉄釘	七星板		便房	木棺 / 墓壙内部	その他	
30	紆州黄氏 (柳思謹配位)		灰槨 (流失)	1615	宣人		?			有り			白磁明器 8, 白磁器 2, 甕 1	全北完州市
31	金緯			1620 年頃	禾州縣監						白磁明器 25			忠南大田郷土資料館
32	南陽州好坪・坪内遺跡	3 地区 12 号墳	灰槨 4	1620 以降			b			西長壁	白磁明器 15	白磁壺 1		京畿道南陽州郡
33	柳慶宗			1624	同副承旨 / 大司憲						白磁明器 88	服飾類		扶余郡文化財資料 120 号
34	済州高氏	濟州 高氏 文忠公派 23 世	灰槨 2	1630~40 年推定	參判公 (5~6 品堂下官職)		?	有	有			白磁明器 14 点	服飾類 , 斂襲具など総 22 件 87 点	天安市豊世面出土
35	柳応元	全州柳氏 20 世	灰槨 2	1637							白磁明器 17, 硯 1, 青銅匙著 2, 煙管 , 木製函			全北完州市
36	鄭應甲	梁山三湖里	土壙	1637	通訓大夫					有り	白磁明器 10			慶南梁山市
37	全州崔氏（柳応元配位）		灰槨 2	1637+ ∂						有り	白磁明器 12			全北完州市
38	晋州蘇氏（柳応元配位）		灰槨 2	1637+ ∂						東長壁	白磁明器 2, 白磁器 8, 青銅匙著 2			全北完州市
39	李基祚 合葬墓	韓山李氏	灰槨 3	1653	忠簡公		a					翣 , 服飾類	青華白磁墓誌 14 枚、石物	京畿道軍浦市山本同
40	龍仁霊徳洞遺跡	14 地区 3 号墳	灰槨 3			有 (床のみ)	b		有	南東長壁	白磁明器 18	翣 , 服飾類		京畿道龍仁市
41	南陽州 好坪・坪内遺跡	3 地区 2 号墳	灰槨 3							両側長壁	白磁明器 19			京畿道南陽州
42	南陽州 好坪・坪内遺跡	3 地区 12 号墳	灰槨 3								白磁明器 22	服飾類		京畿道南陽州・合葬墓
43	中部新都市遺跡	陽地幕谷	灰槨 3							西長壁		白磁明器 15		忠北鎮川郡
44	全州崔氏（申得治配位）			17 世紀前半							白磁明器 24			忠清道
45	柳澗	全州柳氏 23 世	灰槨 4	1711							白磁明器 8, 白磁器 2			全北完州市 / 合葬墓
46	南陽州別内遺跡	84 号墓	灰槨 4							西長壁	白磁明器 15			京畿道南陽州
47	沃川仁政里遺跡	1 号	灰槨 4							東長壁	白磁明器 15			忠北沃川郡 / 天灰、四方灰有、木棺 X
48	ソウル新内洞遺跡	1 地点 11 号	灰槨 4							北長壁	白磁明器 16			ソウル新内洞 / 天灰、四方灰有、木棺 X
49	恩平津寛洞　第 3 地区 C 工区	4 地点 4 号	灰槨 4							北長壁	白磁明器 16			ソウル市恩平区 / 黄土 + 灰
50	恩平津寛洞　第 3 地区 C 工区	4 地点 7 号	灰槨 4							南長壁	白磁明器 20			ソウル市恩平区 / 合葬墓
51	南陽州別内遺跡	6 号墓	土壙					有				白磁明器圓壺 1		京畿道南陽州
52	南陽州別内遺跡	8 号墓	土壙									白磁明器瓶 1, 青華白磁水滴 1		京畿道南陽州
53	南陽州別内遺跡	22 号墓	土壙							南長壁	白磁明器 17			京畿道南陽州
54	南陽州別内遺跡	34 号墓	土壙									白磁明器瓶 1、青銅匙 1、青銅かんざし 1、青銅装飾 2、ガラス玉 1		京畿道南陽州・匙柄端部薬匙形
55	南陽州別内遺跡	70 号墓	土壙							西長壁	白磁明器 16			京畿道南陽州
56	清州龍岩遺跡	龍亭洞 II -132 号墓	土壙							西長壁	白磁明器 23	白磁器 1		忠北清州市
57	清州龍岩遺跡	金川洞 II -192 号墓	土壙					有		南長壁	白磁明器 16	鉄釘 4		忠北清州市
58	恩平津寛洞　第 3 地区 C 工区	5 地点 44 号	土壙									補強土上部 : 白磁明器 18, ガラス玉 4		ソウル市恩平区
59	恩平津寛洞　第 3 地区 C 工区	5 地点 90 号	土壙							北長壁		白磁明器 1、青銅製品 1		ソウル市恩平区
60	恩平津寛洞　第 3 地区 C 工区	5 地点 49 号	土壙							南長壁		白磁明器 3、鉄釘 4		ソウル市恩平区
61	恩平津寛洞　第 3 地区 C 工区	1 地点 52 号	土壙							南東長壁	白磁明器 6			ソウル市恩平区・合葬墓
62	恩平津寛洞　第 3 地区 C 工区	1 地点 78 号	土壙								白磁明器 15			ソウル市恩平区
63	恩平津寛洞　第 3 地区 C 工区	1 地点 90 号	土壙							東長壁	白磁明器 2			ソウル市恩平区
64	恩平津寛洞　第 3 地区 C 工区	1 地点 106 号	土壙								白磁明器 22			ソウル市恩平区

	遺跡名 / 墓主	遺構名 / 世代	形式	年代	官職 / 品階	棺槨				便房位置	遺物出土位置			出土地域 / 所蔵先
						炭（秫灰）	四方板形式	鉄釘	七星板		便房	木棺 / 墓壙内部	その他	
65	恩平津寛洞　第 3 地区 C 工区	1 地点 269 号	土壙									白磁明器 2、陶器明器 7、青銅匙 1、ガラス玉 10、鉄釘 1		ソウル市恩平区
66	恩平津寛洞　第 3 地区 C 工区	1 地点 274 号	土壙									白磁明器 20、青銅匙 1		ソウル市恩平区
67	恩平津寛洞　第 2 地区 C 工区	3-2 区域 825 号	土壙									白磁明器 2		ソウル市恩平区
68	恩平津寛洞　第 2 地区 C 工区	3-2 区域 979 号	土壙									瓦質明器 5、青銅匙 1		ソウル市恩平区
69	恩平津寛洞　第 2 地区 C 工区	3-4 区域 1 号	土壙								白磁明器 7			ソウル市恩平区
70	恩平津寛洞　第 2 地区 C 工区	4 区域 24 号	土壙							東長壁	白磁明器 18			ソウル市恩平区
71	恩平津寛洞　第 2 地区 C 工区	4 区域 29 号	土壙							破壊で遺失	白磁明器			ソウル市恩平区
72	恩平津寛洞　第 2 地区 C 工区	4 区域 62 号	土壙							東長壁	白磁明器 10			ソウル市恩平区
73	恩平津寛洞　第 2 地区 C 工区	4 区域 71 号	土壙							北東長壁	白磁明器 13			ソウル市恩平区
74	恩平津寛洞　第 2 地区 C 工区	4 区域 87 号	土壙							西長壁	白磁明器 12			ソウル市恩平区
75	恩平津寛洞　第 2 地区 C 工区	4-1 区域 175 号	土壙									白磁明器 9		ソウル市恩平区
76	恩平津寛洞　第 2 地区 C 工区	4-1 区域 222 号	土壙									白磁明器 3、青銅匙 1		ソウル市恩平区
77	恩平津寛洞　第 2 地区 C 工区	4-1 区域 330 号	土壙									白磁明器 1（簠蓋）　青銅匙箸 3		ソウル市恩平区
78	恩平津寛洞　第 2 地区 C 工区	4-1 区域 393 号	土壙									白磁明器 1、銅鏡 1		ソウル市恩平区
79	恩平津寛洞　第 2 地区 C 工区	4-2 区域 33 号	土壙									瓦質明器 6、青銅匙 1、銅鏡 1、ガラス玉 9		ソウル市恩平区
80	恩平津寛洞　第 3 地区 C 工区	4 地点 3 号	土壙							南長壁	白磁明器 16			ソウル市恩平区

※標本資料は副葬品に白磁明器を含む場合を中心としたものである。

水戸藩主徳川光圀による儒葬墓とその影響

北脇義友

はじめに

水戸藩二代藩主徳川光圀（一六二八～一七〇〇）・岡山藩初代藩主池田光政（一六〇九～一六八二）・会津藩初代藩主保科正之（一六一一～一六七三）の三人は名君として、その後の藩政に大きな影響を与えた。そして、この三人は同時代に生き、将軍家との縁戚関係にあること、儒教を信奉したことなど共通点も多い。彼らは儒教を自らの生活の中に取り入れ、家臣にも広がっていた。その一つとして、儒教による葬祭（儒葬）を行い、それに伴って新たな埋葬形式で墓を造った。その葬儀は僧によって執り行うのではなく、自ら葬祭を行った。儒葬に伴う遺体の埋葬方法は、儒教を信奉した藩主一族のみならず、その後の多くの人たちに大きな影響を与えた。

儒葬については、古くは近藤啓吾による『儒葬と神葬』(1)がある。彼は葬儀の方法について詳しく論じているが、墓石・墳・神主などについては論述されていない。近年では、「文公家礼」の観点から吾妻重二や田世民により精力的に研究が進められている。吾妻重二は「水戸徳川家と儒教儀礼」で水戸藩の葬礼が林鵞峰らの林家の影響を受けていることを明らかにした(2)。田世民は寛文六年（一六六六）四月に水戸藩で出された家臣のための葬祭マニュアル書「喪祭儀略」を詳細に調べた。彼によると「喪祭儀略」にはA・B二つの系統があり、Aは国立公文書館蔵等であり、Bは名古屋大学附属図書館蔵等である(3)。Aを基に、実態に合わすためにBが作られたと結論づけた。二〇〇七年には調査報告書『水戸藩徳川家墓所』（常陸太田市教育委員会）が出され、大名家墓所の全体像が明らかになった。松原典明は考古学の観点から一八世紀前半から一九世紀において家礼による葬礼が見られることから、武家世界への儒教受容の影響を指摘している(4)。これらの研究により、水戸藩を含めて、儒教の葬祭についての研究は大きく進展した。

儒教の葬送で作られた棺・七星板・神主・銘旌・埋葬物・墓誌・墓石・墳を比較検討することで(5)、それぞれの藩が儒教をどのように受容したかを考える一助にしたい。

文献史学の視点から「喪祭儀略」の研究は進んでいるが、家臣たちは実際に新たな葬送を受容していったかは未だ未解明である。そこで、家臣の墓石を調査することで、家臣への広がりを考えみていきたい。

1　藩主の葬送について

（1）水戸藩の儒葬

光圀が最初に儒葬を行ったのが万治元年（一六五八）一二月に亡くなった光圀の妻泰姫の葬儀である。泰姫の葬儀は「今葬禮不作、惟泰姫之素志也　往年余講礼記喪礼文公家　泰姫聴之曰　妾聞　本朝上古葬礼近儒礼近代仏氏横駆　乱本朝之大礼　妾願終命之後　不嚫金僧侶　学本朝之礼以兼儒礼　余曰　百歳之後　我若如言　故今所為此　然郎罷命僧侶四十九日之後　欲転読法華千部　是故釈氏推号法光院円空覚心[6]」と書かれているように「文公家礼」に従って、葬儀を行った。しかし、「近代仏氏横駆乱本朝之大礼」と仏教を非難していながらも、四十九日を終えると僧により法華経千部の転読を行うと共に寺から院号をもらっている。そして薬王院に葬られた。（後に瑞龍山に改葬）このように、儒葬を行いながらも仏式による祭祀を行った。

光圀の父で初代藩主頼房は寛文元年（一六六一）に亡くなった。その葬儀は「嗣君、命儒臣野一、考文公家礼、襄事一従先王之制、兼通時宜、不雑浮屠、其不可干今者、略闕之[7]」と書かれているように、「文公家礼」により僧（浮屠）を排除している。一方で、実態に合わせて取捨すると述べている。この葬儀を指導したのは、林羅山の門弟人見卜幽（野一）である。妻・父の葬儀では儒葬で行いながらも、仏事を行っている。光圀は敬愛する伯父である尾張藩主徳川義直（一六五〇年死去）が儒葬でとりおこなったが、義直は定光寺に葬られているように仏教を排除しなかった。

会津藩では、明暦三年（一六五七）二月に保科正之の二男正頼が亡くなると、葬式は、幕府の儒医土岐長元によって儒礼で行われた。徳川義直の葬儀を例に挙げ、法事を寺で行い、神主を寺に置いた。寛文一一年（一六七一）に亡くなった五男正純の葬儀では、「朱子の家礼に依つて之を蔵む[8]。」と書かれているように、儒礼によって行われた。しかし、死後僧により施餓鬼が行われている。

岡山藩では、寛文七年（一六六七）に和意谷墓所の建設が始まり、儒教によって先祖の人々が改葬された。光政が天和二年（一六八二）に亡くなると和意谷墓所に葬られたが、和意谷御葬礼考役を勤めたのは小原善助・泉八右衛門・津田重二郎・服部與三右衛門である[9]。これらの人物は幕府の儒者との関係はない。光政によって出された下民に対する儒葬マニュアル書の「儒道ヲ尊ひ吉利支丹請ニ神職ヲ立ル下民葬祭之大略」（以下「下民葬祭之大略」）では、「右葬の儀礼式を加へ度と存ものは、文公家礼を考え分限に儀式を可加もの也[10]」と「朱子家礼」を参考にしている。

水戸藩・会津藩・岡山藩における一族の儒葬は、会津藩に始まり水戸藩・岡山藩と続く。その際に参考にしたのが「朱子家礼」である。しかし、すべて「朱子家礼」に沿って葬送が行われたわけではない。水戸藩・会津藩は完全に寺との関係を切っていない。その理由として幕府の儒者が関与していることや徳川義直の葬儀を参考にしていることが挙げられる。

（2）銘旌・神主

儒教による葬送に伴い銘旌・神主が作られた。銘旌とは図1（「喪祭儀略[11]」による）のように死者の官位・姓名などを書いた旗である。「朱子家礼」では、赤い絹で「何某の官だれそれ公の棺」と書き、竿は竹で作るとしている[12]。埋葬時には棺の上に銘旌が置かれた。また、図2（「喪祭儀略[13]」による）のように、仏教の位牌に相当する神主が作られた。「朱子家礼」では、

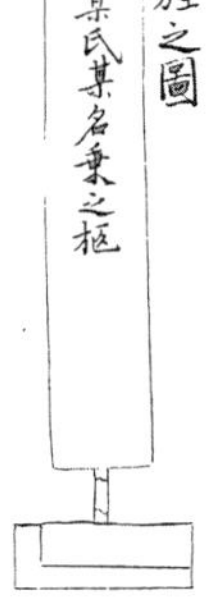

図1　銘旌

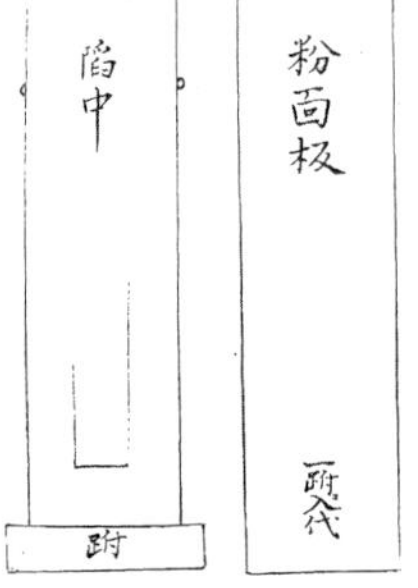

図2　神主

父の場合陥中には「故の某官、某公、諱某、字某、第幾、神主」、粉面には「考某の官、封、諱、府君、神主」と記し、その下の左旁に「孝子某奉祀」としている。ここで「孝」という言葉は、儒教では重要な意味をもっている。渡辺浩は「孝」に関して、父母に対し生前も死後も恭敬を「礼」に沿って具現したものであるとしている。(14)

水戸藩初代藩主頼房の葬儀では、銘旌は長さ九尺の赤い絹で作られ、その竿には竹が用いられた。そこには、「三品前黄門水戸府君源頼房卿之棺」(15)と書かれ、埋葬時には棺の上に置かれた。(16)会津藩二代藩主正経は天和元年（一六八一）に亡くなったが、その時の葬儀では「銘旌・神主・魂帛、其の余の器物悉く成る」(17)としていることから、銘旌が作られたことが分かる。岡山藩主光政（一六八二年死）の葬送では長さ和尺五尺三寸六分の赤い銘旌で、その竿には竹が用いられた。そして、「従四位下左近衛権少将源朝臣之棺」(18)と書かれ、埋葬時には棺の上に置かれた。(19)

父頼房と光政の父利隆の神主を表1に示した。(20)共に似通っており、「考子(孫)○○奉祀」の文字を入れている。保科正頼（一六五七年死）では、「其書法ハ先つ函中、次ニ左次ニ右、次ニふんめんうへに可書之」と神主を作られ、浄光寺に置かれた。

このように、水戸藩・会津藩・岡山藩では、「朱子家礼」にそって銘旌・神主が作られた。

表1　水戸藩・岡山藩の神主

名前	陥中	粉面
徳川頼房	故正三位権中納言源頼房公神主	顕孝正三位前権中納言水戸府君源威公神主／孝子光圀奉祀
池田利隆	故従四位下兼武蔵守池田氏名新蔵字利隆第二世神主	顕八世祖考播磨国主従四位下侍武蔵守府君／孝孫慶政奉祀

2　藩主の墓所の造営と整備について

（1）水戸徳川家墓所

水戸徳川家墓所（常陸太田市瑞龍山町）は通称瑞龍山の南斜面に造られた。この場所は頼房が領内を巡見した時に終焉の地と決めたことから、光圀はここに頼房を葬った。(21)頼房が寛文元年（一六六〇）七月に亡くなると、平野を見渡せる峰の頂部に墓地が作られた。寛文四年には、頼房子頼以が亡くなると瑞龍山に葬られた。延宝五年（一六七七）には頼房の兄武田信吉（一六〇三年死）・光圀妻尋子（一六五八年死）・頼房第一女通子（一六六四年死）・頼房第二子亀麻呂（一六二八年死）など一族が続々と改葬された。(22)武田信吉は心光寺、通子は経王寺、尋子・亀麻呂は薬王院からと移転された。このことで、初代藩主の墓域・武田信吉の墓域・光圀妻の墓域・一族の墓域とそれぞれの墓域ができ、水戸徳川家墓所として整備された。そして、改葬されることで水戸徳川家有縁の墓は、寺からの管理を離れていった。

（2）会津藩・岡山藩との比較

保科正頼が明暦三年（一六五七）に亡くなると、南向きで清水の地であることから院内山墓所（会津若松市東山町）に葬られた。寛文五年には浄光寺にあった達性院（正之の三女）・徳性院（正之の侍妾）の墓を院内山墓所に改葬した。その墓石は卵塔であったことから儒葬墓ではない。(23)

岡山藩主池田光政は京都妙心寺護国院にあった先祖の墓を寛文六年（一六六六）一二月に引き取った。翌年二月には和意谷敦土山（備前市吉永町）に改葬され、儒教の形式による新たな墓所造営工事が始まった。このことで寺との関係を断ち切り、家臣を和意谷におき墓の維持管理を自らで行った。改葬により、一の山には祖父、二の山には父、三の山・四の山との墓域を決め、一族の墓として整備された。その後、光政の母福照院が寛文一二年（一六七二）に、妻円盛院が延宝六年（一六七八）に亡くなり、和意谷墓所に葬られた。

水戸藩・会津藩・岡山藩とも一七世紀後半に大名家墓所として整備されていった。それは、一族の死亡によって次第に大名家墓所が整備されていくだけでなく、改葬に伴って意図的に大名家一族の墓所が整備されていった。会津藩では一族の改葬も水戸藩・岡山藩に比べて最も早く、改葬により一族の墓所として整備された。

場所の選定において、「朱子家礼」では、土の色がつやとうるおいがあり、草木がよく育っている場所であるとしている。さらに、墓が暴かれる恐れから土が厚いこと、湿気があると朽ちることから水深が深いことを挙げている。これらの条件から、水戸藩・会津藩・岡山藩ともこの条件に合う山中に造られた。水戸藩・会津藩では南向きの平野部を見渡せる景勝地であるが、岡山藩では周囲が山で覆われ、平野部を見渡すことができない。水戸藩・会津藩では一部を除いて、歴代の藩主がそれぞれ瑞龍山・院内山に葬られたが、岡山藩では光政に続いて藩主になった綱政は仏教による新たな墓所を造り、その後の藩主はそこに葬られた。

3　藩主の埋葬について

（1）棺

「朱子家礼」では、棺は杉・柏で頭の方が大きく、足の方が狭くして作ることとしている。つまり、長方形でなく台形状の寝棺となっている。そして、棺の内外に灰漆[24]、内側に瀝青[25]を塗り、七星板を入れることとしている[26]。

元禄一三年（一七〇〇）に亡くなった光圀の棺は内法長さ五尺五寸、前の高さ広さ七尺（一尺の誤りか）六寸、後ろの高さ広さ一尺三寸で、七星板を入れた。そして、鉄釘を用いず銅釘で板をとめた[27]。

会津藩では、保科正之の棺は内法長さ五尺六寸八分、上一尺八寸五分、下一尺四寸二分八厘である。そして、鉄釘は朽ちやすいことから竹釘で板を止めた[28]。岡山藩では、和意谷墓所造営時改葬された遺骨をあたかも遺体のように取り扱い、棺は杉板を用い、樫の木でちきりを用いて板を接続し、釘を用いていない[29]。そして、棺の底には瀝青を敷いた[30]。光政の棺は油杉を用い、外法五尺七寸六分、上外法二尺一寸三分、下外法一尺四寸五分で「厚一寸許内外皆漆　底鋪糯米灰厚三寸　鋪紙加七星板[31]」としている。

このように、水戸藩・会津藩・岡山藩では、共に体の大きさに合わせて台形の寝棺を用い、鉄釘を使っていないのは共通している。水戸藩・岡山藩では七星板を棺に入れている。

（2）埋葬方法

「朱子家礼」では、親の遺体を丁寧に扱うこととし、火葬のように遺体を傷つけることを嫌った。そこで、火葬でなく土葬で埋葬された。また、埋葬に当たっては瀝青・三物[32]・炭を用いて、丁寧に土葬にすることとし

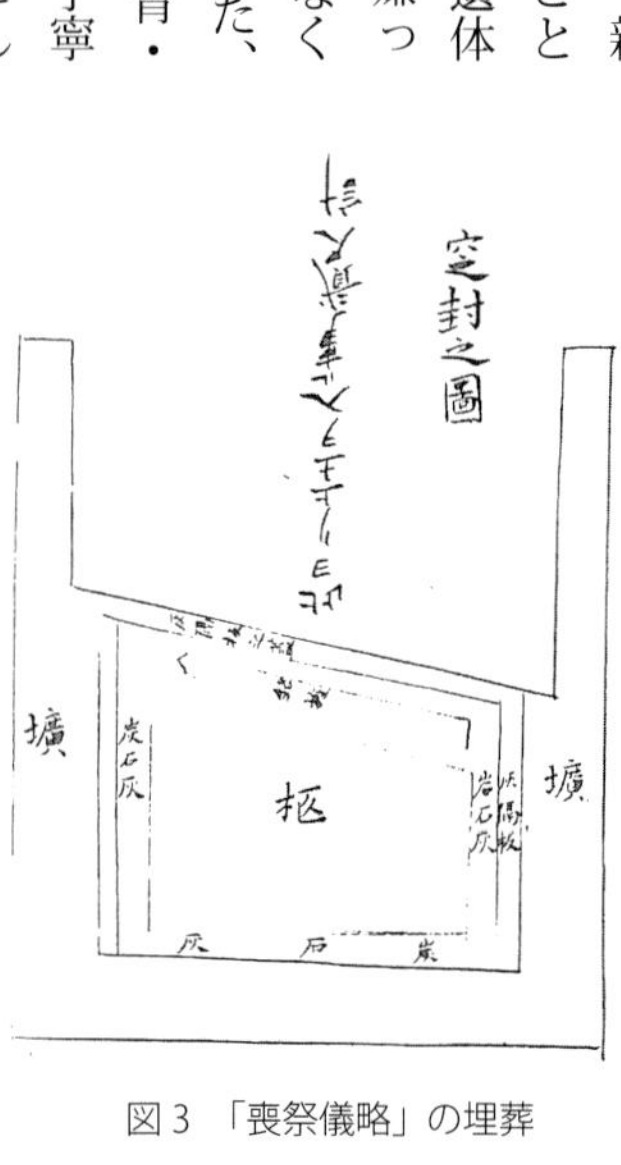

図3「喪祭儀略」の埋葬

た。

「喪礼略私注」で、仏教によって死者を火葬にしても怪しまれなくなったが、光圀はそれを正したと言っているように[33]、儒葬によって土葬で葬られるようになったとしている。頼房の埋葬では炭の末と石灰を厚き5寸敷き、灰隔板を置いた[34]。この方法は図3[35]に示した「喪祭儀略」の図と同じである。

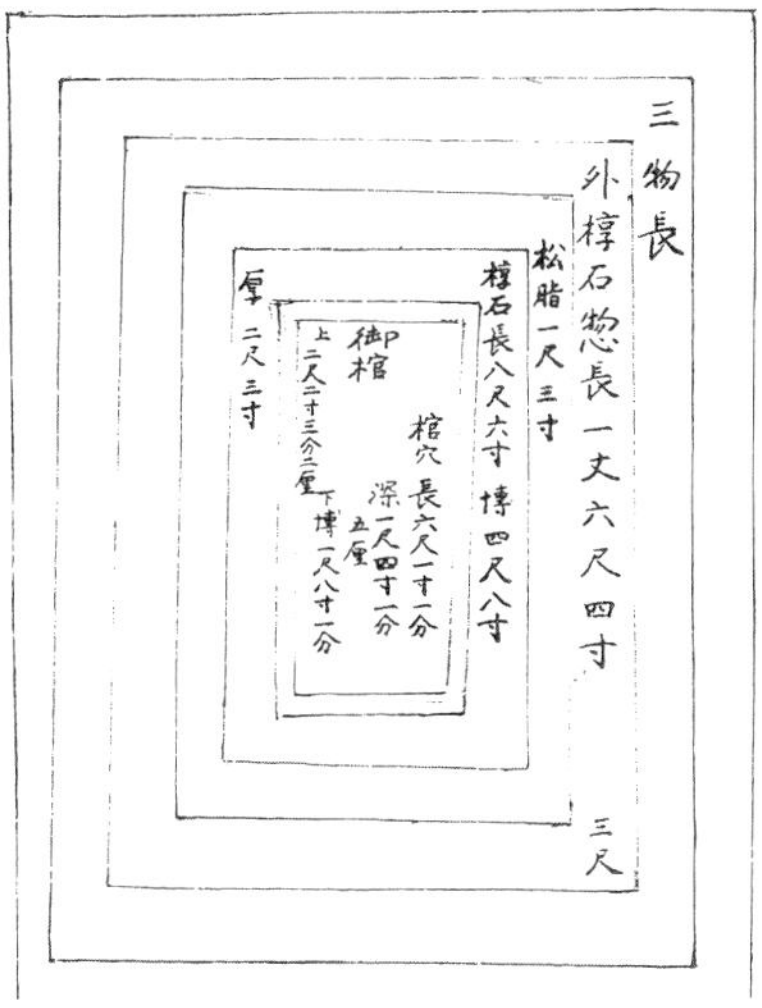

図4　保科正之の埋葬

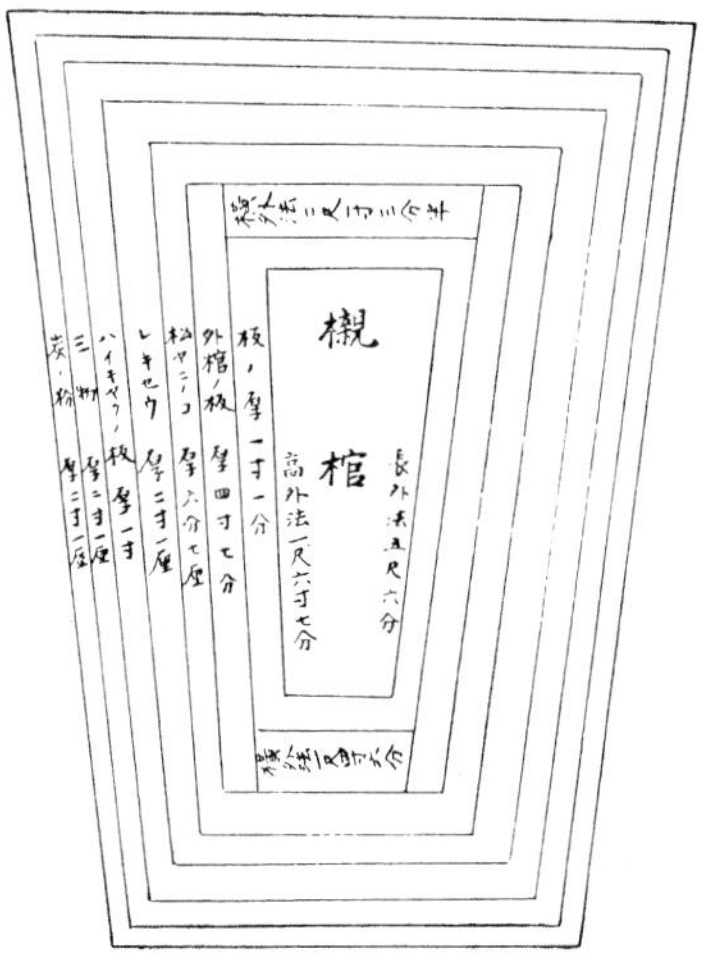

図5　光政の埋葬

会津藩でも、「火葬ハ不孝之由[36]」と考えたことから、土葬で葬られた。正之の埋葬法を図4[37]に示した。棺のまわりを三物や松脂で覆っていることが分かる。会津藩では棺の周りを厳重に石槨で覆っており、水戸藩や岡山藩では見られない。

岡山藩では和意谷墓所改葬時、寺にあった遺骸を掘り起こした。この時、火葬・土葬が入り混じっていたが、光政の祖父輝政・父利隆は骨壺に入っていた[38]ことから、以前は火葬が用いられていることが分かる。和意谷墓所造営以降は、すべて土葬で葬むられるようになった。光政の埋葬では、図5[39]のように瀝青・炭・三物を用いている。会津藩・岡山藩では、瀝青・炭・三物の製法が書かれているがその製法は藩によって異なる。三物でいえば、石灰三八二石八斗・砂一一八石九斗・黄土一三〇石四斗であるが、岡山藩では、石灰一〇石・砂四石・黄土四石である[40]。

水戸藩・会津藩・岡山藩とも、儒葬によって土葬による厚葬が行われるようになった。しかし、埋葬で用いられているものや埋葬方法はそれぞれの藩によって異なっていることが分かる。

（3）墓誌

もし地形の変化や誤って誰かに動かされたりすることが起きた時、墓誌があれば埋め戻してくれることを期待して地中に埋められた。これについて家礼では「石二片を用ひ、その一を蓋と為す、刻みて云ふ、「某官某公之墓」と。・・・その一を底と為し、刻みて云ふ、・・・[41]」と二枚の石を用い、蓋には「某官某公之墓」に、底には経歴などを刻むこととしている。そして、二枚の板を鉄束に束ねて、深さ四五尺の地下に埋めることとした[42]。

光圀の墓誌には、墓誌が深さ四五尺の地下に埋められた。水戸藩三代藩主綱條の子吉孚（一七〇九年死）の墓誌では一尺四寸四方で蓋身の二枚からなっている[43]。「喪祭儀略」には「二尺四方ホドニシテ、一枚ニ字ヲ刻ス、両面ヲ合セテ、銅絲ニテ、十字ニコレヲシメルナリ[44]」としている。

会津藩主正之の墓誌は縦四尺六寸・横三尺八寸で二枚の石からなる。蓋石には「会津中将源太守墓」と刻んでいる[45]。岡山藩主光政の父利隆の墓誌は二枚の石で縦三尺八寸・横三尺五寸で二枚の石からなり、蓋石には「従四位下左近衛権少将源光政朝臣之墓[46]」と刻んでいる。その墓誌の文には「孝子従四位下近衛権少将光政朝臣改葬」と書いている。その妻（一六七二年死）の文中にも孝子という言葉が刻まれている。

水戸藩・会津藩・岡山藩とも、「朱子家礼」にそって二枚の石からなる墓誌を作った。「朱子家礼」では二枚の石を束ねるのに鉄を用いるとしているが、水戸藩では銅を用いており、「朱子家礼」をそのまま用いているわけではない。

（4）壙

壙について、「朱子家礼」では「壙高四尺。立小石碑於其前[47]」と書いているように、壙の高さ四尺でその前に小石碑（現在の墓石）を立てた。特に壙の形は示されていない。

泰姫の墓は「而北首堆土為壇　方一丈有九尺　高四尺　上築壙墓　形如臥斧　所謂馬鬣封《ばりょうほう》　他日欲立小石碑墓前[48]」としている。つまり、高さ四尺の馬鬣封の壙を造り、壙の前に小石碑を建てるとした[49]（図6[50]）。高さは「朱子家礼」に従っている。なお、後に尋子の墓は瑞龍山に改葬されたが、馬鬣封でなく馬蹄封に変化している。

会津藩の保科正頼の壙は馬鬣封[51]であったが、正之の壙は円墳で、圍み二八間・高さ三間半という巨大な壙である[52]（図7[53]）。その上には、「土津神壙鎮石」と刻んだ鎮石を置いた。その壙は「立表石於墓前[54]」としているように壙を墓とし、墓石を表石としている。

岡山藩の和意谷墓所の壙は馬鬣封である。そこでは墓石を碑として記している[55]。「下民葬祭之大略」でも、「勢ひ可成者は、墓の前に碑石を立べし[56]」と壙を墓とし、現在の墓石は碑石としている。和意谷墓所にある輝政の墓石の高さと壙の高さは、共に周尺一丈四尺であるから[57]、この点では「朱子家礼」にそっている。

図6　「喪祭儀略」の壙

図7　正之の壙

壙は「家礼」で示された通り、壙が墓そのものであり、その前に石碑（墓石）を置いた。水戸藩・会津藩・岡山藩とも初期の壙は馬鬣封であったが、その後、水戸藩泰姫では馬蹄封に変わったり、会津藩では円墳に変わっている。

4　藩主の墓石について

（1）墓石の形

墓石は、上部の棹石と下部の台石からなっている。「朱子家礼」では、墓石の大きさについて高さ四尺で台石は一尺としている。形は頭部をとがらせ、墓石の棹の部分は幅一尺以上で厚さは三分の二にするとしている。

水戸徳川家墓所の棹石には、次の三つの形式（図8）をとっている（資料1）。

櫛　型・・・頂部が櫛型で、上部には一対の獅子が彫られている。
笠石型・・・頂部は櫛型の笠石をもち、そこには獅子を描いている。神主の陥中に似ている。
四角錐型・・頂部が四角錐になっている。

共に額縁状の窪みをもつのは、水戸徳川家墓所の特徴である。

櫛型を採用しているのは藩主とその夫人・母である。笠石型を採用しているのは従四位下などの位階をもっている者で、世子である。これら以外の有縁の者たちは四角錐型を採用している。櫛型は頼房の墓に始まり、笠石型は寛文八年（一六八八）に綱方（光圀養子）に始まる。四角錐型は延宝五年に武田信吉などの改葬された人々に始まる。台石は藩主とその妻は亀趺で、それ以外の人たちは四角柱を使用している。このように、水戸藩では階層によって、墓石の形を変えている。

水戸藩・会津藩・岡山藩の特徴を表2に示した。会津藩の正之は、碑では土津霊神之碑の亀趺を採用しているが、墓石は一段の四角柱を採用している。岡山藩の和意谷墓所ではすべて櫛型である。台石では、輝政は亀趺であるが、その他は一段の角柱を採用している。

額縁の有無、台石の形、棹石の高さなど藩によりそれぞれ異なり、儒葬による大名墓として一定の形式を見出すことは困難である。

（2）墓碑銘

「朱子家礼」では、正面の文字は墓誌の蓋と同様に書くとしている。頼房の墓石正面には「故水戸候正三位権中納言源威公墓」、裏面には「寛文元年歳次丑七月二十九日／孝子光圀立」と刻まれている。光圀の墓石では「故権中納言従三位水戸源義公之墓」、裏面には経歴を書き最後に「孝子綱條立」と刻まれている。先頭に「故」がついているのは、藩主とその母・妻、世子であり、墓碑銘についても改葬による違いが見られる。その後、この「孝子」という文字は三代・四代・五代の藩主に引き継がれた。

会津藩主正之の墓石正面には「会津中将源君之墓」と刻んでいる。正之の死によって作られた土津霊神碑文には、「孝子正経治喪不用浮屠[58]」と孝子という言葉が使われている。岡山藩の輝政・利隆の墓石では裏面に没年が刻まれているが、光政の墓石正面には「従四位下左近衛権少将源光政朝臣之墓」で裏面には何も書かれていない。

一族の墓碑銘を見ると、資料1のように院号をもつ者も多い。岡山藩和意谷墓所で葬られた人々の中に院号をもつ者はいない。水戸藩では寺との関係が伺われる墓石が多いのはひとつの特徴である。

藩主の墓石正面の文字はほぼ「朱子家礼」にそって銘が刻まれている。光政は「朱子家礼」に従って墓誌蓋と同じであるが、正之の場合少し異なっている。神主に見られる「孝子」の文字が墓碑に書かれるようことで、目につきやすい墓石や碑にも刻まれた。

5　家臣の儒葬墓

（1）家臣の墓地

水戸藩では、寛文六年（一六六六）四月に「四月世俗葬祭ヲ浮屠ニ任スルコトヲ歎玉ヒ新ニ士人墳墓ノ地ヲ常盤坂戸ニ賜朱子ノ家禮ニ據葬祭儀略ヲ士人ニ授ケラル[59]」と僧によって葬祭が行われているのを嘆いて、「朱子家礼」によって葬祭を行うために「喪祭儀略」を家臣に配布した。そして、

表2　藩主の墓石

	頂部	額縁	動物	台石	棹高さ
徳川光圀	櫛型	有	獅子	扶趺	約 1.2 m
保科正之	不明	無	無	四角柱	約 3.9 m
池田光政	櫛型	有	無	四角柱	約 2.4 m

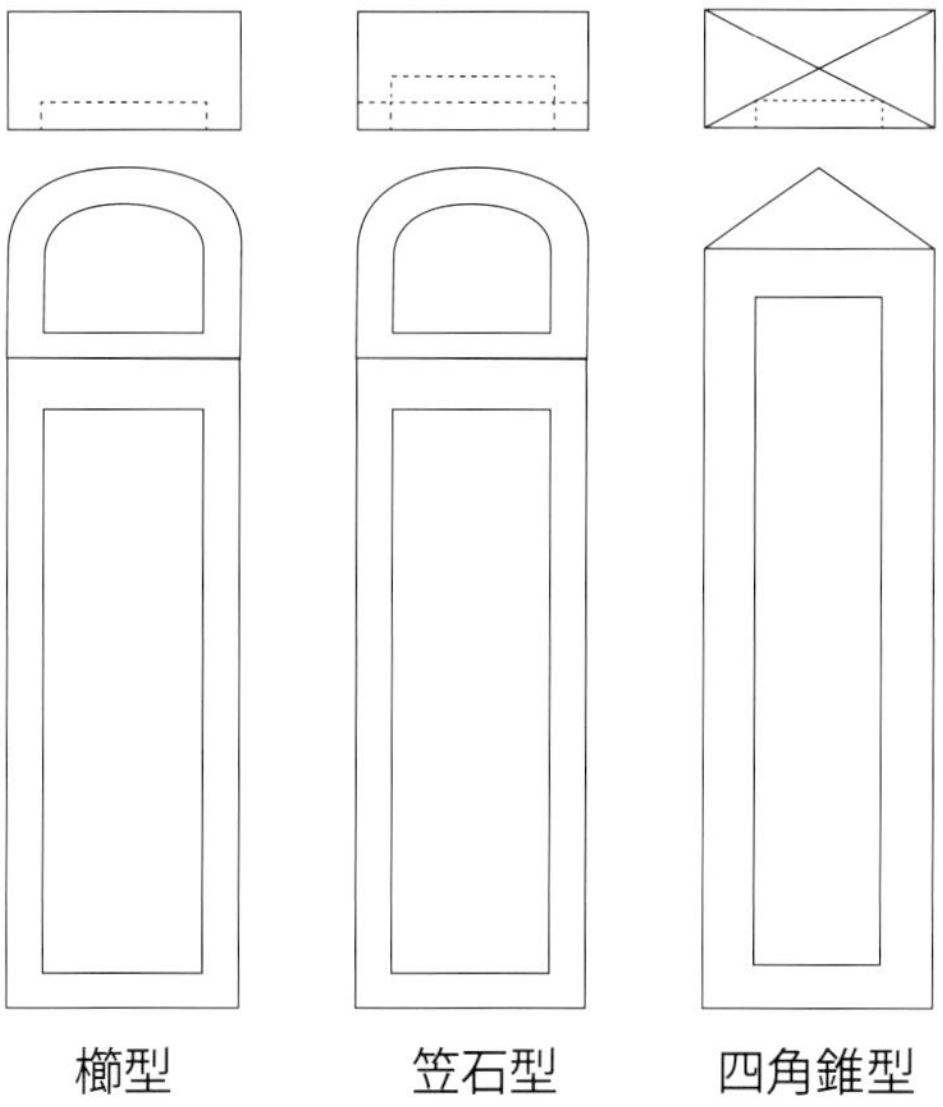

図8　棹石の形式

儒葬墓地として上市に居住する家臣のための常盤共有墓地（水戸市松本町）と下市に居住する家臣のために酒門共有墓地（水戸市酒門町）の二ヶ所を指定した。しかし、儒葬墓地とはいえ、両共有墓地の管理には天台宗薬王院と浄土宗常福寺に管理を委ねられていた[60]。「喪祭儀略」で示されている墳の大きさは横幅四尺（約一・二m）・五尺（約一・五m）、長さ八尺五寸（約二・六m）であるから広いスペースが必要である[61]。また、「喪祭儀略」には墓地に木を植えるとしていることから、さらに広い場所を必要とする。現在の共有墓地には墓石がひしめいており、墳は見られないし、その跡もみられない。

水戸藩と同様に儒葬墓地を指定したのが会津藩である。寛文四年には「火葬ハ不孝之由去年七月一統へ御諭被仰渡候後、御家人並町人共土葬之地無之候間[62]」と火葬を取りやめ、家臣や町人が土葬を行うためには土地がないことから[63]新たな墓地として大窪山、坊主山、小山の三カ所を指定した。現在残っているのは家臣が眠る大窪山墓地のみで、坊主山・小山墓地の儒葬墓は不明である。岡山藩では、家臣の墓として墓地を指定することはなかった。それは家臣のみならず、領民にも儒教を強要したため、領内各地に儒葬墓が散在している。その多くは山中に作られた。

以上見たように、水戸藩・会津藩では新たに墓地を指定している。武士に対する葬祭のマニュアル書は水戸藩のみである。岡山藩は領民に対するマニュアル書は出したが、家臣については「士中ハ老中より諸士ニ至迄、銘々考ヲ以、儒道之葬祭分限相応ニ執行仕候[64]」と、分限に応じて考えて行うことから各自に任せた。このように家臣に対する対応は藩によって異なる。会津藩で指定された大窪墓地は山中ということもあり広大であるが[65]、水戸藩では会津藩に比べて狭く、長期に儒葬墓地として墳を造り続けることは困難である。

（2）墓石数

常盤共有墓地・酒門共有墓地にある一七世紀の墓を筆者は調査した[66]。その結果、常盤共有墓地八三基と酒門共有墓地四〇基の合計一二三基を確認した（資料2）。その内、死去年が分かる墓石一一三基についてグラフにしたのが図9である。実際に共有墓地に埋葬されたのは、「喪祭儀略」が出されて、二年後の寛文八年（一六六八）であった。寛文八年〜元禄一二年（一七〇〇）の間に共有墓地に埋葬されたのは、平均四人ほどであり家臣全体からするとごく少数で、大きく増減することなく最大で一〇基である。これらのことから、家臣に広く広がっていったというより、限られた人たちが儒葬墓を作ったといえよう。元禄三年（一六九〇）に藩主を退いて水戸に帰ると、一時は増加したがやがて減少し光圀が亡くなる一七〇〇年近くには、ほとんど儒葬墓が作られなくなっている。「喪祭儀略」が出されたからといって、直ちに共有墓地に埋葬されたり、それ以前に亡くなった人が改葬されることはなかった。

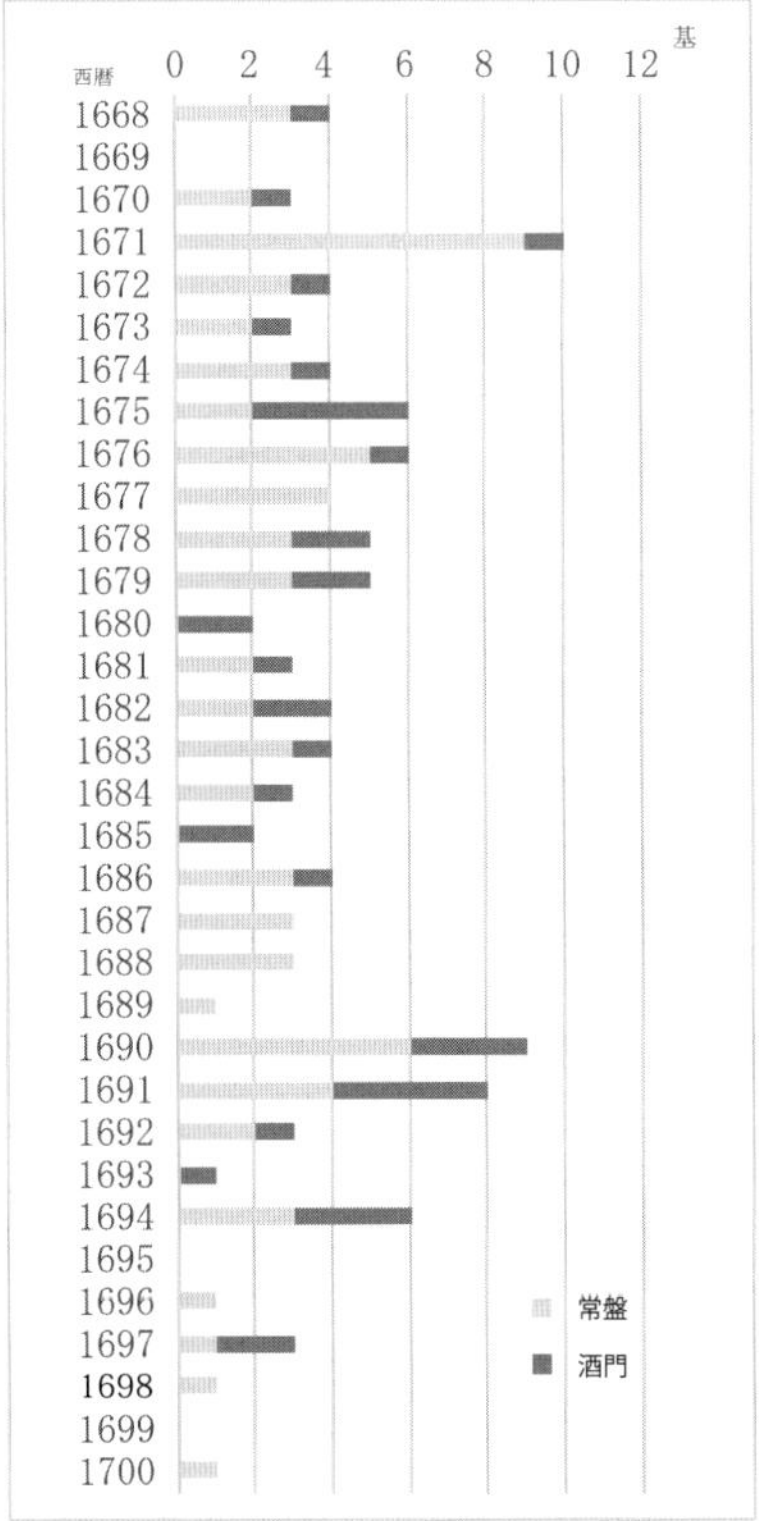

図9　17世紀年代別墓石数

これらのことから、「喪祭儀略」が出された寛文六年（一六六六）を境に、藩によって強力に儒教の葬送が進められた様子は見られない。そして、藩主がかわるとやがて減少していることから、光圀個人の影響によって進められたことがみてとれる。

（3）墓石の大きさと形状

墓石は上部の棹石と下部の台石とからなっているが、「喪祭儀略」では、棹石の高さは「高四尺今尺ニテ二尺五寸四分（約七七㎝）[67]」とし、幅は七寸六分（約二三㎝）」、厚さは五寸一分（約一六㎝）としている。「朱子家礼」では棹石を高さ四尺（周尺）としていることから、「喪祭儀略」でもそれに合わして日本尺二尺五寸四分としている。

家臣たちの墓は、「喪祭儀略」に合わしているのであろうか。まず、一七世紀の共有墓地の墓石の高さを図10に示した。最頻値は七六〜八〇㎝で「喪祭儀略」の約七七㎝と合致している。「喪祭儀略」で「碑首ハ圭首トテ四方ヨリソギテ中ヲ高クスルナリ」としており、実際の墓石と合致している。資料2から幅・厚さも「喪祭儀略」にほぼ合致する。棹石の窪みについても、「喪祭儀略」[68]（図11）に描かれているように多くが額縁状である。台石についても、「喪祭儀略」では一尺五寸四分（約四七㎝）とし、この点でもほぼ合致している。以上のことから墓石の大きさや形状は「喪祭儀略」に従って造られたことが分かる。

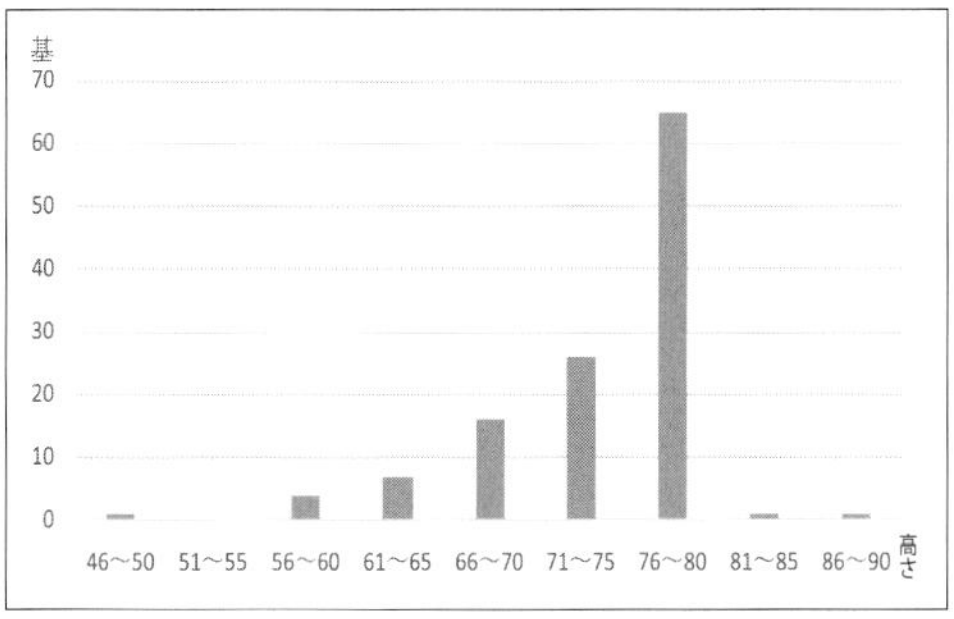

図10　墓石の高さ

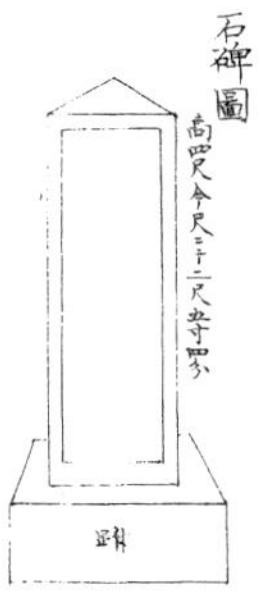

図11　墓石

（4）墓石の書き方

墓石の大きさや形状は「喪祭儀略」のA・B系統とも変わらないが、墓碑銘の書き方は異なっている（表3）[69]。国立公文書館蔵（A）では官位や称号ある人は書き、左側面に「年号月日辰終寝」と書くこととしている。関西大学蔵・中村幸彦文庫（A）では記載がない。B系統では正面に「故某号某君墓」とし、「故」を入れている。そして、側面には事跡や生まれた日・亡くなった日を刻むこととしている。文が長い場合には背面に刻むこととしている。

では、実際にどのように書かれているかを、具体的にみていくことにする。代表的な例を挙げると、常盤共有墓地にある萩原正次の墓では正面には「萩原氏正次之墓」、右側面には「寛文八戊申暦三月十七日」と刻んでいる。このように共有墓地の特色として、いわゆる俗名を刻み、その後に「〜墓」と刻むことである。そして、亡くなった年月日は大多数が向かって右側面に刻んでいる。（墓から見ると、左側面となる）この点では、「喪祭儀略」と合致する。しかし、次の点で「喪祭儀略」と異なっている。

◯生年月日を刻んだ墓石は見当たらない。
◯経歴が詳しく書かれているのは一基のみである。

表3　墓碑銘の書き方

系統	所在	書き方
A	国立公文書館	「石碑ニモ官位又ハ稱號有人ハ書付ヘシ」「碑ノ左脇面ニ年号月日辰終寝ト書ヘシ」
	関西大学・中村幸彦文庫	記載なし
B	名古屋大学・皇学館文庫	「碑面ニ故某号某君墓ト題シ其人ノ事跡生卒ノ年月日ヲ記シテ側ニ刻ス文長ケレハ後ニマハシテ刻スヘシ」
	『日本教育文庫　宗教編』	「碑面ニ、故某号某君墓ト題シ、其人ノ事跡、生卒ノ年月日ヲ傍ニ刻ス　文長ケレハ後ニマハシテ刻スヘシ」

○側面に刻まれている年紀銘は、大多数が「元禄三庚午年五月十七日」(近藤夫人之墓) といったように年月日だけで、その末の文字は「立」が1基、「終」が一基のみである。

○「故」を入れているのは三基のみである。中部道信（一六七五年死）や萩原正久（一六九八年死）の墓には、「孝子一　　　一」と刻まれている。このように水戸徳川家の墓石と同様に「孝子」の文字を刻んでいる。

(5) 葬られた家臣たち

伊藤兼山（一七一四年死）と安積澹山（一七三七年死）は需葬で葬られた。この二人についてはB系統の「喪祭儀略」（名古屋大学附属図書館・神宮皇学館文庫蔵）に掲載されている。これを基に、葬儀の様子を表4に示した。兼山は、光圀の御墓地之惣奉行を勤めた大老である。澹山は朱舜水に学んだ儒学者で彰考館総裁になっている。彼の墓は常盤共有墓地にあり、「故老牛居士安積君墓」と刻まれている。「老牛居士」（黙々と人民に奉仕する者）と居士号から仏教との関連が見られる。なお、兼山の葬儀の様子を書き留めたのは澹山である。

表4　伊藤兼山と安積澹山の葬制

	棺	銘旌	神主	埋葬法	墓誌	墳
伊藤兼山	「七星板ノ下石灰高四五寸表ニテ用」	「棺の前に向て左の方に立」	有	記載なし	記載なし	記載なし
安積澹山	「御棺へ石灰殻皮を入、七星板を入」	「故老牛居士安積君棺」	「陥中　故安積覚兵衛藤原君諱覚字子先之神主」「粉面　先考老中居士安積府君居士　孝子直行奉祇」	御棺を壙に下し、御銘旌を杠を去り御棺の上に載せ魂帛を埋め」	記載なし	記載なし

この二人に共通するのは棺に石灰を敷き、七星板を入れている。さらに両者とも神主・銘旌を作っており、澹山の神主は「朱子家礼」にそって書かれている。

一方で、墓誌・墳については記載がなく、炭の掲載もない。このことから、墓誌・墳・埋葬法が変化している可能性がある。会津藩の大窪墓地で一七世紀に亡くなった家臣の墓二六基の内、墳を確認できるのは四基（その内三基は同一の家である）のみである。(70) 広大な儒葬墓地をもち近代になっても大きな変化のない大窪墓地でさえ、墳を造ったのはごく少数である。岡山藩の「下民葬祭之大略」では、棺・神主・銘旌・墳の記載はあるが、墓誌や三物・瀝青・炭についての記載はない。

(6) 棺・墓誌をめぐる問題

「喪祭儀略」では、棺の大きさについて、A系統・B系統とも長さ五尺五寸、前の高さ・幅一尺六寸、後ろの高さ・広さ一尺三寸となっている。この大きさは、前に示したように光圀の棺と同じ大きさである。「朱子家礼」では、その大きさはわずかに体が入る程度とし、その寸法は指定していない。つまり、亡くなった人に合わせて棺が作られたことになる。岡山藩では、母福照院（一六七二年死）・妻円盛院（一六七八年死）・光政とも棺の大きさは異なり、その体形に合わせて台形の棺が作られている。

A系統・B系統とも「喪祭儀略」で書かれている棺の大きさと光圀の棺とが同

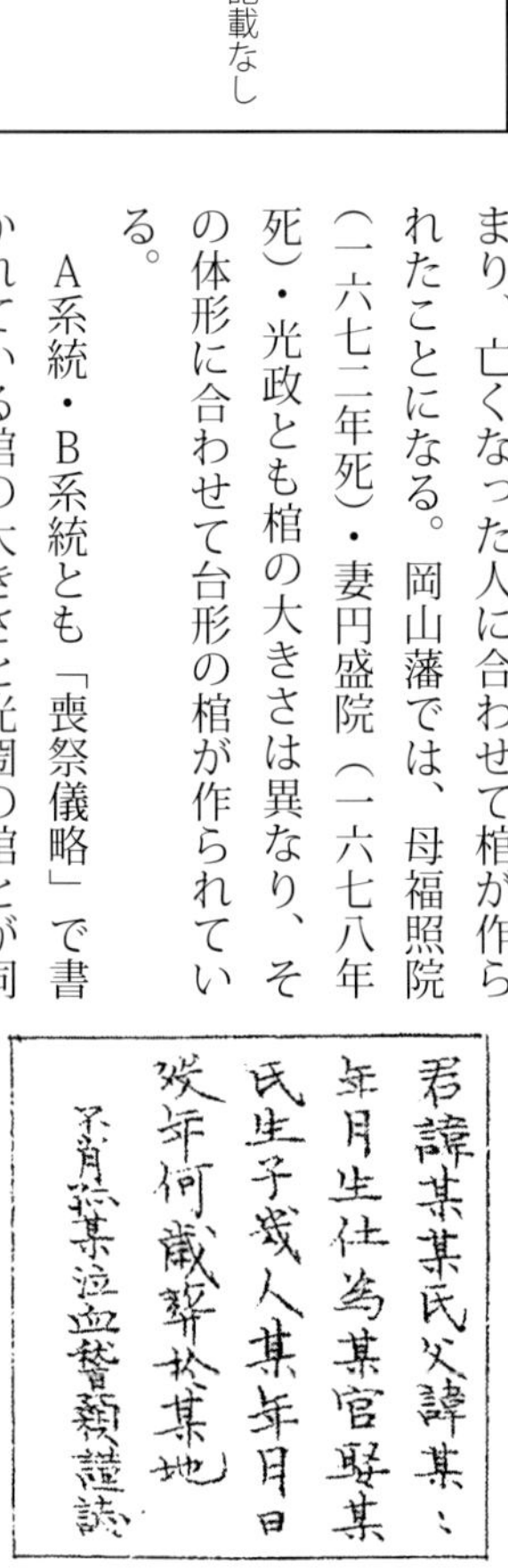

図12　墓誌

じであることから、光圀（一七〇〇年死）の死後「喪祭儀略」に付け加えられたことになる。さらに、亡くなる人の体形は当然一人一人異なるのにもかかわらず、棺の大きさを指定している。このことから、「喪祭儀略」は葬祭に当たって、一つのモデルとして示すものであり、家臣はそれを取捨選択したと考えられる。

墓誌についてA系統では見えず、B系統では「喪祭儀略」には誌石の絵図がある。それを図12[71]に示した。その誌石文の末に「不肖」という文字が書かれている。水戸徳川家墓所の碑文の中で、「不肖」の初出は八代藩主斉脩（一八二九年死）である。初代から5代宗翰（一七六六年死）までは「孝子」である。このことから、B系統の「名古屋大学附属図書館・神宮皇学館文庫蔵本」と『日本教育文庫　宗教編』所載本は一八世紀後半以降に書かれた可能性が高い。さらに、三代藩主の子吉孚（一七〇九年死）の墓誌では一尺四寸四方であるのに、「喪祭儀略」に示されている二尺四方もの墓誌を下層の家臣にも作ることは困難である。A系統でさえ、家臣に墓誌を作るのは困難であろうことから記載されなかったと推測できる。墓誌をB系統に登場させたが、それを作ることができるのは限られた家臣である。

おわりに

水戸藩・会津藩・岡山藩における棺・神主・銘旌・墳・墓誌・埋葬方法（三物・瀝青・炭）などのモノについて見てきたが、それらのモノは「朱子家礼」に従って新たに作られた。しかし、具体的な形態・大きさ・方法については各藩で異なっている。つまり、「朱子家礼」に従ってそのまままとり入れるのではなく、藩の実態に合わせてモノが作られた。そして、泰姫の墳が馬鬣封から馬蹄封に、会津藩では馬鬣封から円墳（正之）に変化しているように、一七世紀後半の儒葬は時と共に変化していることから、柔軟に執り行われた。

藩主徳川頼房の神主に書かれた「孝子」という言葉は、墓石に書かれた。そして、「孝子」という言葉は家臣の墓石にも書かれるようになった。会津藩・岡山藩でも藩主の神主・墓誌・碑に書かれて、家臣にも広がっている。このように、「孝子」という儒教の思想が藩主から家臣にも広がっていった。その言葉は、思想としてだけでなく埋葬方法にも影響し、厚く遺体を葬られるようになった。また、火葬を行うのは不孝であることから火葬から土葬へ変化していった。以上見たように、一七世紀後半の儒教による葬送は新たなモノが出現したことのみならず、その後の思想や埋葬方法に影響を与えた。

水戸藩の家臣たちは「喪祭儀略」が一六六六年に配布されたからといって、直ちに家臣に広く広がることはなかった。墓石数からいっても、ごく一部の家臣が共有墓地に葬られたにすぎない。儒葬を行っても、「喪祭儀略」をそのまま行ったわけではない。それは時代とともに「喪祭儀略」の内容は変化していることや共有墓地のスペースから考えると「喪祭儀略」に書かれているように墳を造り続けることは困難であることからも言える。会津藩や岡山藩でも墳が作られた例が少ないことから、水戸藩でもほとんど墳が作られなかった可能性が高い。それに伴って、一七世紀後半には墳が墓であったが、やがて碑石が墓石と認識されるようになった。

「喪祭儀略」が出された寛文六年（一六六六）当時の文書はなく、写本の形で見るしかない。光圀の棺の寸法で示されていることから、光圀死後（一七〇一年）以降に現在見る「喪祭儀略」の形式に変化していった。また、B系統の写本は墓誌から一八世紀後半以降につくられた可能性が高い。また、棺の大きさや墓誌の大きさからすべての家臣を対象に「喪祭儀略」が書かれたのではなく、儒教を信奉した一部の家臣のために書かれたものであり、あくまで葬祭の参考として使われたと解するのが適当であろう。

註

1 近藤啓吾『儒葬と神葬』国書刊行会、一九九〇年

2 吾妻重二「水戸徳川家と儒教儀礼」『アジア文化交流研究』第三号、関西大学、二〇〇八年

3 田世民「水戸藩の儒礼実践―『喪祭儀略』を中心に」『近世日本における儒礼受容の研究』ぺりかん社、二〇一二年

4 松原典明『近世大名葬制の考古学的研究』雄山閣、二〇一二年、一二二頁

5 会津藩については北脇義友「会津藩主保科正之の葬送とその影響」(『石造文化財』11 石造文化財研究所 二〇一九年)に参考にされたい。岡山藩については、北脇義友「岡山藩前期における儒葬墓」『岡山地方史研究第一二九号』(二〇一三年)を参考にされたい。

6 「藤夫人病中葬礼事略」『水戸義公全集 上』角川書店、一九九〇年

7 「慎終日録 威公」『家礼文献集成 日本編 三 吾妻重二 編書』関西大学出版部、一二七頁

8 前田恒治『会津藩に於ける山崎闇斎』西沢書店、一六三五年、一四九頁 山崎闇斎による碑文に書かれている。

9 永山卯三郎『池田光政公伝 下』、一九三二年、一三六九頁 儒者小原は美濃出身である。泉は熊沢蕃山の弟で儒教に詳しい。津田重二郎は和意谷墓所造営の中心人物である。服部與三右衛門は近習足軽頭・国中在方元締を勤めている。

10 『吉備群書集成(七)』吉備群書集成刊行會編纂、一九七八年、四〇一頁

11 「喪祭儀略」(『国立公文書館蔵』)『家礼文献集成 日本編 三 吾妻重二 編書』より転載

12 細谷恵志『朱子家礼』明徳出版社、二〇一四年、一七頁

13 前掲「喪祭儀略」(『国立公文書館蔵』)『家礼文献集成 日本編 三 吾妻重二 編書』より転載

14 渡辺浩『近世日本社会と宋学』東京大学出版会、一九八七年、一四一頁

15 前掲「慎終日録 威公」『家礼文献集成 日本編 三 吾妻重二 編書』、一二八頁

16 前掲「慎終日録 威公」『家礼文献集成 日本編 三 吾妻重二 編書』、一二八頁・一三四頁

17 布澤忠夫「横田三友先生の年譜天」『横田三友俊益の年譜全』新人物往来社、二〇〇五年、四五二頁

18 前掲『池田光政公伝 下』

19 前掲『池田光政公伝 下』、一三六一・一三六六頁

20 頼房の神主は「慎終日録 威公」『家礼文献集成 日本編 三 吾妻重二 編書』による。光政の父利隆は「御神主御題字写」(池田家文庫、C五-二〇五四)による。

21 『常陸太田市内遺跡調査報告書 水戸徳川家墓所』常陸太田市教育委員会、二〇〇七年

22 改葬された時期は墓が作られた時期とは異なる。例えば、武田の場合墓石に「延宝已未九月十一日水戸候源光國立」と刻まれていることから、二年後の延宝七年に作られている。

23 『会津藩家世実紀 第二巻』吉川弘文館、一九七六年、一三二頁

24 灰漆とは、石灰を漆で塗ったものである。

25 瀝青は、松やにと油をまぜたものである。

26 前掲『朱子家礼』、一六一頁

27 前掲「慎終日録 義公」『家礼文献集成 日本編 三、吾妻重二

編書』、一四七頁
28 「会津鑑巻三十三中」『会津史料大系』吉川弘文館、二四一頁
29 前掲『池田光政公伝　下』、七二一頁
30 「御鎮座日記　全」『続神道大系　論説編　保科正之（五）』、一一一頁
31 前掲『池田光政公伝　下』、一三六〇頁
32 三物とは石灰・細かい砂・黄土を混ぜたものである。
33 前掲「喪礼略私注」『家礼文献集成　日本編　三　吾妻重二　編書』、二三一頁。これは光圀の晩年の家臣である儒医加藤九皐が一七二五年に撰したものである。
34 前掲「慎終日録　威公」『家礼文献集成　日本編　三　吾妻重二　編書』、一三〇頁
35 前掲「喪祭儀略」（国立公文書館蔵）『家礼文献集成　日本編　三　吾妻重二　編書』、より転載
36 前掲『会津藩家世実紀　第二巻』寛文4年一〇月一〇日、一八五頁
37 前掲「会津鑑巻三十三中」『会津史料大系』、二九九頁
38 前掲『池田光政公伝　下』、より転載。
39 「御廟、和意谷」『吉永町史　資料編』一九八四年、より転載。
40 会津藩については、「会津鑑巻三十三中」による。岡山藩については『池田光政公伝　上』による。
41 前掲『朱子家礼』、二四九頁・二八三頁
42 前掲「慎終日録　義公　恭伯世子」『家礼文献集成　日本編　三　吾妻重二　編書』、一五五頁
43 前掲「慎終日録　義公　恭伯世子」『家礼文献集成　日本編　三　吾妻重二　編書』、一六一頁
44 前掲「喪祭儀略」一巻（『日本教育文庫　宗教編』所載）『家礼文献集成　日本編　三　吾妻重二　編書』、二二四頁。この墓誌の記載は、A系統には見られず、B系統の名古屋大学附属図書館・神宮皇学館文庫蔵では鉄縄で締めるとしており、不統一である。
45 前掲「会津鑑巻之三十三中」『会津史料大系』、三〇四頁
46 前掲『池田光政公伝　下』、一三七五頁
47 前掲『朱子家礼』、一八八頁
48 前掲「藤夫人病中葬礼事略」『水戸義公全集　上』
49 岡山藩でもこの時期作られた葬送のマニュアル「儒道ヲ尊ひ吉利支丹請ニ神職ヲ立ル下民葬祭之大略」でも、「勢ひ可成者は、墓の前に碑石を立べし」と書かれているように、墳が墓であり、現在墓とされているのは碑石と認識している。
50 前掲「喪祭儀略」（関西大学総合図書館・中村幸彦文庫蔵『家礼文献集成　日本編　三　吾妻重二　編書』より転載。
51 前掲『会津藩家世実紀　第二巻』、五六一頁
52 前掲「会津鑑巻之三十三中」『会津史料大系』、三一三頁
53 前掲「会津鑑巻之三十三中」『会津史料大系』、より転載。
54 前掲「会津鑑巻之三十三中」『会津史料大系』、二二七頁
55 前掲『池田光政公伝　下』、七二五頁
56 『吉備群書集成』（七）歴史図書社、一九七〇年、三九五頁。
57 「和意谷御墓出来之記」『吉永町史　資料編』、一九八四年、一六二頁・一六八頁
58 前掲「会津鑑巻之三十三中」『会津史料大系』、二三五頁
59 「編年史」『茨城県史料近世政治編1』、一九七〇年、四六五頁
60 『水戸市史　中巻（1）』、一九六八年、八七三頁
61 前掲「喪祭儀略」関西大学総合図書館・中村幸彦文庫蔵『家礼文献集成　日本編　三　吾妻重二　編書』、一九三頁

62 前掲『会津藩家世実紀　第二巻』、一八五頁

63 このことについては、「寺院地狭くして瘞埋（えいまい）せしめざるを慮（おもんばか）る」（横田俊益「土津霊神言行録　巻之下」『横田三友俊益の年譜全』（二〇〇五新人物往来社）六九二頁）としている

64 池田家文庫「備陽国史類編」A－四九（寛文九年）

65 元禄4年（一六九一）に立てられた標石によると、標石より南八三間・北一〇五間・東五三間・西一四六間という広大な墓地であった。（新編会津風土記巻之三二　陸奥国会津郡之七）。

66 二〇一七年筆者が踏査した。

67 前掲「喪祭儀略」（関西大学総合図書館・中村幸彦文庫蔵、A系統）『家礼文献集成　日本編　三　吾妻重二　編書』、一九三頁。長さ・形状はA系統・B系統とも同じである。

68 前掲「喪祭儀略」（名古屋大学附属図書館・神宮皇学館文庫蔵）『家礼文献集成　日本編　三　吾妻重二　編書』より転載。

69 それぞれの「喪祭儀略」は『家礼文献集成　日本編　三　吾妻重二編書』による。

70 北脇義友「会津藩主保科正之の葬送とその影響」『石造文化財一一』（石造文化財研究所、二〇一九年）に詳しい。二〇一七年筆者が踏査した結果を基にした。四基の内、三基は会津藩の儒者横田家の墓の墳である。

71 前掲「喪祭儀略」（名古屋大学附属図書館・神宮皇学館文庫蔵）『家礼文献集成　日本編　三　吾妻重二　編書』より転載。

資料 1　水戸徳川家墓所における 17 世紀に亡くなった人々の墓石

死去年		名前	続柄	墓碑銘	亀趺	改葬年	形式
西暦	和暦						
1603	慶長 8	信吉	家康第五子	浄鑑院英誉宗厳武田君墓	無	1677	尖塔
1628	寛永 5	亀麻呂	頼房第二子	源亀丸之墓	無	1677	変形
1640	寛永 17	俊	頼房側室	故庶母長松院妙感日応墓	無	1679	尖塔
1655	明暦元	七	頼房側室	故庶母真善院妙相日有墓	無	1677	尖塔
1658	万治元	泰姫	婦人	哀文夫人之墓	有	無	櫛
1661	寛文元	頼房	初代藩主	故水戸候正三位権中納言源威公墓	有	無	櫛
1661	寛文元	久	光圀生母	靖定太夫人谷氏之墓	有	無	櫛
1661	寛文元	勝	頼房側室	先母円理院法珠日意之墓	無	1677	尖塔
1664	寛文 4	通子	頼房長女	処姉恵了院達心日具之墓	無	1677	尖塔
1664	寛文 4	頼以	頼房第九子	故叔父懿孝子墓	無	1679	尖塔
1667	寛文 7	布里	頼房第八女	青松院貞誉心光清円源夫人墓	無	1667	尖塔
1670	寛文 10	綱方	光圀養子	故従四位下左近衛権少将水戸世子源諱方字其章謚靖伯墓	無	無	笠石
1674	延宝 2	頼利	頼房第六子	先考簡良子之墓	無	1679	尖塔
1675	延宝 3	玉	頼房側室	先祖母証真院妙貞日元墓	無	1679	尖塔
1678	延宝 6	愛	頼房側室	先母厚善院妙久日成之墓	無	無	尖塔
1678	延宝 6	頼方	頼隆第一子	故散位従四位下源諱頼良法号浄照院清玉英廓之墓	無	無	笠石
1681	天和元	千	頼房第十女	顕妣証智院法円日慧之墓	無	無	尖塔
1681	天和元	愛	頼道室	先妣光顔院覚誉真寂澄円之墓	無	無	尖塔
1682	天和 2	房時	頼房第十子	覚林院円誉心月元正源氏之墓	無	無	尖塔
1682	天和 2	伊璵	頼泰室	孺人藤原氏之墓	無	無	櫛
1683	天和 3	八十	頼道第一女	慧璜院妙量日久源娘之墓	無	無	尖塔
1684	貞享元	巌麻呂	綱條第二子	源巌麻呂墓	無	1843	尖塔
1687	貞享 4	清	綱條第二女	清姫源氏墓	無	1843	尖塔
1689	元禄 2	頼寧	頼隆第二子	故従四位下行肥後守源君之墓	無	無	尖塔
1689	元禄 2	万	頼房第二女	顕妣長寿院妙証日禎之墓	無	無	尖塔
1690	元禄 3	泰通	頼泰第二子	（松平泰通墓誌）	無	無	不明
1690	元禄 3	市	頼房第十三女	先妣源孺人之墓	無	無	尖塔
1692	元禄 5	幸	綱條第四女	幸姫源氏墓	無	1843	尖塔
1693	元禄 6	頼元	頼房第四子	故従四位下侍従刑部大輔真源院霊方無外居士墓	無	無	笠石
1695	元禄 8	直松	綱條第六子	源直松墓	無	1843	尖塔
1696	元禄 9	金松	綱條第五子	源金松墓	無	1843	尖塔
1697	元禄 10	梅	頼房第十二女	顕妣浄雲院妙清日受之墓	無	無	尖塔
1697	元禄 10	頼雄	頼房第七子	故従五位下大炊頭一法院融山円公居士之墓	無	無	笠石
1700	元禄 13	紺	頼泰第一女	玉壇なし	無	無	不明
1700	元禄 13	光圀	二代藩主	故権中納言従三位水戸源義公之墓	有	無	櫛

※『水戸徳川家墓所』（財団法人水府明徳会・2007 年）より作成

※俊は墓石建立年を示す。

資料２　水戸藩共有墓地における 17 世紀に亡くなった家臣の墓

No.	死去年		墓碑銘	形式	窪み	年紀銘	棹	高さ	台石	石質	場所	その他
	和暦	西暦				場所	横×奥行					
1	寛文 8	1668	萩原氏正次之墓	尖頭	額縁	右側面	23 × 15	78	46 × 46	花	常盤	
2	寛文 8	1668	神戸氏泰安墓	尖頭	額縁	右側面	23 × 16	77	45 × 46	花	常盤	
3	寛文 8	1668	庄氏妻塩谷氏墓	尖頭	額縁	右側面	23 × 15	76	45 × 44	花	常盤	
4	寛文 8	1668	林嶋氏□境之墓	尖頭	額縁	右側面	23 × 16	74	無	花	酒門	
5	寛文 10	1670	佐□氏藤七之墓	尖頭	額縁	右側面	23 × 15	75	46 × 45	花	常盤	
6	寛文 10	1670	桃雲貞道信女之墓	尖頭	額縁	右側面	23 × 15	69	45 × 45	花	常盤	
7	寛文 10	1670	故大久保氏□七忠吉墓	尖頭	額縁	右側面	23 × 16	77	46 × 46	花	酒門	
8	寛文 11	1671	香取氏易亭　墓	尖頭	額縁	右側面	23 × 15	77	45 × 45	花	常盤	
9	寛文 11	1671	顕妣□□孺人之墓	尖頭	額縁	右側面	20 × 11	60	38 × 39	花	常盤	
10	寛文 11	1671	小原氏浄材之墓	尖頭	額縁	右側面	23 × 15	77	45 × 45	花	常盤	
11	寛文 11	1671	子横萩氏墓	尖頭	額縁	右側面	23 × 15	77	45 × 45	花	常盤	
12	寛文 11	1671	市川氏道□禅定門墓	尖頭	額縁	右側面	22 × 12	66	無	花	常盤	
13	寛文 11	1671	市川氏永休墓所	尖頭	額縁	右側面	22 × 15	75	33 × 30	花	常盤	
14	寛文 11	1671	白井案右衛門	尖頭	額縁	右側面	23 × 15	77	45 × 46	花	常盤	
15	寛文 11	1671	顕妣神田氏婦人之墓	尖頭	額縁	右側面	23 × 15	78	45 × 45	花	常盤	
16	寛文 11	1671	朝比奈氏□□夫人之墓	山型	額縁	右側面	23 × 15	76	46 × 46	花	常盤	
17	寛文 11	1671	小泉氏婦人之墓	尖頭	額縁	右側面	21 × 11	56	35 × 33	花	酒門	
18	寛文 12	1672	中山氏清春夫人之墓	尖頭	額縁	右側面	23 × 15	77	45 × 45	花	常盤	
19	寛文 12	1672	佐野氏真□妙□墓	尖頭	額縁	右側面	22 × 16	74	44 × 44	花	常盤	
20	寛文 12	1672	□田□□墓	尖頭	額縁	右側面	20 × 13	64	39 × 34	花	常盤	
21	寛文 12	1672	松永氏勝媼婦人之墓	尖頭	額縁	右側面	23 × 15	77	45 × 46	花	酒門	
22	寛文 13	1673	梶川道休之　墓	尖頭	額縁	右側面	23 × 15	77	46 × 46	花	常盤	
23	寛文 13	1673	□部氏婦人［　　　］墓	尖頭	額縁	右側面	22 × 14	68	無	花	常盤	
24	寛文 13	1673	望月氏五郎左右衛門　墓	尖頭	額縁	右側面	23 × 15	77	46 × 46	花	酒門	
25	延宝 2	1674	香取氏浄保之墓	尖頭	額縁	右側面	23 × 16	76	46 × 46	花	常盤	
26	延宝 2	1674	池野上寿昌墓	尖頭	額縁	右側面	21 × 13	73	41 × 36	花	常盤	
27	延宝 2	1674	有賀氏［　　　］墓	尖頭	額縁	右側面	23 × 15	65	45 × 44	花	常盤	
28	延宝 2	1674	［　　　］佐野篠兵衛［　　　］	尖頭	額縁	右側面	23 × 15	64	46 × 46	花	酒門	
29	延宝 3	1675	佐野氏女□□　墓	尖頭	額縁	右側面	24 × 15	78	46 × 46	花	常盤	
30	延宝 3	1675	山□氏婦人之墓	尖頭	額縁	右側面	24 × 15	77	44 × 45	花	常盤	
31	延宝 3	1675	故申部氏道信之墓	尖頭	額縁	右側面	23 × 15	77	45 × 46	花	酒門	
32	延宝 3	1675	河□氏□左右衛門尉之墓	尖頭	額縁	右側面	23 × 15	73	無	花	酒門	
33	延宝 3	1675	木内氏正秀　墓	尖頭	額縁	右側面	23 × 15	75	45 × 44	花	酒門	
34	延宝 3	1675	大森氏平右衛門尉　墓	尖頭	額縁	右側面	23 × 15	75	45 × 45	花	酒門	
35	延宝 4	1676	桐生亀之墓	尖頭	額縁	右側面	23 × 15	77	46 × 45	花	常盤	
36	延宝 4	1676	朝□奈氏泰同之墓	尖頭	額縁	右側面	23 × 15	76	45 × 48	花	常盤	
37	延宝 4	1676	小湊氏婦人墓	尖頭	額縁	右側面	23 × 15	68	無	花	常盤	
38	延宝 4	1676	大久保婦人之墓	尖頭	額縁	右側面	23 × 16		41 × 41	花	常盤	
39	延宝 4	1676	笠井氏平太大夫之墓	山型	額縁	右側面	20 × 13	69	37 × 37	花	常盤	
40	延宝 4	1676	鈴木氏甚右衛門　墓	尖頭	額縁	右側面	23 × 15	77	45 × 44	花	酒門	
41	延宝 5	1677	岡部氏□月之墓	尖頭	額縁	右側面	22 × 14	68	無	花	常盤	
42	延宝 5	1677	富田氏□□之墓	尖頭	額縁	右側面	23 × 15	78	45 × 45	花	常盤	
43	延宝 5	1677	高巌元□信女塔	尖頭	額縁	右側面	22 × 11	69		花	常盤	
44	延宝 5	1677	山田氏利見□□之墓	尖頭	額縁	右側面	23 × 15	75	45 × 45	花	常盤	
45	延宝 6	1678	□□氏［　　　］墓	尖頭	額縁	右側面	20 × 14	64	改変	花	常盤	
46	延宝 6	1678	［　　］氏□性院妙［　　］墓	尖頭	額縁	右側面	21 × 12	58	無	花	常盤	
47	延宝 6	1678	塩津氏一楽居士之塔	尖頭	額縁	右側面	23 × 16	73	46 × 45	花	常盤	
48	延宝 6	1678	□□里見氏［　　　］	尖頭	額縁	右側面	23 × 15	76	無	花	酒門	
49	延宝 6	1678	大場氏市郎兵衛之　墓	尖頭	額縁	右側面	23 × 16	75	45 × 43	花	酒門	
50	延宝 7	1679	萩氏女姉圓墓	尖頭	額縁	右側面	21 × 15	69	36 × 30	花	常盤	
51	延宝 7	1679	三浦氏□婦人　墓	尖頭	額縁	右側面	23 × 16	75	46 × 46	花	常盤	
52	延宝 7	1679	肥田氏吉婦人之墓	尖頭	額縁	右側面	23 × 15	76	45 × 46	花	常盤	
53	延宝 7	1679	鵜飼氏［　　　］墓	尖頭	額縁	右側面	23 × 15	66	45 × 45	花	酒門	
54	延宝 7	1679	故永田氏□之　墓	尖頭	額縁	右側面	23 × 15	69	46 × 46	花	酒門	
55	延宝 8	1680	半月氏興兵衛之墓	尖頭	額縁	右側面	23 × 15	77	46 × 46	花	酒門	
56	延宝 8	1680	佐野氏婦人之墓	山型	額縁	右側面	26 × 14	70		砂	酒門	
57	天和元	1681	匂坂氏左太郎之墓	尖頭	額縁	右側面	23 × 15	78	45 × 46	花	常盤	
58	延宝 9	1681	水野氏婦人之墓	尖頭	額縁	右側面	23 × 15	76	45 × 45	花	常盤	
59	天和元	1681	横山氏孫八郎　墓	尖頭	額縁	右側面	22 × 13	58	改変	花	酒門	
60	天和 2	1682	小湊氏田宮墓	尖頭	額縁	右側面	23 × 16	77	無	花	常盤	

61	天和 2	1682	横山氏故 [　] 君次之　墓	尖頭	額縁	右側面	23 × 16	77	37 × 36	花	酒門	
62	天和 2	1682	大久保氏婦人之墓	尖頭	額縁	右側面	24 × 15	87	45 × 44	花	酒門	
63	天和 2	1682	□□氏 [　　] 妙 [　　] 墓	尖頭	額縁	右側面	22 × 13	68	無	花	常盤	
64	天和 3	1683	箕川氏理兵衛之墓	尖頭	額縁	右側面	23 × 15	77	45 × 46	花	常盤	
65	天和 3	1683	小湊氏婦人貞孺之墓	尖頭	額縁	右側面	22 × 15	77	45 × 46	花	常盤	
66	天和 3	1683	小川氏全平墓	尖頭	額縁	右側面	21 × 14	65	無	花	常盤	
67	天和 3	1683	川奈氏婦人貞清墓	尖頭	額縁	右側面	23 × 16	77	46 × 44	花	酒門	
68	貞享元	1684	香取氏幻心居士　墓	尖頭	額縁	右側面	24 × 16	77	44 × 46	花	常盤	
69	貞享元	1684	幡鎌氏左太郎之墓	尖頭	額縁	右側面	23 × 15	77	無	花	常盤	
70	貞享元	1684	父□岡氏 / 母余吾氏 / 正友令末之墓	尖頭	額縁	右側面	23 × 16	76	改変	花	酒門	
71	貞享 2	1685	里見長憩之墓	尖頭	額縁	右側面	23 × 16	75	無	砂	酒門	
72	貞享 2	1685	矢野氏保閑之墓	尖頭	額縁	右側面	23 × 15	77	45 × 46	花	酒門	
73	貞享 3	1686	[　　　　] 信女墓	尖頭	額縁	右側面	23 × 15	75	46 × 44	花	常盤	
74	貞享 3	1686	藤氏婦人之　墓	尖頭	額縁	右側面	23 × 15	69	45 × 45	花	常盤	
75	貞享 3	1686	小湊氏婦人元□之墓	尖頭	額縁	右側面	23 × 15	77	43 × 45	花	常盤	
76	貞享 3	1686	鈴木氏□　墓	尖頭	額縁	右側面	23 × 15	74	45 × 45	花	酒門	
77	貞享 4	1687	法 [　　　　　　]	山型	装飾	正面	25 × N		38 × 28	花	常盤	
78	貞享 4	1687	小湊氏喜左衛門墓	尖頭	額縁	右側面	23 × 16	77	無	花	常盤	
79	貞享 4	1687	戸木氏□兵衛之墓	尖頭	額縁	右側面	23 × 12	74	39 × 39	花	常盤	
80	貞享 5	1688	佐野氏□□墓	尖頭	額縁	右側面	22 × 15	71	39 × 39	花	常盤	
81	元禄元	1688	岡部氏玄郎大夫　墓	尖頭	額縁	右側面	21 × 14	71	無	花	常盤	
82	元禄元	1688	[　　　] 氏婦人之墓	尖頭	額縁	右側面	20 × 14	64	無	花	常盤	
83	元禄 2	1689	横手氏於金之墓	尖頭	額縁	右側面	23 × 15	77	45 × 45	花	常盤	
84	元禄 3	1690	小原文左衛門信親之墓	尖頭	額縁	右側面	23 × 15	77	45 × 45	花	常盤	
85	元禄 3	1690	安倉氏雪□道涼信士之塔	尖頭	額縁	右側面	22 × 14	74	46 × 45	花	常盤	
86	元禄 3	1690	□□□氏婦人之墓	尖頭	額縁	右側面	22 × 15	67	無	花	常盤	
87	元禄 3	1690	富田氏婦人寿泉之墓	尖頭	額縁	右側面	23 × 16	78	46 × 46	花	常盤	
88	元禄 3	1690	笹木氏婦人之墓	尖頭	額縁	右側面	23 × 15	75	46 × 44	花	常盤	
89	元禄 3	1690	舟木氏 [　　] 墓	尖頭	額縁	右側面	23 × 16	76	無	花	常盤	
90	元禄 3	1690	近藤氏婦人之墓	尖頭	額縁	右側面	23 × 15	77	46 × 44	花	酒門	
91	元禄 3	1690	大竹幽雲軒之墓	尖頭	額縁	無	23 × 16	77	46 × 46	花	酒門	
92	元禄 3	1690	藤田氏　墓	尖頭	額縁	右側面	24 × 15	78	46 × 45	花	酒門	
93	元禄 4	1691	豊嶋氏妙貞之墓	尖頭	額縁	右側面	23 × 16	74	46 × 45	花	常盤	
94	元禄 4	1691	高山氏妙□之墓	尖頭	額縁	右側面	24 × 15	77	43 × 45	花	常盤	
95	元禄 4	1691	徹了□信士	自然石	無	正面		65		花	常盤	
96	元禄 4	1691	岸氏□□婦人之　墓	尖頭	額縁	右側面	22 × 13	68	無	花	常盤	
97	元禄 4	1691	市川氏甚助　墓	尖頭	額縁	右側面	23 × 15	77	45 × 45	花	酒門	
98	元禄 4	1691	大場氏□市□墓	尖頭	額縁	右側面	17 × 14	49	36 × 27	花	酒門	
99	元禄 4	1691	下間氏妙修　墓	尖頭	額縁	右側面	24 × 16	77	44 × 46	花	酒門	年紀銘末「立」
100	元禄 4		鈴木氏婦人之墓	尖頭	額縁	右側面	23 × 16	74	47 × 44	花	酒門	
101	元禄 5	1692	本田氏□詮□婦人之墓	尖頭	額縁	右側面	23 × 15	77	無	花	常盤	
102	元禄 5	1692	一人□光院妙□信女　位	尖頭	額縁	右側面	23 × 16	78	45 × 45	花	常盤	
103	元禄 5	1692	福王左内兵衛正利墓	尖頭	額縁	右側面	21 × 15	73	41 × 41	花	酒門	
104	元禄 6	1693	□□余吾氏菊墓	蒲鉾	装飾	右側面	24 × 19	76	52 × 54	花	酒門	年紀銘末「終」
105	元禄 7	1694	[　　　] 氏婦人尼之墓	尖頭	額縁	右側面	23 × 16	78	44 × 46	花	常盤	
106	元禄 7	1694	庄府君六郎兵衛之墓	尖頭	額縁	右側面	23 × 15	77	47 × 46	花	常盤	
107	元禄 7	1694	有賀氏婦人 [　　] 墓	尖頭	額縁	右側面	23 × 15	77	45 × 44	花	常盤	
108	元禄 7	1694	婦人岡崎氏之墓	尖頭	額縁	無	23 × 16	77	46 × 45	花	酒門	
109	元禄 7	1694	故福王栄休正信之墓	尖頭	額縁	右側面	23 × 15	77	45 × 43	花	酒門	
110	元禄 7	1694	□利氏三婦人之　墓	尖頭	額縁	正面左右	23 × 15	73	45 × 42	花	酒門	
111	元禄 9	1696	匀坂氏圓進之墓	尖頭	額縁	右側面	23 × 15	76	45 × 45	花	常盤	
112	元禄 10	1697	妙法成遠院顕嘉月示	山型	装飾	正面左右	31 × N	74	46 × 31	花	常盤	
113	元禄 10	1697	大竹檀右衛門藤原如平衡墓	尖頭	額縁	右側面	23 × 16	76	46 × 45	花	酒門	
114	元禄 10	1697	吉田氏婦人之墓	尖頭	額縁	右側面	23 × 15	76	無	花	酒門	
115	元禄 11	1698	顕考萩原氏□正久之墓	尖頭	額縁	右側面	23 × 15	76	46 × 45	花	常盤	孝子銘有
116	元禄 13	1700	妙法□圓院通 [　　　　]	山型	装飾	正面	27 × N	82	44 × 43	花	常盤	
117	寛文		香取氏 [　　　　　]	尖頭	額縁	右側面	23 × 15	77	45 × 44	花	常盤	
118	寛文		入澤氏妙林婦人之墓	尖頭	額縁	右側面	23 × 15	76	46 × 47	花	常盤	
119	延宝		法雲 [　　　　] 墓	尖頭	額縁	右側面	23 × 15	75	46 × 46	花	常盤	
120	延宝		松井氏 [　　　　] 墓	尖頭	額縁	右側面	23 × 16	70	45 × 46	花	常盤	
121	延宝		安倉梅□道香信士之墓	尖頭	額縁	右側面	23 × 15	76	46 × 46	花	常盤	
122	延宝		山口氏宗庵墓	尖頭	額縁	右側面	23 × 15	76	46 × 44	花	常盤	
123	延宝		□仙院□慶霊尼之墓	尖頭	額縁	右側面	23 × 15	76	埋もれ	花	酒門	

【新刊紹介】

関根達人　著

歴史ライブラリー四九八『石に刻まれた江戸時代』

吉川弘文館　二〇二〇・四

定価（一八〇〇円＋税）

本書の著者である関根達人は、「独自の視点と方法により考古学が中世史・近世史に大きく貢献」したとする業績により、二〇一八年に濱田青陵賞（大阪府岸和田市などが創設）を受賞している。同氏は、これまで江戸時代の墓標調査を行い、刻まれた被葬者の状況から、飢饉などの歴史事象の検証はもとより、「独自の視点と方法」を以て、当時における人口動態などの社会科学的な研究を進めている。

本書では、身近にある江戸時代の石造物が「人々の重要なメッセージが込められている」資料として位置付けられており、「独自の視点」に基づき、身近にあるにもかかわらず、顧みられなかった石造物を対象としているところに特徴がある。

関根は、本書をプロローグとエピローグを除き、6章で構成させている。まず、最初に「身近の石造物」として、江戸時代に建てられた石造物の種類を一覧にまとめ、その多様性を説いている。そして、現在も市中に存在している石造物のうち、「迷子しるべ石」や「なかたち石」、力士の顕彰碑などを紹介している。

2～4章では、「石に刻まれた記憶」として、「飢饉」、「地震・津波・噴火・水害」、「事故・疫病」に関する石造物を取り上げている。このうち、「飢饉」は、上述したように同氏が以前から研究のテーマとしていたもので、全国各地に残る「飢饉供養塔」を基に、東日本における元禄・宝暦・天明・天保の飢饉、西日本における享保の飢饉の状況を追及している。また、「水害」では、埼玉県の荒川が決壊した寛保2年の水害を記録した石灯篭などを、「事故」では、東京・両国回向院の「三州高浜舩々一切精霊塔」などの海難供養塔、「疫病」では、埼玉県越谷市安国寺所在の「安政コレラ供養碑」などを取り上げている。

こうした災禍に伴うものだけでなく、5章では、函館や江戸・千住宿の遊女、江戸・小塚原に所在する刑死者の供養塔など、「独自の視点」で、おそらくこれまでの考古学者が扱ったことない資料までも対象としている。

「北前船と石造物」と題する6章では、同氏が以前から研究のフィールドとしている蝦夷・松前や奥州と大坂を結んでいた北前船をキーワードに、「石造物から見た海運史」として、石造物に刻まれた銘文から江戸時代の海運についても追及している。

このように、本書は「多様な」江戸時代の石造物について、「独自の視点」から考察、追及しており、今後の石造物研究に新たな手掛かりを提起した内容となっている。

なお、専門用語などの使用がなく、研究者以外にも分かり易い内容となっていることから、身近な石造物を調査する取り掛かりにもなり、石造文化財研究の発展や拡大につながる一冊と言える。

最後になるが、関根は、一昨年、『墓石が語る江戸時代』も上梓している。（三好義三）

関根達人著　歴史ライブラリー 464
『墓石が語る江戸時代』
吉川弘文館　2018，3．

岡藩における近現代の儒式墓形態について

豊田徹士

はじめに

豊後岡領は、現在の大分県竹田市と豊後大野市の二つの行政界が支配領域である。

両地域では、「令和」の世となった現代でも江戸時代から続く「先祖祭り」が「先祖墓」を中心にして行われたり、鎮守の御幸祭に付随するお神楽や獅子舞、白熊などの民俗芸能が濃密に残されたりするなど、伝統や格式を重んじる地域である。[1・2]

これらの地域行事や文化は、遠からず地域コミュニティの維持に帰依していることが指摘され、もれなく過疎高齢化に悩む当該地域において、地域住民の献身的な努力と意地によって支えられ維持されてきた賜物である。

まさに逆境とも言える地域の実情の中、このような地域文化が濃密に残されてきたのはなぜか。その答えと考えられるものが、旧岡領全体に流れている「藩風」であった。

さらにその藩風の元になったものは何か？と考えた時、行き着いたのが「儒教」の存在である。

筆者は、これまで豊後国岡領における儒式墓＝儒教式墓の悉皆的な調査を行ってきたが、その結果、儒教の受容と展開の結果として儒式墓が存在し、それは「前面に墓碑を置きその背面に、跳び箱様の石を墳として置く」墓塔形式として具現化されていることが明らかとなった。さらにそれらは、近世初頭に儒教を受容してから中断や形骸化しながらも、現代にまで受け継がれてきていることが確認できたのであった。

この儒式墓の変遷を見ると、大きく三期に区分できる。

一期は、寛文九年（一六九九）から享保十五年（一七三〇）で、三代藩主中川久清により儒教が領内にもたらされ、彼を中心に配偶者と血縁者によってのみ営まれていった時期、二期は、寛政四年（一七九二）から安政二年（一八五五）までで、養子縁組によって誕生した八代藩主久貞により儒教、儒式墓が復古され、藩吏のうち藩主に近い者や文芸に秀でた者たちに営まれた時期、三期は、明治五年（一八七二）から現代までで、維新を経たことで藩吏の枠を越え発散し、農村有力階級までが営むに及んだ時期である。[3]

この現代まで続く儒式墓の造立という事実は、領内に先祖や家に対しての尊敬の念が今も色濃く残されている理解につながり、儒式墓が醸し出し続けた「儒教の香り」が、祖先や家、またその格式にこだわる旧岡藩領独特の雰囲気、すなわち「藩風」になったのではないかと考えている。

過去、筆者はそれぞれの時期の儒式墓について、実測図面を作成し考古学的考察と文献からの考察を行い、形式的な変化や造塔者（被葬者）の属性の変遷を追いかけてきたが、三期に属する近現代の儒式墓については、図面作成を行っていなかったものがある。

そこで本稿では、岡藩における儒式墓変遷の最終段階ともいうべき墓塔の姿と、被葬者の属性について報告したい。

一　国学者「田近陽一郎墓」

田近陽一郎の墓は、大分県竹田市「史跡岡城跡」の西側丘陵上、芝原墓地にある。

芝原墓地は竹田市の公営墓地で、再奥に納骨堂があり大きく二区画に分けられ百以上の累代墓が並ぶ。聞き取りによると、この芝原墓地は平成元年（一九八九）に開設されていて、(4)今回紹介する田近陽一郎の墓及びその一族の墓もそれ以降に改葬されたものとみられるが、それ以前の墓所の所在については不明である。

現在の田近家の墓は、公営墓地の奥の区画のうち西北の角地にあって、東西に約六メートル、南北に約五メートルに区切られた墓域に全部で八つの墓塔がある。

それぞれの墓塔は全て内側に向いて置かれ、西の面に四基、南面と北面にそれぞれ二基、また図示はしていないが出入り口に灯籠が一対置かれている。並ぶ墓はほぼ同型、同サイズで作られていて、墓碑の後ろに石製の墳＝馬鬣封を持つ岡藩型の儒式墓で揃えられている（写真1・図1）。

この中で、没年がもっとも古いのが田近陽一郎の墓である。

田近陽一郎は、天保七年（一八三六）、岡藩士田近儀左衛門長吉の四男として生まれた。藩校由学館で学び、平田篤胤に感化されて平田鉄胤に師事し、父や小河一敏とともに倒幕活動を行った勤皇志士であった。

維新後は、神職として大分市西寒多神社大宮司などを務めたが、病気がちであったことからほどなく帰郷し、晩年は国学者として教鞭をとった。終始、国学に傾注した人物であったが、明治三十四年（一九〇一）没、後に従五位を贈られた。墓は当初、岡城下の西光寺に葬られたがのちに改葬されたという。(5)

この田近陽一郎の墓は、墓域の西面ほぼ中央にある。墓前には一段の基礎の上に水鉢を置き、その後ろに墓碑を据える。墓碑は「跗」の上には載らず、地に直接置かれている。

写真1　田近家墓所（南から）

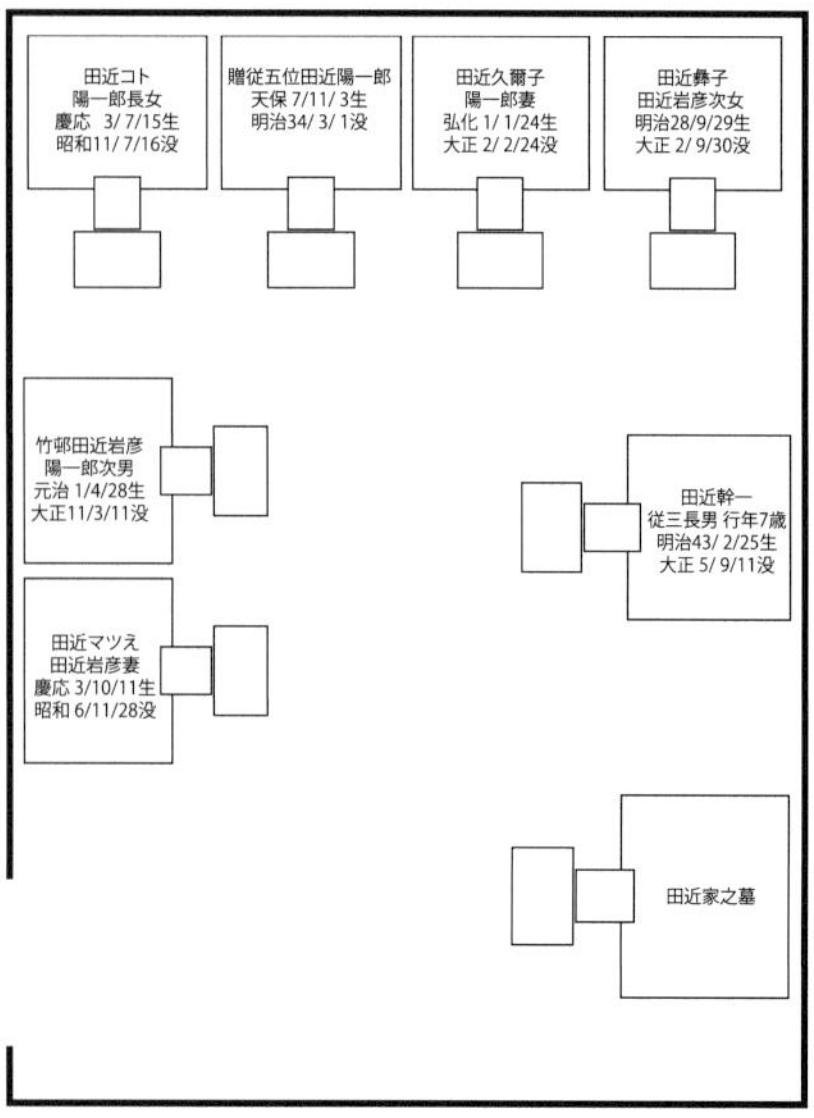

図1　田近家墓所平面概略図

墓碑形状は尖塔の角柱型とし高さ一五〇cm、後ろの馬鬣封に埋まり込むように設計されている。馬鬣封は、高さ八〇cm、幅八五cm、長さ八〇cm、積石の三段造りで一段を四つの石で組み、四角錐の様相であるが頂部は平坦に整えられ、一見、石垣のような意匠で築かれている（図２）。

陽一郎の墓の隣には、妻久爾子【大正二年（一九一三）没】があり、さらにその両側には、長女コト【昭和十一年（一九三六）没】の墓と田近岩彦の次女【大正二年（一九一三）没】の墓がある（写真２）。

この西面から見て右側、南面には陽一郎の次男である田近岩彦とその妻マツえの墓が置かれている。

田近岩彦は竹邨と号した著名な南画家であった。

岡城下では江戸後期に長崎から流入した南宋画が流行し、藩絵師であった淵野真斎や町絵師として活動した渡辺蓬島、医師でもあり学者でもあった田能村竹田などが活躍して後に豊後南画王国とも称される地域であった。

岩彦は、元治元年（一八六四）に生まれ、幼少期に淵野真斎の後継、淵野桂斎に手ほどきを受け田能村直入の門下となった。その後、京都府画学校で研鑽し南宋画学校の教授になるなど、明治中期になり衰退しかけていた南宗画の復興普及に務め、文展などの入賞歴も数々ある人物であった[6]。

岩彦は、大正一一年（一九二二）に没。妻マツえは昭和六年（一九三一）に没している。

さらに、この岩彦夫妻の対面にあたる北面には岩彦の孫にあたる田近幹一【大正五年（一九一六）没】の墓と累代墓となる「田近家之墓」もあるが、サイズの異なりは若干あるものの田近家墓所内にある墓はすべて陽一郎と同型の儒式墓で作られている。

この田近家墓所でみられる馬鬣封のあり方であるが、実はこのような馬鬣封の作り方は、これまで領内では一例も確認されていない。

岡藩で見られる馬鬣封は、一石から削り出し斧を伏せたような形に調整されるものや、せいぜい二石を段に重ね、やはり斧を伏せたような形に調整したものが普通で、石を組み上げたり頂部を平坦に仕上げたりするよう

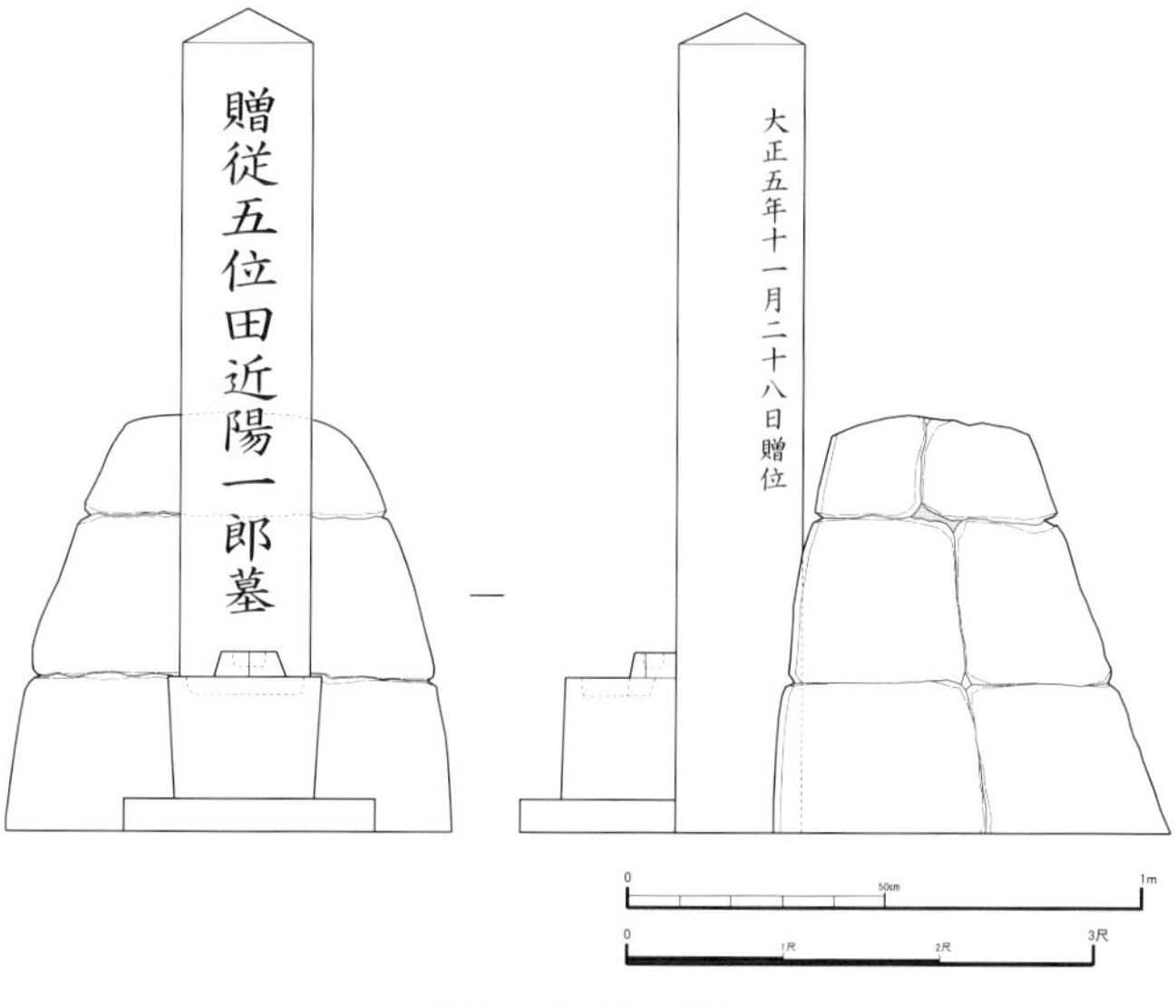

図２　田近陽一郎墓

写真２　田近陽一郎墓（中央）・久爾子（右）・コト（左）

な馬鬣封はなかった。

この「斧を伏せたような形」というのは、三代藩主中川久清が寛文年間から作り始めた頃から一貫して踏襲された馬鬣封の形である。

このあり方について、設計図のようなものは伝わっていないが、寛政年間に活躍した儒者、唐橋世済は『墳墓之制』（伊藤 清文書・竹田市歴史資料館所蔵）で馬鬣封の形について、礼記檀弓を引き以下のように解いていた。

馬鬣封ト云モノ　則此墳ノ事ヲ謂フナリトナリ
堂ノ如キトハ堂ノ屋根ノ形ニ似タルナ（リ）　今云ホウギヤウ作リト形ナリ　防ノ如キトハ　防ハ隄之土手ノ形ノ如ク　上ニ平ニテ両旁ソギテ長キナリ　夏屋ヲ覆カ如クトハ　鄭玄如門廡（ひさし）廣ク　両旁ニソギテ長ク　屋根如キ也　斧ノ如キトハ　鄭玄旁（かたわら）ヲソギテ　上ニ狭ク刃ノ上ノ如クト云　斧ノ仰キタル形ニ似タル　馬鬣封ト云ハ時俗ノ稱スル名ニテ　馬ノタテ髪ニ似タル形ノ封シカタ也

つまり、馬鬣封は斧を仰向けにおいたような形で、馬のたてがみに似た封じ方だとし、実際に寛文年間から作り続けられた馬鬣封は、その頂部中央の長軸に稜線の入った、まさに斧を仰向きに置いたような形のものばかりであった[7]（図3・写真3）。

この、田近家の馬鬣封はそれまでのあり方とは全く異なる作りであるが、如何にしてこのような形を採ることになったのかは不明である。

しかし、近代から現代に至る間に墳墓の制が当初のものから薄れてゆき、自由な発想のもとに変容して異形の馬鬣封を産む

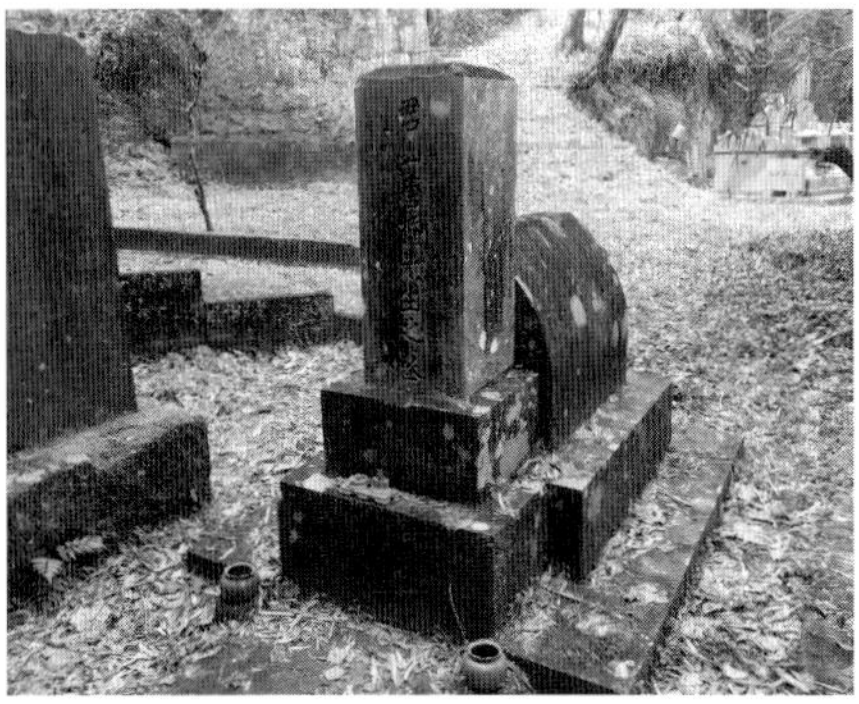
写真3　唐橋世済墓

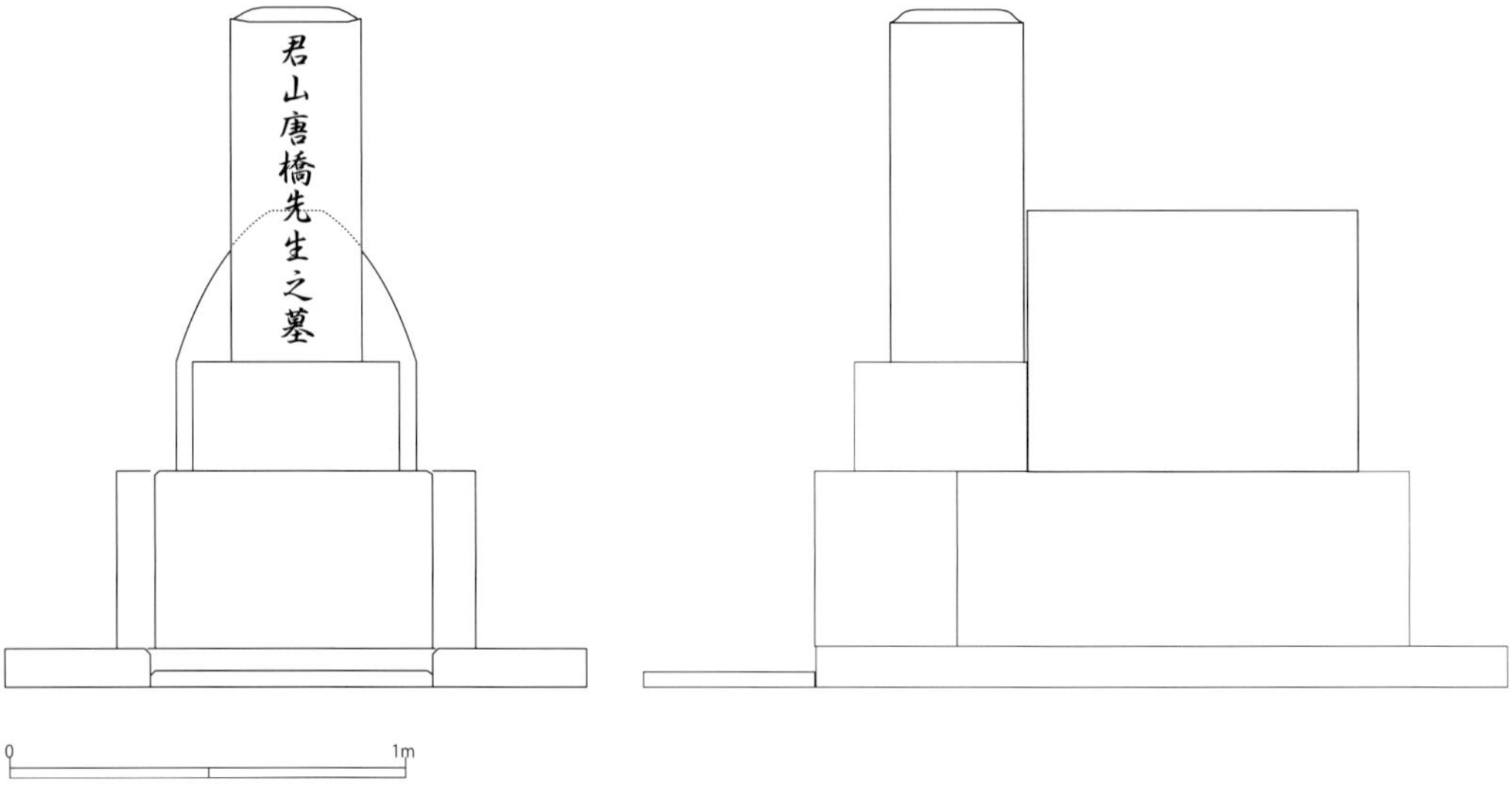

図3　唐橋世済墓：寛政12年（1800年）没

ことになったと祭することができる資料である。

二　白山村医師「衞藤玄壽道孝墓」

衞藤玄壽道孝の墓は、豊後大野市三重町伏野にある。

衞藤家は、中世までは大友家臣団に組み入れられていた地方豪族であったが、文禄三年（一五九四）に大友氏が豊臣秀吉によって除国されると下野し帰農したという。

その後、元文三年（一七三八）に衞藤善兵衛が中津牟礼村の庄屋を命ぜられ、その次男であった衞藤眞良は分家して医業を開き、医家として官名を得て乗鞍を許されるほどとなった。

その四世後の当主が衞藤玄壽道孝である。

玄壽道孝は、文政七年（一八二四）十二月朔日生、七歳の時に実父玄壽道哉を失い、養父見民に育てられるが、家運は衰退し艱難を極めたという。しかし奮発精励し田能村如仙（田能村竹田子、太一）及び戸次橋本に医を学び、弘化年間に長崎へ遊学し岩永粮安の門に学んで業を成した(8)。

帰郷後、家業を継いだ道孝のもとには治療を乞うものが戸外にまで満ち、近隣だけでなく遠方からも訪れ家勢を大いに高めたという(9)。

隆盛を極めた道孝は、高祖父眞良への先祖墓を建てその事績を刻み、大正二年（一九一三）一月一八日、数えの九〇歳で大往生した。

しかし、後を継いだ次男龍蔵は早生しその子虎蔵へと家督は継がれたが、医業は継続しなかった。衞藤家は今も健在で、本家には岡藩四代藩主久恒書の扁額や頼山陽の書が残され、衞藤玄壽道孝は偉大な祖先として伝わっている。

この玄壽道孝の墓が岡藩型の儒式墓で作られている。

衞藤家墓地は本家の裏山の頂部にあり、それまでは台石に墓碑を載せた典型的な近世墓を作っていたが、衞藤道孝は、それとはまったく異なる儒式墓を建てた（図4・写真4）。

墓は墓地の端にあって、妻の墓と並ぶ様にして立っている。

先述のように、墓地内にただ一つ儒式墓の様式で立っており、正面にはまず一段の台石の上に段造りの香炉と水鉢がある。その後背に基礎石、「跗」の上に載せられた墓碑があって高さは六〇cm幅二〇cm、厚みを二〇cm測る。

墓碑正面は陥中にして二段に

写真4　衞藤玄壽道孝墓

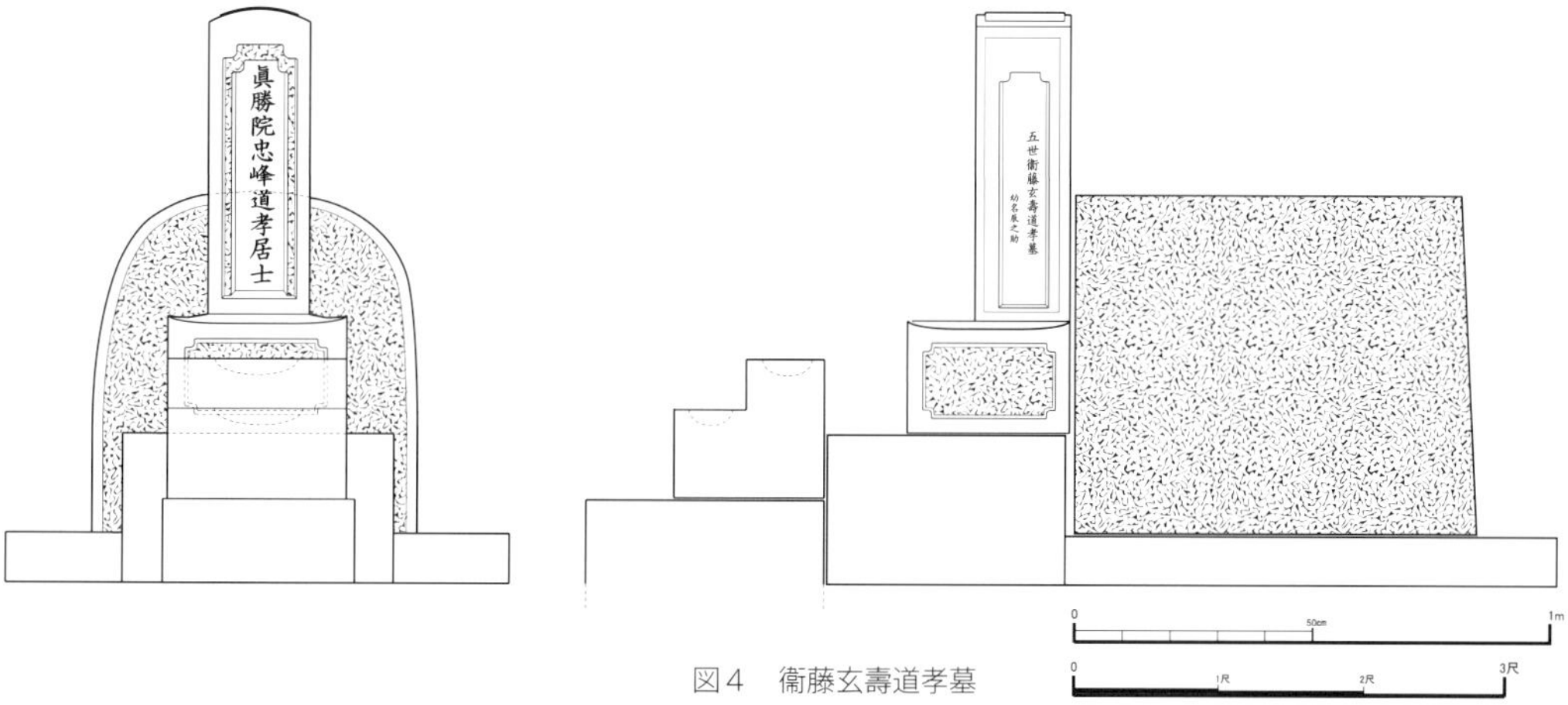

図4　衞藤玄壽道孝墓

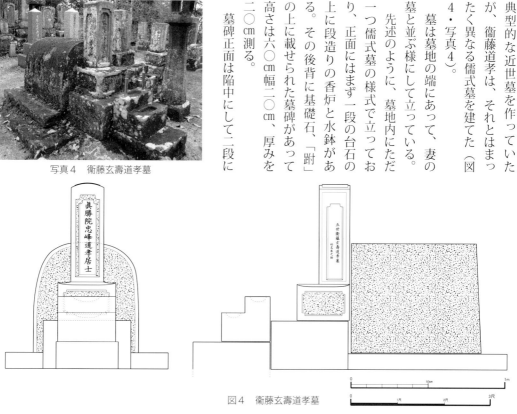

彫りくぼめ、上段面はビシャンに仕上げ、其の内に「眞勝院忠峰道孝居士」と戒名を刻む。

その墓碑の後ろに置かれた馬鬣封は、高さ一〇cmの基礎の上に載る。高さは六八cm、幅六〇cm、長さ八五cm、一石から削り出され鞍部を円く加工し、全面にビシャンを施して縁を平滑に仕上げている。

また、墓碑の「趺」にも前左右の面には窓が彫り沈められてビシャンを施し、端部を小さく跳ねあげさせるなど、造りが実に瀟洒で衞藤家の隆盛と玄壽道孝の個性がよく伝わる儒式墓である。

道孝がなぜ、この儒式墓を造立することになったのか記録としては残されていないが、幼少期から苦学し、御手医師であった田能村如仙など当代一流の学者との交流も濃かったことから儒教との接点も多く、かつ近在の民からも信頼と尊敬を集めた彼には相当の気概と学識があったとみられる。

また、江戸、明治、大正、昭和と波乱の時代を生き抜いた当家の家伝によれば、道孝は岡の殿様を非常に敬愛していたといい、その思いから「殿様の墓の形を真似して建てた」とも伝わっていることから彼が儒教式の墓を建てることにはなんら違和感はない。

ただ、墓碑に「眞勝院忠峰道孝居士」と戒名を刻まれた点には、違和感しかない。

寛文年間より作られはじめた儒式墓は、近代初期に至るまですべて官名、実名や諱を墓碑に刻み、いわゆる家礼の式に則っていた。

熊沢蕃山が『葬祭辨論』の中で「死人存生の時にしらぬ所の名」と戒名のあり方について厳しく批判していたことからも、儒式の墓に戒名を刻むことが、その成立意図から乖離した相応しくない行為であることがわかる[10]。

しかし、近代に至り民衆が儒式墓を建てるようになると、墓碑に戒名を刻みはじめるのである。

残念ながら、その事の経緯について明らかにすべき史料は現段階では見いだせていないが、本事例は儒式墓が「ひとつの墓塔形式として認識されていたこと」を暗示しており、儒教式と呼ばれる墓の形が、岡藩における近世墓塔の一形式として現代に至ったことを明示している。

このような例は、領内有氏組の元大庄屋武藤家でもみられ、戒名を入れた墓碑に馬鬣封を付設させた墓が明治後期以降代々作られはじめた結果、平成の年号を持つ儒式墓が、作られるに至ることによっても明らかなのである（写真5）。

写真5　武藤家平成墓

おわりに

以上、明治時代後期に没した旧藩士の田近陽一郎の墓と、大正時代に没した在方医師、衞藤道孝の墓を見てきた。

いずれも、それまで岡藩で建てられて来た儒教式の墓の常識を覆す新しい意匠や儒教という概念から外れた意匠で建てられ、儒式墓が近代墓塔形式のひとつとなっていったことが明らかとなった。

しかし、いくら形式化したとはいえ、その造立の背景には、藩士より伝えられた儒教的な格式や先祖や家に対しての尊敬の念がみられる。

これらの念を明治以降、地域の主役となった在方の民がそれらを受け継ぎ模倣してきた結果、旧岡領独特の雰囲気ができあがっていったと筆者は考えている。

　最後に、本稿を記すにあたり、調査のご協力をいただいた衛藤一郎様、田近家墓所についてご教示いただいた佐伯治様、「如山眞良醫師」墓誌の解読にご協力いただいた豊後大野市歴史民俗資料館、長屋佳歩様に深く感謝いたします。

註

（註1）段上達雄「おおいたの民俗芸能と神楽」『御嶽神楽　大分県豊後大野市清川町に伝わる御嶽神楽の調査研究報告書』二〇〇六　豊後大野市教育委員会。

（註2）拙著「近世農民祖先祭祀の一例」『石造文化財』一〇　二〇一八　石造文化財調査研究所。

（註3）拙著「岡藩の儒教式墓の一覧と儒教受容の変遷」『近世大名墓葬制の基礎的研究』二〇一八　石造文化財調査研究所。

（註4）元竹田市教委文化財課長、佐伯治氏よりご教示いただいた。

（註5）『文人書画展』一九九一　竹田商工会議所青年部会。

（註6）註5に同じ。

（註7）拙著「唐橋世済著『墳墓之制』について」『石造文化財』一一　二〇一九　石造文化財調査研究所。

（註8）黒川健士編『岡藩醫學梗概幷古今醫人小史（復刻版）』一九四〇　黒川健士。

（註9）「如山眞良醫師」墓誌（先祖墓）

君名眞良氏衞藤如山其號也　以安永二年癸巳六月三日歿　享年四十有二年　安政三年丙辰春二月曾孫道孝謂毅曰　曾祖初業醫不幸早死違今八十有餘年　再後屢遭不淑家乗散逸是以行事履歴不得其詳墓石雖存終刻　如山眞良醫師六字耳加旗壊缺苔蝕□後世子孫無識處所今茲□工改造焉欲　以報祖徳吾子為余記之毅固辞不可乃紀其概曰君之遠祖曰山城守貞義世仕大友氏　居于大白谷邑貞義孫曰蔵人佐道家子孫徙中山邑　道家六世孫曰右衛門貞道寛文十一年辛亥徙中野邑　貞道曾孫善兵衛元文三年（一七三八）戊午　命為中津牟礼里正世襲焉善兵衛有男二人長曰荘左衛門其嗣次曰想六郎君之幼字也　寛延三年庚午為醫更名眞良蓋先是世傳眼科書　乞治者多至是使君別為医家也　其業日進明和中官命為謁醫且許乗鞍蓋特恩也　君娶伏野氏生男女各一人男曰良庵早死養姪世篤為嗣　即本宗荘左衛門第二子也　妻以次女世篤壽七十五歿有男曰道哉夙修家業周游四方大有聲譽年　三十三先沒妻寡孤家道大衰孤乃道孝七歳喪父備嘗艱難稍長發憤励精西游崎奥受業干岩永粮安之門學就而還　乞治者遠近麕至履常満戸外於家道駿發有光乎祖業矣嗚而有霊則九泉之下其喜可知而己矣銘曰

君家哀矣　曾孫興之　君墳崩矣　曾孫新之
自君之歿　百載干慈　家興墳新　不朽可知
天之報徳　固己如斯　魂魄安焉　亦復奚疑

衞藤鎮毅撰
古庄虎彩書

（註10）吾妻重二「池田光政と儒教喪祭儀礼」（『東アジア文化交渉研究』一　関西大学文化交渉学教育研究拠点　二〇〇八）。

《1》気になる一冊《1》

『浦島伝説の展開』

林　晃平 著

本書は、二〇〇一年に著者が上梓された『浦島伝説の研究』に続く、浦島伝説の未解決な課題に対し、多角的な視点からその実像に迫る研究書である。

二〇一六年に公開されたスタジオジブリの映画「レッドタートル ある島の物語」を見たときに、真っ先に「浦島太郎」が想起された。日本人にとって「ウミガメと男」のイメージから連想されるのは、誰もが知っている浦島伝説であろう。しかし、本書「序章」の冒頭で著者が「浦島伝説は千三百年を越える時間の流れを持つ文学のモチーフ」であると述べているように、この伝説は時間と社会の中であらゆる変化を遂げている。これについて著者は、本当の伝説はと聞かれれば、「何冊もあるアルバムの中の写真を指差して、いったいどれがあなたの本当の姿か」と尋ねられるのに等しいと端的な表現をし、時々の伝説は、時代の鏡として当時の気分を反映させたものであるとしている。

【A5判、646頁、おうふう、2018年】

12,000円＋税

本書は、全8章で構成され、最初に全体の印象を述べると、表現豊かな言葉と詳細な分析に加え、わかりやすい例えとともにあらゆる時代背景と浦島伝説を通じて会話しており、とにかく読みやすい。序章では、本書に収録された論文を「浦島伝説の謎」として見直しながら課題を整理している。具体的な項目は、「亀に乗る浦島と竜宮」「蓑亀」「三長命」「腰蓑」「玉手箱」「箱から立ち昇る女」「芳蘭の体」であり、以降の収録論文を読み解く視点を提供している。

各論考で特に注目されるのは、空間と時間の捉え方に柔軟な視点でアプローチしていることである。「Ⅱ　亀のイメージとその展開」では、「亀のリアリズム - 人形玩具からみる蓑亀 -」において、耳のある亀について考察し、蓑亀の変質と衰退について述べているが、子どもたちに人気のポケットモンスターに登場するゼニガメがカメールに進化する際に蓑亀の特徴を具備することにまで触れている。そして浦島伝説において浦島が乗る亀が蓑亀から、やがて海亀へと変化する点については、社会の変遷とリアリズムによって亀にも合理性が問われることになり、神聖な亀が消滅してしまったと述べている。

また、浦島伝説とは直接的な関りを持たないとしながらも、同章の「亀趺の生成と展開」では、亀趺の大半が蓑亀の形状であることに注目し、寛文六年初刊の『訓蒙図彙』に描かれた亀趺と、同時期に建てられた亀趺のイメージの展開について述べている。さらに、「日本における亀趺の類型覚書」では、中国、韓国、台湾の亀趺と比較した上で、日本の亀趺が当初から大陸とは異なる独自の造形であったとし、十七世紀後半には蓑亀という規範を持った亀趺が成立したとしている点は重要な指摘である。

本書は、著者が約四〇年にわたり研究してきた「浦島伝説」を通じ、伝承研究の新たな視点や方法論を提示した一冊であり、多くの方にご一読いただきたい。

（増井　有真）

目次

伊豆石工の活動履歴

金子浩之

はじめに

近世村落のなかには、さまざまな職業に就く者がいた。石工もそのひとつだが、現静岡県伊東市域の近世十六箇村には、次の専門職が在村していた。大工・木挽・鍛冶・黒鍬職などの建設土木関係者、商人・宿屋・紺屋・座頭・医者などの都市的な場の生活者。神主・僧・陰陽師・修験者などの宗教者、杣・猟師・炭焼・漁師・水主・船頭・船大工などは山村や海村の専業的な職業者であった。そこでは、「百姓」という職業はなく、農業者を指す言葉としては単に「農」または「農業」と記されることが多い。つまり、「百姓」は右のさまざまな職業をもって在村する人々を総称した身分呼称とみるべきで、さまざまな職業者は百姓身分の者が就いた専門的な職業である。勿論、大工や漁師でありながら、同時に田畑を所持して農業をも行っているというのが実態的なところであろう。

幕末の史料ながら、伊東市域の中心地となっていた和田村の名主が同村の概況を記した史料には次のような表現がみられる。

（前略）家数百拾軒余有之、元来小高多人数之村方ニ付、農業已而ニ而者二、三ヶ月之夫食ニも引足不申、大半其日暮之諸職人、又者他稼之もの共ニ御座候（後略）（和田村文書2－20－02から引用）

つまり、和田村は「家数一一〇軒余で、元来、僅かな農地に多人数が暮らす村であり、農業だけでは二、三箇月分の食料（夫食）にも不足する。村内の大半は、その日暮しの職人や農業以外の稼ぎで暮らす者たちです」という。これは、安政六年（一八五九）十一月に領主に対して村の窮状を訴えた文書であるから、暮らしぶりの厳しさを強調しているのだろうが、当時の和田村の構成が職人や農業以外の稼ぎが主軸となる実態であったことを反映しているのであろう。

伊豆半島と伊豆諸島域の村々では、地勢的に農業は小さな割合にあり、実質的に村人の生活を支えたのは、当時「農間余業」と呼ばれた農業以外の様々な稼ぎであろう。勿論、「余業」とされるものの内容の多くは、「薪取り」「縄ない」などの比較的専門性が低く、誰でも行い得る仕事もあるが、なかには鍛冶屋とか船大工のようにほぼ専業的な職人仕事があり、そうした専門性の高い職業は「余業」とは表現されずに、村明細帳のなかで鍛冶職何人の如く数え上げられるケースもある。このように「余業」として一括されるか否かの別はあるにせよ、近世村落には相当多数の職人がいたものとみるべきであろう。

以下、そうした近世村落の構成員のひとつとして伊豆半島域の石工の動きを概観したい。ただし、伊豆のなかでも伊東市域の具体例で概観したのち、中世石工との関係性についても手の届く範囲でその様相を概観する。

Ⅰ　石工関係の史・資料の所在の概況

伊豆半島東海岸域の北半を占める伊東市域には近世の間、十六箇村が展開して幕府領（代官領）・小田原藩領・沼津藩領などが交錯しつつ村人の生活が展開した。十六箇村の人口を合わせると近世中期には七千五百人ほどの人口を数え得る。それぞれの集落は、大別すると海付きの村落と山付きの村に分けることはできるが、いずれも江戸との経済的な結びつきが強い傾向にあるものの、近世としては普通の集落が展開していた。

次項でまず、伊東市域十六箇村で活動した近世石工の動向を追跡するが、伊豆半島は全域が優良な安山岩、または、凝灰岩の地盤で構成されている。この安山岩と凝灰岩の大別二種の石材の存在は、伊豆の中・近世の石工たちの活動を自ずと規定している。そこには、中世以降、多くの石工の活動があり、鎌倉などの関東地方沿岸から駿河・遠江地方の沿岸域にも膨大な量の石造物や石材を運び出して来た。その際、同じ安山岩産地として伊豆から地質的に連続している相模国西部の現小田原市域の石工も社会的には連続性が強く、同じ安山岩を扱う石工として技術的にも近いものがある。石工の居住地を重視して相州石工や伊豆石工などと分別することはできても、地質条件として同じ環境下にあって地理的にも連続している相模国西部の安山岩を扱う石工と伊豆の安山岩を扱う石工の両者を区別することは難しい。このため、以下では両者の区分はしないまま概括することとした。

伊豆の村々には、中世以来の石工による作例と史料が残っている。その作例の主なものは、石塔・墓石・石燈籠・石鳥居・狛犬・石階段・石垣・玉垣・石橋などの石造文化財である。そこで使用された石材は専ら伊豆各地の安山岩と凝灰岩によっている。このため、花崗岩などの伊豆に産出しない石材による作例が伊豆にある場合は、他国から持ち込まれた搬入品であるとみなせる。

そうした条件下で石造物や石造遺構を築いた石工たちの存在を確認できる資・史料には、まず石造物に刻まれた銘文に石工の名が刻まれたケースがある。その銘文から石工個人の活動を追うことができるが、伊東市域では石造物の悉皆調査が終了しているので近世墓石一三、三七一基と石仏などの石造物計一、八八一基の中から、伊東市域で行動した近世の石工四十数人を見出すことができている。ただし、石造物の中でも圧倒的多数を占める墓石には、石工の名が刻まれる例がほぼないことも判明している。[1]

一方、文献史料に石工の名が記されることで村の石工職人が確認できるケースもある。しかし、文献史料による場合、その残り方からして近世中期以前の石工に関する記述は非常に少なく、十九世紀以降の石工の動きが中心的になることが多い。特に石工自身が記した文献史料は非常に希であり、近在では僅かに小田原早川の青木家の由緒書が知られている程度であろう。

数少ない史料のなかで石工の仕事内容が分かるのは、寺社造営に関係した記録であることが多い。堂宮の造営では、石垣や礎石を用いることが多いし、石燈籠や鳥居などの奉納で石工が関係することも多い。そうした大規模な造営には、大工・鍛冶職・木挽職などの他の職人と共に石工の名が記されている。

文献史料に加えて寺社所蔵の棟札類にも石工の名はある。棟札は寺社造営や修復時のものが多く残り、石工が関与した施工が行われた際の棟札には大工・鍛冶・木挽などと共に石工の名が記されている。これも伊東市域では寺社所蔵の棟札類の悉皆調査を実施しており、[2] そこから得られた情報から石工の存在が確認できている。このように石造物銘・文献史料・棟札の三者に石工の名を確認することができるが、散在する石工のいちいちの動きを追跡してゆくと、近世の石工たちが村のなかで、どのような需要に、どう応じていたかをたどることができる。これによって、近世の石工の実態が明らかになろう。

次項で、まず石工たちの具体な動きを追うが、石工には石材の確保をどう進めるかの課題が付きまとう。伊豆では至る所に石材が散在しているので、ひとりの石工が石山からの割り出しと彫刻的な細工や設置工事までを一貫してこなすケースもあろう。しかし、伊豆以外の地域では広大な平野の中に集落や都市が展開しており、平野の中に暮らす石工は石材の確保を別の者に頼らなければならないであろう。一方で、近世全体を通して石工への需要は高まったであろうから、石材採掘と細工とをひとりの石工が行っていた段階から、母岩からの割り取りを専業とする石山の石工と造像に専念する石工とが分離していったことが予想される。石山で石材の採掘を専業的に行った石工の姿を後半で追跡することとした。

Ⅱ　近世後期の神社境内と石工

(1)『春達覚書』が記す石工たちの動き

伊豆東海岸域の八幡野村の氏神である八幡宮来宮神社の近世後期の宮司職は肥田春達と同春安が二代にわたって務めた。その肥田春達・春安父子の事績が記された史料があり、[3]以下この史料を『春達覚書』と記して考察する。

肥田春達は寛政年間には神官を務めつつ社殿と境内の整備を進めた。文化一〇年（一八一三）以降は春達の子の肥田春安に同神社の管理等が引き継がれ、事績を記した記録も継承された。この結果、寛政年間から安政三年（一八五六）に至る父子二代の記述が続いている。肥田春達・春安父子は神職であるのと同時に国学を学び、医師をも兼帯した。特に春安は、幕末の激しい情勢のなかで幕府開明派の代表的人物の江川英龍の侍医を務め、側近としても活躍した人として知られている。

そうした肥田春達・春安二代の八幡宮来宮神社の整備は、寛政七年（一七九五）の本殿改築から始まり、文政三年（一八二〇）の玉垣整備、同七年（一八二四）の拝殿建築、天保十一年（一八四〇）の社頭の石段構築など次々に境内整備を計画的に実行した。この間、八幡野村で行われた石工が関係した施工のようすを『春達覚書』から拾うと左の①〜⑭の如く整理できる。

①　寛政七年五月　氏神八幡・来宮を一社両扉として改築。
②　寛政九年五月　春達、西国三十三観音石仏を建てる「石工相州浦賀」
③　〃　年十一月　境内の施工地で渥美焼の大甕が出土。
④　〃　年　冬　拝殿基壇石垣と常夜燈を建る「石工西土肥ヨリ来」
⑤　文化元年三月　韮山代官御用の石を富戸モヅカ根で採掘。
⑥　文化三年五月　岡地区の稲荷の石垣と石燈籠を信州石工弥五右衛門に築かせる。
⑦　文化三年十月　春達、ボク石・米ツツジ・松葉蘭を韮山代官へ献上。
⑧　文化三年十一月　道普請を竹ノ内村黒鍬清兵衛に依頼。
⑨　文政二年正月　八幡来宮の石垣普請を始め三月に竣工。
⑩　文政三年六月　八幡来宮社頭三十六間に玉垣を築く。石材は下田町中原綿屋吉兵衛の世話で下田中村の大平山の青石を下田原町の河岸へ運び出し、是より海陸とも十里を運ぶ。
⑪　文政五年二月　八幡宮来宮神社の拝殿建築を開始、翌六年九月竣工。
⑫　天保二年三月　春安が浦賀奉行に黒ボク石を献上。
⑬　天保五年六月　春安が韮山代官に自然石と手水石を献上。
⑭　嘉永四年冬　八幡来宮の石垣普請を始め翌五年八月に竣工。

以上の記載事項によって八幡宮来宮神社の整備のみならず、八幡野村な

表　伊東の石工の活動履歴

No.	施工年月	石工在住地・石工名	施工場所、代金	史料
1	天文 3 年 (1534)	伊豆 長谷 石切 15 人	鎌倉鶴岡八幡宮造営	『快元僧都記』
2	永禄 2 年 (1559)	伊豆 奈古谷 石切 3 人	三人の石切に所領がある	「所領役帳」
3	天正 3 年 (1575)3 月	板橋村　石切棟梁 善左衛門 石切棟梁 善七郎	小田原城 石垣	『戦国遺文』1777 号
4	文禄 3 年 (1594) カ	八幡野村 石工 田中佐兵衛	未詳	「八幡野村名寄帳」
5	寛文 3 年 (1663)	岩村 石工 朝倉清兵衛	大室山山頂 石造 五智如来坐像	紹太寺開山供養塔
6	寛文 10 年 (1670)	和田村カ 石切 氏名未詳	和田村泉池新田開発、金 2 両	和田村文書M 22
7	明和 8 年 (1771)	宇佐美村カ 石屋 千代八 相州吉浜村 石屋 吉兵衛	杉山家 土蔵普請、金 3 分余	杉山文書 08
8	寛政 7 年 (1795)	石屋 忠七・喜右衛門	八幡野村八幡宮来宮神社本殿建造	棟札 八社 1-1-8
9	寛政 9 年 (1797)	相州浦賀 石工	八幡野村堂の穴　石造三十三観音	『春達覚書』
10	寛政 10 年 (1798)6 月	信州 高遠 石工 北原清吉	富戸 永昌寺 山門脇	銘文
11	寛政 10 年 (1798)11 月	信州 高遠村 石工 北原清吉	吉田諏訪神社 石燈籠	銘文
12	享和元年 (1801)8 月	石工 曽我礒八	宇佐美八幡 八幡神社	棟札 宇社 9-1-7
13	享和 3 年 (1803)11 月	信州 原口村 石工 北原清吉	富戸村 第六天神社 富戸村 山神社 富戸村 八幡神社	棟札 富社 4-4-7 棟札 富社 4-5-7 棟札 富社 4-2-8
14	文化 3 年 (1806)5 月	信州石工 弥五右衛門	岡村　稲荷社 石垣・石燈籠	『春達覚書』
15	文化 3 年 (1806)9 月	石工 久茂・甚三郎	岡村秋葉神社 石燈籠	銘文
16	文化 8 年 (1811)	新井村 石や 甚三郎	鎌田神社 石橋、金 5 両 2 分余	鎌田区有文書 4
17	文政 3 年 (1820)6 月	下田新田町 石工 棟梁 和助 下田新田町 石工 棟梁忠蔵	八幡野村 八幡宮来宮神社 社頭 36 間分の玉垣	『春達覚書』
18	文政 7 年 (1824)	石工 重左エ門	八幡野村八幡宮来宮神社 拝殿建造	棟札 八社 1-3-2
19	天保 2 年 ()10 月	石工 定五郎	仏現寺 五百五〇年遠忌塔	銘文
20	天保 10 年 (1839)5 月	宇佐美波津邑 石工 定五郎、 宇佐美新宿邑 石工 太吉郎	花岳院 禁葷酒塔	銘文
21	天保 14 年 (1843)	岡村 石工 吉右エ門	鎌田神社 石燈籠	銘文
22	弘化 2 年 (18)	冷川村 石工 八十吉	鎌田八代田山神社 石鳥居	銘文
23	弘化 4 年 (1847)3 月	岡村 石工 吉右衛門 冷川村 石工 弥曾吉	鎌田神社 石鳥居、金 7 両 3 分	棟札 鎌社 4-3-2
24	嘉永 7 年 (1854)	石工 宗二良	八幡野村 夷社・龍神宮	棟札 八社 1-9-7
25	嘉永年間か	相州岩・真鶴・吉浜 石工	伊東小川沢 石丁場	『古今雑記』
26	安政 4 年 (1857)1 月	上多賀村 新五郎	宝専寺先住大覚院 石碑	宝専寺文書
27	万延元年 (1860)10 月	岡村 石工 吉右衛門	宝専寺 寺門	棟札 新寺 1-1-1
28	文久元年 (1861)10 月	宇佐美村 中里 石工 深沢弥吉	中里熊野神社 末社稲荷社 石垣	棟札 宇社 11-1-13
29	明治 3 年 (18)3 月	岡村 石工 吉五郎 冷川村 石工 儀兵衛	熊野神社 石燈籠	銘文
30	明治 9 年 (18)11 月	宇佐美峰カ 石工 稲葉七郎兵衛 宇佐美村中里 万蔵 下多賀村 直蔵	宇佐美峰 熊野神社石壇	棟札 宇社 8-2-2
31	明治 11 年 (1878)10 月	宇佐美初津カ 山本栄次郎	春日神社境内阿武久須神社	棟札 宇社 10-3-1
32	明治 18 年 (18)11 月	岡村 石工 幸平	新井神社 石鳥居	銘文
33	明治 42 年 (1909)	赤沢村カ 石工 山口亀吉	赤沢三島神社の建築	棟札 宇社 1-1-12

どの現在の伊東市域の村々を往来した様々な石工たちの動きが分かる。

⑵　八幡宮来宮神社の社殿造営と石工

右の『春達覚書』や八幡宮来宮神社所蔵の棟札、あるいは、現地の石造物の銘文などをみると、施工に関与した何人もの石工の動きが見えてくる。

まず、八幡宮来宮神社の現存本殿を支える亀腹石と基壇の石垣などは凝灰岩で築かれている。本殿の建築は、棟札の記載内容から寛政七（一七九五）年八月に竣工したが、その工事には「大工」と「木挽」の他に「石屋忠七」と「喜衛門」の二人の名がみえる。この石工忠七と喜衛門の出身地等は未詳だが、二人の石工が施工したのは本殿基壇上の凝灰岩製亀腹石の制作と設置に加え、周囲の壇を構成する縁石や石垣などである。その石材産地を考えると、八幡野地区の周囲には地質環境として白色の凝灰岩が採掘できる場所は存在せず、後述する下田辺の凝灰岩地帯で採掘された石材が搬入されたとみられる。すると、文献史料は見当たらないが、現存の作例からして、亀腹をはじめとした本殿周囲の石材は、伊豆下田などの南伊豆や西伊豆辺の石山で整えられたものが船舶輸送されて施工地に搬入されたものと推定できる。さらに、これを扱った「忠七」と「喜衛門」も西・南伊豆や下田あたりの石工であった可能性は高い（表8）。

続いて寛政九年冬には、拝殿を築くための基壇構築が八幡野浜地区の「濱若者中」の寄進で始められ、同時に基壇前に構えられた石燈籠両基の構築が岡地区の「岡若者中」の寄進で行われた。この施工について『春達覚書』は「石工西土肥ヨリ来」としており、この「西土肥」とは西伊豆の「土肥」を指すのであろう。すると、伊豆の土肥村（現伊豆市土肥地区）出身の石工が出張したうえで石垣と石燈籠を築いたとみられる。この石垣は現存するが、石材産地は未詳である。石燈籠は凝灰岩による雄大なもので（写真1）、おそらく土肥などの西・南伊豆の凝灰岩産地で制作された後に運び込まれたものであろう[4]（④）。

写真１　寛政八年銘 八幡宮来宮神社石燈籠
（背後の石垣と共に伊豆土肥の石工による作例）

右の西土肥の石工が築いた石垣は寛政九年のものだが、その構築から二十数年を経過した文政五年（一八二二）から拝殿の建築が始められ、同七年（一八二四）八月に竣工する。その棟札には「石工重左エ門」の名が見えるが、この石工の居住地は判明しない。しかし、拝殿向拝下の敷石について『春達覚書』は「稲沢 中村 大平山」の「蒼石」を使い、これを「八幡野迄船ニて積取」とあり、下田中村産の青石を扱った下田の石工である可能性が高い（『春達覚書』）。

なお前後するが、寛政九年という年は右の八幡宮来宮神社拝殿の基壇構築が進むのと同時に、肥田春達の家が海岸近い位置から神社の脇の「ママ上」という地名の高台へ移され、また、後述のとおり石造三十三観音像が相州浦賀の石工によって建立されるという慌しい年であった。

このように伊豆西海岸からの石工や三浦半島の石工が伊東市域の八幡野村の石造文化財の構築に大きく関与した点は、後述する信州石工の例を引くまでもなく、近世の石工たちの活動に国域や村域などの境界の存在はあまり意識されていないことが見てとれる。

なお、『春達覚書』には「ボク石」[5]というこの地域独特の石材が上級武士たちに献上された例があるので、やや脇に逸れるが次に記しておく。

(3)　ボク石の献上

現在の伊東市域には小規模火山が群在しており、旧石器・縄文時代以来、市域の集落はいずれも火山由来の溶岩流やスコリアなどが形成した土地の上に成立している。特に八幡野村の背後には、四〇〇〇年前の縄文時代中期末に大量の溶岩を流した大室山があり、この溶岩流は八幡野村の周囲に大量の岩石をもたらしていた。その地表面には、溶岩が冷えていく過程で生じた岩滓が散在し、近世にはさまざまな形の奇岩としてその景色が楽しまれていた。この溶岩滓を「ボク石」と呼んでおり、庭石や石碑の基礎などに珍重されていた。

八幡野村の周囲の富戸村や赤沢村などの領域にも、広大な溶岩台地は広がり、ボク石が点在している。これらの村々の海岸は、溶岩流で形成された岬や小島が造る水墨画のような景観が展開した。ボク石は近世都市としての江戸が成立すると伊豆から船運で運ばれ、大名屋敷や寺社付属の庭園の庭石にされ、また、庶民層による富士塚の素材として大量に使用されていた。

『春達覚書』は肥田春達・春安父子が韮山代官や浦賀奉行に対してボク石を献上したことを記しており、その記事からボク石の利用方法の一端が判明する。

まず、文化三年十月九日に肥田春達は韮山代官江川氏に「御目見へ」を得たが、その席で江川氏から「ボク石・米ツツシ・松葉蘭」を所望された。これは『春達覚書』に「尋テ上ル様ニトノ　御タノミアリ」とあるので江川氏からの依頼であったと分かる（前掲⑦）。そこで春達は、同年十月十七日に「ボク石一ツ」を韮山の江川家へ送り、続いて同月二十三日に「米ツツシ」と「松葉蘭」を送った。米ツツジは岩礫床に生育する低木であり、松葉蘭はラン科の植物とみられるから、小さな多年草であろう。

ボク石・米ツツジ・松葉蘭の三点から想定できるのは、盆栽や鉢植え、あるいは庭園の置石と植え込みの素材である。これを韮山代官から所望され、春達は八幡野村の海岸近くの岩場などで整えて代官の元へ献上したのである（⑦）。

肥田春達が高齢になると跡目は肥田春安が継ぐが、この人も八幡野村のなかで神職・医者・国学者と後に村名主を兼帯して主導的な役割を果たした。

文政十二年（一八二九）三月二十六日には「浦賀奉行　大久保四郎左衛門様御通行」に際して、奉行から「金百匹」の拝領があり、八幡宮来宮神社への「御成」もあった。その際、社地の案内をした春安から「ボク石二個」を浦賀奉行に「献上」した。続いて天保二年三月十六日には、やはり「浦賀奉行　渡辺甲斐守様」の「御通行」があり、「目通」の際に「金百五十匹」の「頂戴」があった。これに対して、地元の春安は「黒ボク石」を献上して答礼としている。さらに、天保五年六月十日に韮山代官の「御目通」を得た春安は自然石と手水石を献上している[6]（⑫⑬）。

このように八幡野村で生活した肥田氏は、文化年間から天保期に浦賀奉行や韮山代官などの行政のトップたちの風流趣味に応える贈り物をして、上級武士との間の風雅の趣味を通じていた。石材が果たした役割のひとつをここにうかがうことができる。

Ⅲ　旅稼ぎの石工

近世の間に在所から遠く離れた村で石工仕事をした者があったことは

『貞治の石仏』[7]で報告された信州石工の具体例や『太良兵衛の石仏』[8]で追跡された越後の石工の存在などで良く知られている。しかし、遠方へ出稼ぎした石工は信州石工だけではない。既に記したとおり、八幡野村には信州石工守屋貞治と同じ頃に活動した相州浦賀の石工や西伊豆土肥の石工がいた。こうした旅稼ぎの石工の活動は他にも確認できる。

(1) 信州石工北原清吉

民俗学研究者から「旅する石工」とも譬えられて、他国へ出稼ぎする石工として知られるのは「信州石工」とも「高遠石工」とも呼ばれる人々である。その作例の研究は数多いが、結論的には近世中期以降に南信地域から国の領域をはるかに越えた範囲で石工仕事を残した人々が多数あったと指摘されている。

伊東市域にも信州石工の活動はあり、「信州稲郡原口村」の「北原清吉」の作例が数多い。伊東市富戸地区の能富山永昌寺（曹洞宗）境内に残る石造三十三観音像はその代表である。この石仏には「寛政午年六月吉日　石工信州北原清吉」との銘があって、寛政十年（一七九八）の清吉の作例であることが確定されている（表10）。

この北原清吉は富戸村で三十三観音を築いた年の秋に、北隣の吉田村の諏訪神社に石燈籠を築いている（銘文による・表11）。さらに、享和三年（一八〇三）には同じ富戸地区の山神社・第六天神社・八幡神社の社殿構築に携わったことが棟札から判明した。ただし、山神社・第六天神社・八幡神社の三か所の社殿の棟札は、いずれも「享和三年霜月」に記されたもので、大工・木挽などの木造建築を手掛ける職人も名を連ねているために三社同時に建築されたものとみられる。そこではおそらく、北原清吉が石造の社を刻んだというのではなく、木挽職が整えた材木を大工棟梁が組み立てる木造社殿が築かれているから、石工としての清吉の仕事は基壇の石垣や礎石を据えるなどの基礎工事を担当しているものとみられる（表13）。

これまでの研究で注目されてきた信州石工は石仏の制作を専らとして一人の石工が三百数十躯の石仏を造像していたことなどが注目されてきたが、北原清吉が実行した石工仕事には石垣や礎石設置など、石仏の造像以外の石工仕事もこなしていることを想定すべきであろう。

(2) 信州石工弥五右衛門と相州石工

信州石工の活動は右の北原清吉の他に「信州石工弥五右衛門」の存在も確認できる。この人は「文化三年（一八〇六）五月五日」に岡地区の稲荷社に石垣と石燈籠を築いた。これも前出『春達覚書』にあり、弥五右衛門は岡村（現伊東市岡地区）に来村のうえ石工仕事をしたのである（表14）。

もっとも、こうした遠方からの来村者が石工仕事をした例は、かなり早い時期からあったものとみられる。八幡野村（現伊東市八幡野地区）の「名寄帳」には「田中佐兵衛」という人物について「此人石工ニ而相州より来り、当村百姓と成」と記し、続いて「称名院未無之時、称名院之屋敷ニ家作り居り申候、人此者旅人故心ニ用、当古百姓潰家之坪、郷地と相成候節、其坪二十八坪貰ひ、御年貢ヲ出シ来ル」と記している（表4）。

つまり、田中佐兵衛は石工で、相州から来て称名院が建つ以前のその土地に家を作って住んでいたが、周囲が旅人だと心を用いていたところ、村内に潰れた家ができて郷地（村持ちの土地の意か）となっていた二十八坪を譲り受けて住むようになり、年貢負担もして、村の一員になった」という。この史料は文禄三年（一五九四）の記載から始まるため、当初は近世初期の文禄年間の村内の構成員を記しているが、寛政十年（一七九八）まで書き継がれた内容になっている。よって、八幡野村に石工として来村した田中氏の移住の年代は確定できないが、石工としての技術の習得者が近世の間に八幡野村に来村し、仮住まいから、やがて定住して石工として村の構成員になった者がいたことを示している。残念ながら、石工「田中佐兵衛」の作例は現状では知られていない。

(3) 相州石工朝倉清兵衛

さて、信州石工の他にも「旅する石工」の活動履歴は確認できる。例えば相州岩村の朝倉清兵衛は、寛文十二年（一六七二）に大室山山頂に石造五智如来像を建立し、また、同じ大室山山頂の浅間神社に石燈籠をも奉納した。ただし、五智如来像と石燈籠の奉納者の「朝倉清兵衛」は同一人物とは見えず、この「朝倉清兵衛」という名が子孫の間で何代かにわたって使われた世襲名である可能性は高い（表5）。

朝倉氏は現在でも、岩村（現神奈川県真鶴町岩）の領域に血縁者が多数残る一族である。その血族のうちの朝倉清兵衛と名乗る人物が石工であったことはこれまで知られていなかった。しかし、岩村は南隣の真鶴村と並んで優秀な安山岩の産地であり、また、岩村の龍門寺（曹洞宗）などには非常に雄渾な姿の石造物が多数残されていることなどをみると、大室山に奉献された五智如来像は石工として活動した朝倉清兵衛の作品であったとうなづけるのである。

(4) 宇佐美村石工千代八と相州吉浜村の石工吉兵衛

旅の石工が伊東市域で活動した例に相州吉浜村「石工吉兵衛」の動きがある。吉兵衛は明和八年（一七七一）に宇佐美村名主の杉山家の土蔵構築に地元の「石工千代八」と共に携わった（表7）。この建築工事の石工への給金は「土蔵普請諸色入用帳」（杉山家文書S－8）に記されており、「金三分」と「七〇八文」であったが、他に「銭七〇八文石工五人分」ともある。すると、端数がでるが、ひとりあたり一四〇文余りの銭が手伝いとみられる五人の石工に別途支払われたとみられる。

この支払明細から、土蔵建築に礎石や縁石配置などの石材を用いた部分の施工を「千代八」と「吉兵衛」の二人の「石屋」が主体的にかかわり、加えて手間がかかる時に臨時的に「石工五人」を雇ったものとみられる。また同じ「入用帳」には、石工とは別に「大工・木挽・鍛冶屋」の名も見えるから、上屋の木骨工事には木挽が制作した木材を用いて大工が軸組みを行い、鍛冶屋が作った釘で補強した土蔵が、石工による基壇の上に建築されたと推定できる。臨時的に加わった石工五人は、おそらく宇佐美村に育っていた同業者であろう。

(5) 相州浦賀の石工

前述した肥田春達は寛政九年（一七九七）に台風による暴浪から逃れるために自宅を海岸近くの位置から山手の高台に移したが、同時に海岸の自然洞窟の入り口付近に三十三観音石仏を造立した（表9）。

これは前々年の寛政七年三月から二箇月かけて「讃州金毘羅」詣でなどの諸国歴訪をした春達の呼びかけによって、西国三十三箇所霊場の観音像を石仏で再現するとの意図で行われたが、『春達覚書』には石仏制作は「石工相州浦賀」とあるため、石工の名は省略されて判然としないものの、伊豆から七〇㎞余り離れた三浦半島の浦賀に育った石工が造営したものであった。

この浦賀石工の三十三観音仏は伊東市八幡野地区の海岸の「堂の穴」と呼ばれる洞窟の前に現存している。前出、北原清吉が制作した三十三観音石仏よりも全体にやや丸みを帯びた造形で、現在はおよそ半数程度が山手の大江院の門前に移動していることが、田島整氏による報告にある。[9]

(6) 岡村「石工吉右衛門」と冷川村「石工弥曾吉」

近世の伊東市域は十六箇村に分かれていたが、そのうちのひとつに岡村がある。この岡村は、やや内陸に村域があり、宝永七年（一七一〇）の村高六七三石余、人口三七〇人、戸数七十二戸の水田農業に主軸を置く村である。この村の近世史料は殆ど失われており、周囲の村の間接的な史料からの概況しか判明しない。しかし、石工がこの村に育っていたことは石造物銘などでわずかながら把握できる。

天保十四年（一八四三）「岡村 石工 吉右エ門」は、北隣の鎌田村の氏神（通称鎌田神社）の「石燈籠」を制作した（表21）。続いて弘化四年（一八四七）には、同じ鎌田神社の石鳥居を「岡村吉衛門」と「冷川村 石工 八十吉」の二人が制作奉献している（表23）。天保十四年「岡村 石工 吉右エ門」と弘化四年「岡村吉衛門」の字使いの違いは刻銘か文献上かの違いによる。

鎌田村で共同作業をした冷川村「石工 弥曾吉」が、どのように伊東まで出向いていたかは判然としない。鎌田・冷川両村は背中合わせで隣り合うが、その間に標高四七〇mの柏峠があって毎日通える距離ではない。人的交流や経済の結びつきも強い両村だが、少なくとも峠道を毎日通ったとみるより、施工中は「八十吉」が鎌田村に寄留したとみるべきであろう。

そうした地理的な環境下ながら、岡村石工と冷川村石工の共同作業は次の世代でも行われた。和田村の熊野神社境内に明治三年（一八七〇）に納められた石燈籠には「岡村石工吉五郎」と「冷川村石工儀兵衛」の両名の名がある（表29）。この石燈籠は、前出鎌田神社の弘化四年の石燈籠制作者との間で、「吉右エ門」から「吉五郎」へ、また、「八十吉」から「儀兵衛」への世代交代があったと想定できよう。

こうした地元の石工と遠方の石工とが共同作業をしている事例は、しばしばみられる。ひとりの石工が代表している例もあるが、二人の石工が並列的に銘を残している例も多いのである。

(7) 宇佐美村「石工定五郎」

近世の宇佐美村は戸数三五一戸、人口一七五六人、村高九九四石（貞享二年）ほどで、近世村落としては規模が大きい。しかし、その内部は留田・八幡・峰・中里など十組ほどの小集落に分かれており、石造物に刻まれた銘文も宇佐美村初津 石工 定五郎というように組の名まで記される例が多い。石工 定五郎は宇佐美村のなかでも「初津」という地区に住んでいたのであろう。その作例は、今のところ伊東市内に二件確認できる。一件は、天保二年（一八三一）に和田村の海光山仏現寺（日蓮宗）の参道入口に構えられた日蓮聖人の五百五十年遠忌塔である（写真２）。その銘文には「石工 林栄定五郎」と刻まれるのみだが、もう一件の花岳院（宇佐美村峰地区・曹洞宗）天保十年銘禁葷酒塔に「波津邑 石工 定五郎　新宿 同太吉郎」とある。両作例の間には八年ほどの差しかないから、石工 定五郎は宇佐美の初津地区に住人と推定できる（表19・20）。

写真２　仏現寺　日蓮聖人 550 年遠忌塔

(8)　新井村「石工甚三郎」

江戸後期の新井村に甚三郎という石工が活動した。彼の作例は新井村から三㎞ほど内陸に入った鎌田村の鎌田神社（通称）社頭の石橋である。これは写真3に示したとおり板状の大石を川幅に渡し架けたもので、文化八年（一八一一）に構えられた。この架橋の経費は「代金五両弐分」と「外に祝儀金一両」であったと「鎌田村堂宮建立帳」（鎌田区有文書4）にある。この板状の石材の入手場所が判明しないが、大材板石が使えるのは伊豆が安山岩産地だからであろう（表16）。

また、石工への支払代金は、これまで見て来た事例は、いずれも金立てである。例外は、数日程度の臨時的な手伝いであったとみられるものだけが銅銭で支払われていた。石工への支払いは金立てで行う慣習であったとみられる。

写真3　鎌田寺社の石造鳥居と石橋

(9)　上多賀村「石工新五郎」

宇佐美村の北には現熱海市域が広がるが、そこに上多賀村が所在する。この村には幕末期に「新五郎」という石工がいた。安政四年（一八五七）正月には、この新五郎があつらえた石碑が伊東市域の新井村礒辺山法専寺（浄土真宗）に造立された（表26）。これは「記録　礒辺山」という史料[10]にあり、そこには「先住大覚院石碑出来、石工多賀村新五郎積来りテ建焉」とある。よって、この記述から新五郎は宝専寺から先代住職の記念碑建立の発注を受けると、上多賀村内とみられる加工場で石碑を作り、寺まで運び込んで、その日のうちに組み立てる作業を済ませた。寺では、翌日から先代の法要をしている。

石工新五郎は上多賀村に住む者であろうが、この村には江戸時代から稼働する「青石」の石山がある。「青石」は凝灰岩質の岩石であり、後述する下田市域の石山と同様に、山で切石を作る山石工が多数いたはずである。こうした村の石工の中でも、山石工とは別に石碑の制作と組み立てができる石工の「新五郎」が住んでいたことになる。後述するとおり、多賀村の山石工たちは「講中」をつくるほどの人数があったので、そうした村の中の石工にも石山で素材の石材を取ることを専業とする者と新五郎のように石碑や石仏を制作する技量をもった石工の別があったことが想定される。次に、そうした石工の中の職制に関する史料を確認しておきたい。

Ⅳ　山石工と細工石工

石造物の調査研究をしていると、石工たちの仕事が石塔・墓石・石仏などの石造物の制作だけで完結しているかの如き印象に陥る。しかし、実際には石垣・石段・河川改修・建築基礎などの土木工事に石工が関与した例は数多く、石工仕事の内容に土木工事の専門職の「黒鍬」と重なる部分があるとみる必要がある。

前項までに概括した伊東市域十六箇村の近世石工の様々な姿にも、石仏・石鳥居・石燈籠の制作と設置を行った村々の石工は一般的な姿とみられるが、これに加えて石垣・石段の構築や土蔵の基礎を構えた例もあり、やはり石工仕事には土木工事的な内容も含まれていると確認できる。

しかし、こうした村の石工の仕事には未だ大きな課題が残っている。それは石工が石造物や石垣などを制作する際の石材をどこから得ていたのかという疑問である。

(1) 相州青木家由緒書が記す石工の姿

石工が素材としての石材をどう得ていたのかを追跡する必要があるが、その実態を推測できる史料が相州小田原の青木家「由緒書覚」にある。以下、これを『由緒書』と略記し、他の文献史料も加味して考察する。

その『由緒書』によると、青木家は戦国時代初期の明応年間から北条家に臣従して「関八州石工棟梁」を拝命していたとされる。実際に天正三年（一五七五）の裁許状が残っており[11]、『由緒書』の記述には裏付けがある。「関東石工棟梁」の位置づけは、北条氏による関東支配の進行と共に領国内の職人層への支配が強化されるなかで、石工に対してもそれを統括する存在として青木家が位置付けられたことを示しているのであろう。

さらに『由緒書』では、関東石工棟梁の配下に「山石切・仕上ケ職人・五輪師」が入るとしているので、当時の石工職人のなかには既に「山石切」と区分される専業者がいたことが判明する。その後の青木家の系譜は、戦国時代から近代に至ってもなお石工として活動を続けており、本拠の小田原板橋村の宗家の存続と共に草加石工青木氏の分家をも派生させている[12]。

青木家当主が実際の石工仕事をしたとは思えず、当主の指図の元で「番子」とされる人々が実際の石工仕事をこなしたのであろう。

(2) 小田原城・江戸城・駿府城の普請と石工

青木家の『由緒書』では、北条氏による小田原築城の際に同家は石材産地の岩村（神奈川県真鶴町岩）の拝領屋敷に居住して「西者土肥山より東者小田原山まで」の「栗石や堅石」を「村々之諸丁場」から「御用石切出シ、小田原城御石垣等築立申候」とある。その後、小田原城の建築が進むと「御城御作事組長屋」へ移り、さらに小田原城外の板橋村に屋敷一八四三坪を拝領して、配下の石工に「御用」があると、その屋敷に「召寄」せて業務に就かせたという。

天正十八年（一五九〇）の小田原落城で青木家は「浪人」したが、「東照宮様」（徳川家康）の小田原城内の検分で「煙硝蔵」の「御高覧」をきっかけに、これを作った石屋善左衛門が呼び出された。そこでは「田中善兵衛」と名乗ったところ「石屋善左衛門」の名をいただき、「即日田中ヲ改、石屋と苗字ニ相改申候」というが、子孫は青木善左衛門を名乗ったという。

さらに、「江戸城御普請」には、配下の「石切番子」を率いて日本橋に於いて「一丁四方之御屋敷」を拝領した。ここでは「棟梁家支配八州之石切并諸国之石切」たちを引き受けて、天正十八年から寛永七年まで「四拾年余御奉公仕候」という。この後の三代目善左衛門は、幼少と柔弱を以て日本橋の拝領屋敷を返上して、二人扶持拝領で小田原板橋村に退いたという。

さて、江戸城普請の際には周知のとおり諸大名に割普請をした。この結果、諸国の石工が江戸へ参集したことは既に調査報告や幾つかの論考が出されている。しかし、そこでは小田原の青木善左衛門が江戸城普請に果たした役割が、あまり注目されないままである。青木善左衛門が徳川家からの指示で構築したのは江戸・駿府両城に及び、特に江戸城では「天守下通宇津美御門」や「本丸御水道」などの地下空間を含み、城のなかでも最も奥深く機密性の高い場所の築造に当たっている。そうした駿府城と江戸城の築城に関係した石工たちの具体的な業務内容については次の記述が『由緒書』に見えている。

「（江戸城などの）御石垣御土台木、御土台柱、ふり杭、しからみ、沼留め、塩場仁義剛柔之堅メ方、且又、諸木伐時並御石堅メ七通之鉄物、御石垣角平十三石之堅メ等」（読点筆者）

を行ってきたとしている。この石工仕事の枢要を記した部分の具体像がすべて現代の我々に理解できる訳ではないが、近年の江戸城の発掘調査で発見された石垣の「土台木」は青木家にも所持されていた技術であると分かるし、角石の接合部に鉄の契《ちぎり》などが検出されたのは「石堅メ七通之鉄物」とされたものであると確認される。加えて、この青木家『由緒書』が強調しているのは、江戸城普請では「駿豆相三ケ国、山切出シ石之御用等迄被仰付」として、幕府からの伝馬の特権を得つつも、石山へ自ら踏み込んで江戸城普請への協力姿勢を貫き、さらに、青木善左衛門一人の力では「御用向」が果たせない時には、別家青木善三郎や一族の五味伊兵衛・中野弥三郎などに石切御用と廻船による運搬などを手分けして忠義を尽くしたと、その功績を強調している。

この青木善左衛門が、その働きぶりを強調した右の一文には、石工の職能分化が記されている。石工棟梁としては既に直接的な石工仕事への関与はなく、具体的な仕事は「石工番子」と呼ばれた配下の石工たちが手を下すのであろうが、そうした職人間の上下関係とは別に、素材としての石材は石山での切り出しに専心する「山石工」と石造物を制作する「仕上げ石工」と呼ぶ石工の二者が分離をしていたことが『由緒書』には記されている。善左衛門は、そうした職能の分離があるなかを「山石工」の領域にも、また、「築石工」の領域にも両者の間を厭わずに立ち働いたと強調しており、その点が『由緒書』の主旨である。

(3) 伊豆の山石工

前記の「青木善左衛門由緒書」の記述によって「山石工・仕上石工・五輪師」の区分が戦国時代には既に行われていることが確認できる。その他の近世史料にも「細工石工」や「築《つき》石工」との表現は行われており、「築石工」とは正に石垣などを築くことを専業的に行う石工を指すのであろうし、「細工石工」とは石仏などの彫刻的な造形を得意とする石工を指す言葉とみられる。

そうした石工の職能分化を具体的にみると、幕末期の史料ではあるが『古今雑記』に和田村の素封家浜野家七代目浜野重左衛門が文化三年（一八〇六）に隣村岡村の小川沢の石山（石丁場ともある）経営に乗り出す一件が記されている（表25）。

そこでは、石工を真鶴方面から呼び寄せて稼働したが、その石工への経費が嵩んだことで経営に失敗したとある。浜野重左衛門の述懐は「岩村・真鶴・吉浜等より石工を呼集て之をきらしむ、是石工遠方より来る故、雑用費て引合ニ不成、故ニ止る、石工へ仕入多分残、金滞れり」とある。

この伊東の小川沢へ呼び寄せられた石工たちは、後に「小松石」のブランドで有名になる相州岩村・真鶴村・吉浜村の山石工たちであるから、小川沢石丁場でも彼らの生産品は石塔などに加工された物ではなく、石垣用の間知石や雁木石などの土木素材となる石材とみられる。すると、そうした付加価値の小さい定形的な素材用石材の単価は産地間の競争が激しい。石工の工賃や運送費などの僅かな差が価格に出ることで受注に至らず、在庫を抱えて赤字経営に陥ったのが浜野重左衛門の石丁場経営だったのであろう。

(4) 上多賀村の石工

現代の石工たちの仕事ぶりを聞くと、石材産地で予め割られた石材を買いつけ、その石材から石造物を造り出し、組み合わせたうえで設置している。そうした仕事のひとつが前述した幕末期の上多賀村石工新五郎の仕事であろう。新五郎は多賀青石と呼ばれた石材産地の村に住んでおり、その石山から仕入れた青石で宝専寺住職の石碑を制作し、建立地へ運び込んで設置した。すると、上多賀村の石山では、新五郎からの注文に応じて岩壁から石材を割り取る作業をした人物があり、その人は新五郎と同じく石工と呼ばれるものの、毎日の仕事は石山へ通って岩壁に向かって仕事をする人ということになろう。新五郎の如く他所へ作品を出す仕事をしないタイプの石工だったとみられる。

つまり、同じく石工と呼ばれつつも石山で割り取ることに専念する石工がいて、そうした石山へ通うことを専業とする石工が石山を抱える村には相当数がいたものと推定される。この山石工がどの程度の人数でいたものかの史料は少ないが、上多賀村の神社には石山経営者が石燈籠を奉納した例がある。そこには「享和二年七月吉日　上多賀邑青石中買石工中」の銘があり、石山で生産された石材が「中買石工中」と称する何人かに仲介されて、江戸の大規模な土木工事や地元の細工石工などにも供給されたという態勢がみえる。

伊豆からやや離れるが、右の多賀石と同様に品川台場への石材供給地として稼働した房州石の産地の金谷村では、文化年間に石材や石製品の輸出が本格化し、天保九年の「村明細帳」には「石屋御座候」として村内の石工職の存在が明記されたという。この房州石の石山の経営者は、品川台場の築造にあたっては鈴木四郎左衛門など四人の石山経営者が連名で「割栗石千五百坪」の納入を請け負っていたことが報告されている。[13] この石山の経営者と右記の上多賀村「仲買石工中」とは共通する姿をもっており、その経営者の元で村人の何人かが石山へ通って石材の割り取りにあたる態勢が執られていたのであろう。

現代の上多賀村の石工からの聞き取り調査では、石山で「間知石・貼石・ガンギ石」などの決まったサイズに割り取ることを専業的にしている石工を「割石屋」と呼び、施工地に赴いて石垣を築く石工を「積石屋」と呼び分けている。[14] つまり、石材産地の石山で岩盤からの割り取りを専業とする石工と石山から供給された素材を使用する石工との分業が成立している。

(5) 伊豆下田の石工

こうした伊豆や房総半島などの石山で働く石工たちの専業的な仕事ぶりは、北伊豆の安山岩丁場よりも、南伊豆方面の凝灰岩丁場の方がより顕著に現れている。河津町・下田市・南伊豆町域などに広がる凝灰岩の石丁場では、基本的に大（長さ二尺、幅一尺五寸、厚さ八寸）と小（長一尺五寸、幅一尺二寸、厚さ六寸）の二種類の「切石」だけを大量に生産していたものとみられる。[15] これは、凝灰岩の石丁場に残されている工具痕が水平で平行に積み重なる状態で十数メートルの深さまで残されていることからも分かり、これは厚板状の定形の石材を専業的に生産した結果である（写真4参照）。特別の造形を要する注文がある時には、切石の倍サイズや長尺物として切り出すことには応じているとみられるが、方形や厚い板状の石材の割り出しをする対応だけで済ませている模様である。つまり、凝灰岩の石丁場では石塀・縁石・敷石などの定形的な部材の生産が主力で、造形美が求められる石仏などの彫刻的な制作は石山とは別の場所にいる石工が行っているとみられる。

⑹　玉垣用の石材と組み立て

この凝灰岩石材を用いた造営を具体的にみると、文政三年（一八二〇）六月に竣工した八幡野村の八幡宮来宮神社社頭の玉垣の構築事例で確認することができる（写真5・表17）。これは同神社の社頭に長さ三十六間（約六十四・八ｍ）に及ぶ玉垣を築いたもので、施工概要は前出『春達覚書』に、下田新田町の石工棟梁和助と忠蔵など都合六人の石工が、道法「海陸とも十里」という遠路をたどって八幡野村に来て施工した。石材は、下田中原町の「綿屋吉兵衛」が世話をしてくれたもので、中村（現下田市中村）の「太平山」という山の青石を下田町原町の河岸まで引き出し、「五大力船」六艘に積んで八幡野村の浜まで輸送。続いて、陸揚げした石材を浜から社頭まで約一・七㎞を運ぶ「人足」に村中の者が出て「助力」して八幡宮来宮神社の社頭三十六間の玉垣が竣工に至ったという。

写真4　下田市敷根の石丁場遺跡
（石材を取り出した痕跡が横に平行する線として残る。）

この施工で重要な点は、下田の稲生沢川中流域の「太平山」という石山から切り出された石材は稲生沢川を下って、河口の下田原町まで運び出されて船積みされ、五〇㎞ほどの距離を海上輸送されてから現地の社頭で組み立てられたことである。この事実からすると、海上輸送が百数十㎞を越える江戸からの需要に対しても、同じ態勢で臨むことは可能だとみられる。つまり、玉垣・敷石・石階段などの石組の構築には、予め決められたサイズでキットが組まれてから出荷されており、施工地ではそれを組み立てるだけの作業だったのである。

写真5　八幡宮来宮神社社頭の石垣と玉垣
（玉垣は明治期に改められたが、これとほぼ同じ姿が文政三年には構えられた。）

つまり、石材産地の「太平山」の丁場では玉垣の部材とされる定形的な石材を荒割りする作業が施され、その後に下田新田町石工棟梁和助と忠蔵など都合六人の石工が仕上げ作業を施した後、五大力船で輸送した。それらを接合して組み立てる作業だけが現地の八幡野で行われたのである。勿論、下田新田町の石工たちが行った仕事が江戸石工の仕事に置き換えられることも当然考えられるので、石山で荒割されただけの石材が江戸へ運ばれることも考えられる。

また、ここに「綿屋吉兵衛」という人物が石材や石工の仲介者として関係した。具体的な人物像は未詳ながら「綿屋」は、下田町商人の屋号のひとつである。下田の商人たちは、廻船や五大力船などを運用して薪や炭などの伊豆の産品を江戸へ運び込んむ商業活動をしたが、同時に下田の山々に散在する「青石」「白石」などの様々な顔つきの石材を産出する石山を所有した例が多い。綿屋吉兵衛もそうした商人のひとりとみられ、五大力船や廻船で江戸へ石材を運び込むことで大きな利益を出していた下田町商人のひとりであろう[16]。

(7) 河津沢田村の石工

近世の石工の一例に賀茂郡河津町域の沢田村の石山と石工の存在を挙げることもできる。この「沢田石」を使った石造物には寛永年間の板碑型墓標の作例があり、そこには石工の名はみえないものの、作風からして近世初期の他の地域の墓標と同じ姿をしながらも、石材は淡緑色の「沢田石」を用いている。このため、寛永年間の銘があるこの墓標群の制作は在地の村のなかに育っていた石工が江戸初期に制作したことが確定的である。

しかし、その後の近世前期・中期の間の沢田石による石造物はあまり確認できない。しかし、近世後期には急激に沢田石の出荷が始まり、やがて明治初期には皇居謁見の間などの多くの近代洋風建築の内装材や外壁材などに使用された。

江戸後期には沢田石の他にも伊豆産の凝灰岩は多用され、下田市域や南伊豆・西伊豆の石丁場が稼働する。沢田石はそうした伊豆産の凝灰岩のなかでもトップクラスの優良な石材として近世後期から近代にかけて多くの石山経営者と石工が稼働していた。伊豆の凝灰岩地帯では上多賀村の青石丁場でも触れたとおり、定形的な「切石」として厚板状の長方形石材や敷石用の正方形石材等を切り出し、水路の構築材や寺社内装材や境内の敷石など都市構築資材として量産された。こうした伊豆の石丁場には切石生産を主とする石工が専業的な石工として稼働していた。

一方、伊豆北部の安山岩地帯にも在村の近世石工は数多くあり、近世初期には江戸城向けの「商人丁場」を稼働させた荻野氏（伊東市宇佐美）や勝呂氏（沼津市戸田）などが石山を経営し、その元で働いた在村の石工が想定できる。ただし、こうした村の石工が製品の銘文にその名を記すようになるのは十九世紀以降であることが多い。在村の近世石工は、近隣の村に出向く程度の活動が多かったものとみられるが、南・西伊豆で広く行われた凝灰岩切石丁場の「山石工」の技術は、十九世紀代の需要の高まりと共に広域に移動して、内房金谷の房州石や上州大谷石には伊豆からの技術移転伝承が残っている。

こうした諸例から、石工にはその職能のなかに「細工石工」と「山石工」の別があり、また、同時に石工棟梁を名乗る広域的な活動をする者と在村のまま活動する村の石工の別がある。在村の石工たちは十九世紀以降に各々の独自性を主張するごとく石造物にその名を記すように変化しており、伊豆に限らず各地の村々の石工の名をたどれるようになるのは江戸後期以降であることが多い。

(8) 中世の伊豆石工

時代を遡るが、十四世紀代に伊豆の安山岩製の五輪塔や宝篋印塔などの石塔は相模湾岸や駿河湾沿岸域の広大な範囲に搬出されていた。これは関東や東海道沿岸に優良な石材産出地がないことから生じる現象だが、その供給源である伊豆に相応の中世の石工が活動していたことを想定せねばならない。しかし、多くの作例はあるものの、伊豆石工の活動を具体的に示す史料は断片的にしか判明しない。

その断片的な史料のひとつだが、戦国時代の伊豆石工には少なくとも十五人以上の数を挙げ得る。これは、『快元僧都記』の天文三年（一五三四）三月の記事に「小田原大窪五人、伊豆長谷十五人」の石工を鎌倉鶴岡八幡宮の造営工事に向かわせたとあることで判明する。これまで、「伊豆長谷」の比定地が確定できず、「奈古谷」の誤記ではないかとする所見も示されて来た。しかし、三島大社の東側の一画に「長谷」[17]という町が区画整理以前には存在しているから、「伊豆長谷」の石工十五人とは、現在の三島大社のごく近い位置で石工仕事をしていた者たちが、箱根山を越えて相模国内へ出張し、鎌倉の八幡宮造営に関与したとみるべきであろう。

また、後北条氏の「所領役帳」にも、石工三人の「豆州奈古谷」（現伊豆の国市奈古谷）の所領の記載がある。この二例の中世石工は、どちらも三島と奈古谷という中世以前の伊豆の町場とみられる地域に付帯する如き立地条件である。すると、これまで見て来たとおり石材の供給地はそうした町場ではなく石山からの供給があり、石山から供給された石材を用いて注文に応じた加工を施すのが「伊豆長谷」や「奈古谷」の石工たちであったものとみられる。山石工と細工石工が既に中世以前に分離していたとみられる点は前述した相州青木善左衛門家の由緒書からも明らかである。すると、中世段階の伊豆石工のうち細工石工については三島・奈古谷などの町場にいたことは確定できたが、そこに石材を供給した山石工の稼働の姿は今のところは全く判明していないものとまとめることができる。[18]

こうした中世石工たちがどう近世化を遂げたものか判然としないが、北条氏の元で関八州石工棟梁を名乗った「青木善左衛門」の動きは、小田原城下という町場にいた石工が関東各地の中世以来の石工の棟梁として位置づけされていた。この関八州石工棟梁の位置づけが近世中後期には形骸化し、代わって各地の小さな村々にも独自の造形を行う石工たちが村のなかに成長してくるのが十八世紀後半以降の地方石工の開花現象としてとらえることができるのであろう。この結果、各地の石造物には「〇〇村石工△兵衛」との銘文を残す村の石工たちが多数現れるものとみられる。

ただし、そこには山石工からの石材供給の実態が相変わらず不明のままであるが、一方の凝灰岩丁場では定形的な石材の大量生産によって、山石工が「仲買講中」を組織する商工業者としての行動をとっていた上多賀村の事例は注目される。

近世伊豆で石工が大きく働いた嚆矢は、江戸城石垣の御手伝普請だが、そこには相州青木氏の他にも「幕府石工棟梁」を名乗る亀岡久三郎・亀岡久兵衛正俊・亀岡石見入道宗山などの一族がある。その一方で伊豆の石材を商品として扱った伊豆宇佐美の荻野氏や戸田の勝呂氏などの商人層も江戸石工の活動には関係した。[19]

亀岡氏は近世初期以降、伊豆の石材を用いて将軍墓や江戸の寺社造営等に関与したことが判明しており、伊豆の石材を用いて江戸の寺社に対して多くの石造物を制作した江戸石工として注目される。これも町場の石工のひとりであろう。

本稿では伊豆の石工に注目して諸例を挙げて来たが、右の石材を扱った商人層の活動にはほぼ触れることができなかった。課題としておきたい。

註

註1　詳細は、伝統建築研究会『八幡宮来宮神社社殿修理工事報告書』八幡宮来宮神社・伊東市八幡野区　二〇〇四を参照。

註2　赤沼 清他『伊東市史調査報告 伊東市の石造文化財』伊東市教育委員会二〇〇四

註3　建部恭宣 他『伊東市史調査報告 伊東市の棟札』伊東市教育委員会二〇〇四

註4　平沢正太郎・小林一之編『春達と春安の年譜覚え書』城ケ崎文

化資料館二〇〇六掲載「肥田文書」から引用した。

註5 「ボク石」のボクは史料中に石偏にトと記す漢字一字の表記もあるが、ここでは「ボク石」として統一した。ゴツゴツした石質から付いた地方言葉であろう。

註6 「黒ボク石」とは溶岩滓のなかの黒味の強いものを指し、続く「自然石」と「手水石」は、いずれも庭園に配置さるべき石材とみられる。

註7 曽根原駿吉郎『貞治の石仏―幻の石工を求めて―』講談社一九六九

註8 曽根原駿吉郎『太良兵衛の石仏―三千点の記録を探る―』講談社一九七一

註9 田島整「伊豆の三十三観音石仏」『伊豆歴史文化研究』第三号二〇一〇

註10 「記録 儀辺山」は『新井の歴史資料三題』伊東市立図書館一九九五に掲載された中に「宝専寺記録」のタイトルで翻刻文が納められており、そこから転載した。

註11 『戦国遺文』所収一七七七号文書による。

註12 山口義春「草加宿石工青木宗義の石造物を探る―小田原宿善右衛門信房子孫―」『日本の石仏』第一〇四号二〇〇二に相州青木家から分出した石工の報告がある。

註13 筑紫敏夫「江戸時代から明治時代にかけての房州石の生産について」『西上総文化会報』第七十一号二〇一一記載事項による。

註14 静岡県教育委員会『静岡県の諸職』一九八九掲載熱海市上多賀山田康太郎氏の述懐記事による。

註15 「元治元年石材伐出届」『下田市史』資料編二掲載史料中の記載による。

註16 金子浩之「伊豆沿岸の村落と海運」『伊豆歴史文化研究』第二号二〇〇三に下田の廻船主たちの代表例を示した。

註17 三島市「長谷」は「チョウヤ」と読むものらしい。

註18 金子浩之「石丁場遺跡研究の到達点と課題」『石造文化財』第七号二〇一五においてもこの点にはふれた。

註19 亀岡久三郎の動きについては拙稿「近世大名墓の制作‐徳川将軍家墓標と伊豆石丁場を中心に‐」『季刊考古学別冊20』二〇一三に示した。

《2》気になる一冊《2》

永松　実 編著
『花月楼主人の巡礼道中
―安政七年『道中手扣帳』と庶民の旅―』

【B6判、270頁、えぬ編集室、2019年】

2,727円＋税

本書は、著者が、平成二十四年に長崎市歴史民俗資料館で開催した企画「新春・旅立ち展」及び翌年に長崎純心大学で著者が担当した講座等による研究成果が収められている。主に老舗遊郭の主人であった山口茂左衛門の『道中手扣帳』の資料を中心に、代表的な伊勢参宮、西国巡礼、四国遍路について考察している。

「Ⅰ章　長崎からの巡礼」では、「長崎の町の成り立ち」を導入とし、江戸時代における長崎の貿易都市としての位置づけを概観したのちに、「長崎からの伊勢参宮」では、長崎から各巡礼地へ行った人々の具体的な軌跡を追っていく。伊勢神宮への参詣が庶民にとって憧れであり、多くの参詣者が訪れていたことは言うまでもないが、本書では、当時キリスト教の布教のために来日していたイエズス会の宣教師の「(略)…伊勢に行かない者は人間の数に加えられぬと思っているかのようである。」という言葉を紹介しており、印象深い。

「長崎からの西国巡礼について」では、『長崎名勝図絵』「西国巡礼出立」の様子を分析しているが、注目されるのは、出立の際にはじめに行く長崎山《ちょうきざん》清水寺である。本書によれば、同寺は、元和九年（一六二三）に京都の清水寺の僧慶順によって創建され、江戸時代を通じて京都清水寺の末寺だったが、明治四十二年に真言宗となっている。著者は、『長崎名勝図絵』に記されている清水寺奥之院の観音石像を建立したとされる長崎古町の武左衛門について、西国十三番滋賀三井寺に納められた塔婆形銅製の納札に「今博多町本出武左衛門」と刻まれていることから同一人物である可能性を指摘し、史料の登場人物を裏付ける資料とした。

なお、境内には西国同行者によって寄進された燈籠をはじめ、坂東、秩父の巡礼者、四国八十八ケ所巡礼者により寄進された石仏群が現存しており、著者には関連する石造物の分析によるさらなるアプローチを期待している。

「Ⅱ章　安政七年『道中手扣帳』」では、長崎の郷土史家渡辺庫輔氏が収集し、現在長崎歴史文化博物館に所蔵されている史料についてまとめている。手扣帳《てびかえ》は、安政七年（一八六〇）二月十一日から万延元年（一八六〇）七月八日までの約百八十日に及ぶ四国遍路と伊勢参宮の道中日記で、本章はその軌跡を詳細に分析している。道中日記は、目的地までの距離、時間、移動手段、費用までが記録されており、写真こそないもののSNSに負けずとも劣らない情報量から、あたかも自分が旅をしたような臨場感がおもしろい。かつての観光は、ガイドブックに記載される主要な観光地を大型バスなどで巡るものが主流であったが、近年は知人の口コミで紹介された場所やインフルエンサーの旅をたどる個人企画旅行が人気で、人と人との交流や着地型観光が注目されている。江戸時代の旅も、例えば金毘羅宮などの主要な参詣地を設定はしているものの、旅のペースや旅順は個人の赴くままであり、近年の観光のあり方と不思議な類似点を感じる。

本書をお読みいただき、江戸時代の楼主人の巡礼道中をお楽しみいただくとともに、これからの旅のヒントにしてみてはいかがだろうか。

（増井　有真）

目次

禅宗系板碑の諸問題

磯野治司

はじめに

板碑を宗教史の資料として有効活用することは、板碑研究における古くして新しい課題である。平成以降の考古学的な板碑研究は、「板碑の生産と流通」という分野において成果を上げてきたが、一方では、そのことが宗教遺物としての板碑研究の必要性を浮き彫りにする結果となった。平成三一年、『季刊考古学』の特集「板碑と神仏」は、まさにこうした課題に考古学の立場から応えようとしたものであった[1]。

これまでの板碑研究の成果に立てば、板碑の造立には天台、真言といった旧仏教の影響が強く認められ、新仏教の影響は日蓮宗の題目板碑を除けば、意外にもその実態は不明瞭な点が多い。それは浄土系の浄土宗、時宗、真宗、さらには禅宗においても同様であるといえよう。

しかしながら、在地に深く根差していた旧仏教の営みの中へ、新仏教がどのように浸透し、その過程が板碑にいかに反映されているのかという問題は、板碑の宗教史研究における重要なテーマの一つである。

こうした中、菊地大樹の紅頗梨式板碑、野口達郎の金蓮華と遺迎二尊を刻む板碑に着目した研究[2]は、宗教資料としての板碑研究の方向性を示すものである。また近年、禅宗系板碑については小田部秀家による一連の研究が示唆に富んでおり[3]、さらに筆者及び田中則和による指摘もこれらの研究を補完するものといえよう[4]。

そこで、小稿では東国における板碑の宗教的研究の試みとして、近年、新たな視点が提示されてきた禅宗系板碑を取り上げ、従来の知見の整理と基礎的な検討を行いたい。

一　禅宗系板碑の研究小史

（一）昭和初期の研究 - 第一期 -

禅宗系板碑に関する研究は三輪善之助の指摘に始まる。大正一五年、三輪は埼玉県入間市野田の円照寺に伝来する板碑群を見出し、「禅宗の詩偈を刻む板碑として考察した[5]。とくに、元弘三年（一三三三）銘板碑の偈を「圓覚寺開山祖元禅師の作であり、『元亨釈書』にも載っている」ものとし、さらに、嘉元三年（一三〇五）銘板碑（図1）の偈が「『碧巌録』の忠國師無縫塔の公案中から採ったもの」とした[6]。

加えて、飯能市川寺の応安二年（一三六九）銘板碑にみえる「(バク)応無所住　而生其心」の偈が「金剛般若経」の一部であり、「志那の禅宗六祖慧能禅師が此句を読んで、悟入されたこと」についても指摘している。

その後、三輪の円照寺板碑群の所見は定説化していく。板碑に刻まれた禅宗の詩偈および武蔵武士との関係、さらに禅宗系板碑とバク種子、「金剛般若経」との関係を指摘した点は、その後の研究に大きな示唆を与える卓見といえよう。

　その後、服部清五郎は大著『板碑概説』において「禅宗と板碑」を立項する。[7] 服部はこの中で三輪が考察した円照寺の二基の板碑を「禅宗板碑」と追認しつつ、他の「丹治」銘を有する三基の板碑については禅宗系とするかは別問題としている。あくまで「禅宗系」と位置付ける根拠を必要とする態度といえよう。その上で、文和三年（一三五四）銘板碑の「為悲母浄元大姉所立、虔営逆善最上之惠業、祈當來佛果直因者也」銘は注意を要するとし、この他「仲満上坐」銘の康正二年（一四五六）銘板碑、「逆修浄珍居士」銘の長禄四年（一四六〇）銘板碑を禅宗系の可能性があるものと指摘した（筆者圏点）。

　また、板村坦元は「板碑と諸宗並に信仰」おいて板碑と禅宗との関係について言及している。[8] 稲村はこの中で禅宗系の板碑が「円覚経」「涅槃経」「金剛般若経」「碧巌録」を典拠とする偈を刻む可能性を指摘するとともに、現さいたま市大戸不動堂の応永一〇年（一四〇四）銘板碑をバク種子であること、「有諦監寺」の人名を有することから禅宗系とした。さらに、一山一寧の自筆とされる「帰依佛」「南無佛」（図２）を篆書体で大書きする松伏町（光厳寺・源光寺）・吉川市（清浄寺）の特異な板碑についても禅宗板碑と指摘している。[9]

　以上のように、第一期は禅宗系板碑の初期研究の段階といえるが、三輪の研究以降、禅僧の語録、禅宗が重視する経典、禅僧の書、禅僧の位階などから、禅宗系板碑を弁別する視点はほぼ出揃っていたことが理解できる。

図１　円照寺の板碑（右：元弘３年　左：嘉元３年）

図２　帰依佛板碑（光厳寺）・南無佛板碑（清浄寺）

（二）昭和後期の研究 - 第二期 -

　昭和四〇年代に入ると、稲村坦元は再び禅宗系板碑の新資料を提示し、[10] 資料の補強に努めている。また同四八年、千々和到は三輪が考察した円照寺の二基の板碑について次のように評価した。[11]

　①他に例のない無学祖元の詩文の偈を有する板碑には禅宗の影響が認められること。②板碑に現れた信仰のあり方は密教的浄土信仰の様相を呈し、加治氏の信仰に本質的な変化は表れていないこと。③加治氏の禅宗受容は従来の信仰を覆すものではなく、禅宗を一つの「教養」として受け入れている態度を表していること、という三点である。

　また昭和五四年、有元修一は「禅宗板碑

について」という禅宗系板碑の専論をまとめ、[12]一一基の板碑の事例を紹介しつつ、禅宗系板碑の概要を整理した。それは①本尊、②人名、③偈頌、の三要素から禅宗板碑を抽出したものである。

①ではバク種子を本尊とするものは禅宗板碑の可能性が高いとする。ただし、バク種子のすべてが禅宗板碑ではなく、銘文に禅宗の要素を示しながらバク種子でない板碑も存在するという。また、前述の「帰依佛」「南無佛」という文字本尊の五基をあげ、五基のうち三基に光明真言を刻む点に注意を払っている。

②人名では稲村が指摘した「監寺」「上座」のほかに「書記」「侍者」をあげ、これらを禅宗特有の階僧・僧職名を示すものとし、前二者は禅院内における東班衆と西班衆の職掌、後二者は他宗の例もあるが禅宗に多く用いられると指摘する。

③偈頌は禅宗所依の経典として稲村坦元が指摘した「円覚経」等の三経および「碧巌録」を掲げ、これらから抽出した詩偈があれば、禅宗板碑の可能性が高いとする。また、「金剛般若経」を典拠とする偈として「若以色見我　以音声求我　是人行邪道　不能見如来」を掲げた。

以上の第二期は、第一期で指摘されてきた禅宗板碑の再検証とその特性について整理した段階といえる。

(三) 平成後期 - 第三期 -

平成の後半期は、禅宗系板碑について複数の研究視点がにわかに提示された時期である。平成二五年、小田部秀家は埼玉県飯能市長念寺（曹洞宗）から出土した石塔群を分析し、禅宗系板碑について論じている。[13]小田部が指摘する禅宗系板碑三基（図3）の特徴は、①バク種子で「金剛般若経」の偈を刻む。②「僧玄明」「玄法庵主」「孤月玄心和尚」「清夢一公禅師」「契□上座」と禅僧名を刻む。③「玄」を系字とする僧名は、臨済宗聖一派、龍吟門派（京都五山東福寺を開山した円爾の愛弟子である無関玄悟を祖とする門派）に連なるとした。

図3　長念寺の禅宗系板碑

小田部はその二年後、入間市立博物館の企画展に際して「板碑が読み解く武士と寺院」という意欲的な図録を作成した。[14]この中で興味深いのは「臨剣頌」の板碑の主尊にアーンク、脇侍にウーンとキリークを置くのは「胎蔵界曼荼羅」の世界観を表現したものと指摘し、「禅密兼修」の信仰形態の表れとしたことである。[15]

平成二九年、筆者は「武士名を刻む板碑」の中で、これまで禅宗系板碑と扱われなかった二基の板碑の銘文に禅宗の影響を指摘した。[16]このうちの一基は坂戸市万福寺の徳治二年（一三〇七）銘板碑で、児玉党浅羽氏の板碑である。詩文形式の願文とその文言、銘文の「結制日」「幹縁」「比丘」等の文言が京都五山等の梵鐘、版木、絵画の銘と共通することを指摘した。また、秩父市寺尾の延慶三年（一三一〇）銘板碑は丹党中村氏の板碑であるが、願文にある「荘厳報地」「佛授一生之記」は禅宗の語録、清規類に多く見出され、禅宗の特徴であると指摘した。

また平成三一年、田中則和は「妙樹禅尼の逆修「石塔」造立 - 南北朝期南三陸の時空（序論）」[17]において、宮城県南三陸町志津川の朝日館跡に所在する至徳二年（一三八五）銘板碑の願文、法名等の詳細な検討により、禅宗系の板碑であることを明らかにするとともに、関連資料の検討を行っている。

以上、第三期は第二期までの指摘を踏まえ、禅宗系板碑の新資料を提示し、より具体的な銘文の検討を進展させた段階といえよう。

二　禅宗系板碑の特徴と実例

（一）禅宗系板碑の分類と変遷

前章における研究史の整理により、禅宗系と位置づけられる板碑には、大まかに以下の七点の特徴があると理解できる。

①　願文に禅宗の「語録」「清規」類中の文言を刻む。
②　「金剛般若経」等禅宗所依の経典の詩偈を刻む。
③　紀年銘、願主等が禅宗特有のものである。
④　造立者の僧名、道号、法諱、職掌等が禅宗特有のものである。
⑤　篆書体で禅僧の書を大書する。
⑥　禅宗に特有の戒名を刻む。
⑦　主尊がバクである。

これら①～⑦の特徴は単独または複合して板碑に表現される。このうち①～⑤については単独であっても禅宗系板碑に位置づけられる可能性は高いが、⑥については禅宗の用例と限定することは難しく、⑦についても有元が指摘するように同様ということになる。

そこで、ここでは『埼玉県板石塔婆調査報告書』[18]（以下『県報告書』とする）から①～⑤の特徴を有する板碑を中心に抽出することにした。また、⑥については服部の指摘する「大姉」銘および位牌形式の銘を刻むものを参考にとして掲げ、⑦については①～⑥の特徴を有する板碑との相関性について注意した。抽出された禅宗系と想定される板碑は稿末の表1に示す九三

図4　禅宗系板碑の銘文要素と年代分布

西暦	篆書	詩偈	金剛般若経	庵主	禅師	和尚	上座	首座	監寺	書記	侍者	公禅（定）門　公大姉等	大姉	（位牌）	計
1250-59															
1260-69						■									1
1270-79															
1280-89															
1290-99															
1300-09	■■	■■													4
1310-19		■													1
1320-29						■									1
1330-39		■													1
1340-49		■					■								2
1350-59			■○○	○		○							●		6
1360-69			●	●□■■	□									■	7
1370-79			■										■■		3
1380-89				■■			■●								4
1390-99				●		■■									3
1400-09			■				●		●	■		■			5
1410-19						■									1
1420-29				●									■■		3
1430-39				■			■■			■			■		5
1440-49			■				■					■□	■	□	6
1450-59						●							●■		3
1460-69							■					■	■		3
1470-79			○	■		■	○■■■					■	■■		10
1480-89					■		■■■				■		■		6
1490-99				■		■		■					■■	■	6
1500-09							■■								2
1510-19					■		■								2
1520-29															
1530-39													■■		2
1540-49						■						●■			3
1550-59								□		□				■	3
1560-69															
計	2	5	8	12	3	10	18	2	1	3	1	7	17	4	93

【凡例】　●：バク種子　■：バク以外の種子　○□；１基中に複数の用語を併記

基である。

　また、図4は表1を基にして銘文の各要素を年代分布で示したものである。これによれば、一三世紀末から一四世紀初頭に「帰依佛」「南無佛」と篆書体で大書した板碑が出現し、次いで禅宗特有の詩偈を刻む板碑が一四世紀初頭から一四世紀第2四半期まで認められる。その後、一四世紀の後半には「金剛般若経」の偈や「庵主」銘が多く、一五世紀以降は「上座」「大姉」銘が比較的多い傾向を示すが、他の禅宗的な銘文も並行して継続しまた散見される。

　したがって、これら禅宗系板碑と想定される板碑の変遷は、第Ⅰ期が禅僧の手になる独特な書風の板碑が造立される時期（一三世紀末から一四世紀初頭）、第Ⅱ期が「語録」や「清規類」に見出される詩偈を刻む板碑が造立される時期（一四世紀前半）、第Ⅲ期は禅宗が重んじる経典の偈頌、禅宗系の職掌、僧階、戒名（位号）を刻む板碑が造立される時期（一四世紀半ばから一六世紀）と大まかに時期区分することができるであろう。

　第Ⅰ・Ⅱ期の板碑はいずれも大型で、高僧または武士階層の造立と想定される。表1の№5・9の円照寺の板碑は、前述のとおり丹党加治氏の造立とされ、№6は児玉党浅羽氏、№7は丹党中村氏の造立と目される。加治氏・浅羽氏・中村氏はいずれも北条得宗家の御内人であり、幕府の中枢に近い武士が禅宗を受容し、禅僧が板碑の造立に関わっていたことを示すものといえる。

　また、第Ⅲ期とした一四世紀半ば以降は、板碑が大きく変革する時期に当たり、とくに一四世紀後半はその過渡期と位置づけられる。この時期、中世墓の形態は集石による火葬墓が解体し、土壙墓へと主体を移していく。同時に板碑の小型化が進み、銘文に法名が付加され、造立階層は下層化していく。これらの変化は一五世紀の初めにはほぼ確立されるが、第Ⅲ期の禅宗系板碑は、こうした板碑の大きな変革と歩調を合わせるように出現し、展開していく傾向を看取することができよう。

（二）各銘文要素の概要

　ここでは禅宗系の特色とされる各期の銘文について概観しておきたい。

　第Ⅰ期の篆書体で大書きする板碑については、先学の研究に譲るとして、第Ⅱ期の禅宗の詩偈については、表1の№5～7、9・11の五基が該当する。№5・9の円照寺の板碑は、先学が指摘するように前者の嘉元三年（一三〇五）銘板碑は「碧巌録」の偈を、後者の元弘三年（一三三三）銘板碑は著名な「臨剣頌」を採用している。また、№6坂戸市万福寺の浅羽氏の徳治二年（一三〇七）銘板碑、№7秩父市寺尾の中村氏の延慶三年（一三一〇）銘板碑の銘文は、前半に造立の目的、後半に願文風の詩偈で構成する。№11小川町大聖寺の康永三年（一三四四）銘板碑も、造立の契機と願文風の詩偈を刻んでおり、中段の「禅儀所志」銘は本板碑が禅宗と関係の深いことをうかがわせる。この五基の主尊は、円照寺の二基がキリークａ類一尊とアーンク三尊、万福寺がアーンク一尊、寺尾がキリークａ類一尊、大聖寺がア一尊で、阿弥陀一尊が二例、胎蔵界大日如来が三例である。小田部のいう「禅密兼修」あるいは「禅密一体」の形式をとるが、キリークはともかく、胎蔵界大日如来の種子を刻む点は注意すべき点であろう。

　第Ⅲ期は主尊にバクを置き、「金剛般若経」の偈、「庵主」「和尚」「上座」銘を刻む禅宗的な板碑が出現する。「金剛般若経」の偈は「若以色見我」偈が二例、「一切有為法」偈が五例[19]、「応無所住」偈が三例と三種の偈が認められる。

　「金剛般若経」を刻む板碑一〇例のうち、主尊のわかる七例では、バク一尊が三例、バク三尊が一例と釈迦種子が半数を超え、残る二基はキリーク一尊と三尊がそれぞれ一基である。

「庵主」銘は一二基と多く、一三五〇年代から一四九〇年代の間に認められ、一四世紀後半に三分の二が集中する。本来は庵室の主人、庵室を構える僧、特に尼僧を指す用語である。

また、「上座」は一八例と最も多く、一三四〇年代～一五一〇年代まで認められ、一五世紀後半に集中する。先の「庵主」とは年代的分布が相反している。曹洞宗では得度しながら立身しない僧階を意味するという。このほか、「禅師」「首座」「監寺」「侍者」「書記」は一四〇〇年代～一五五〇年代にかけてわずかに散見される。

（三）戒名（位号）の問題

前項で禅宗系の特色とされる銘文について概観した。とくに第Ⅲ期を中心に分布する「庵主」「上座」「首座」「監寺」「書記」「侍者」は、本来は禅院の職掌を意味していると認識されてきた。

ただし、広瀬良弘の研究によると、東海地方で活動した禅僧如仲（一三六三－一四三七）、川僧（一四一〇－七五）、松堂（一四三一－一五〇五）の語録中には、僧侶または俗人の戒名の位号として禅師・庵主・上座・監寺・首座・侍者・和尚が列記されているという[20]。つまり、本来は禅院の僧階や職掌であったものが、一四世紀後半以降は禅僧が授ける戒名（位号）とされており、板碑に刻まれたこれらの銘も戒名（位号）として刻まれていた可能性が高いと考えられる。

図５　禅位号の変遷

西暦	（二字）法名	（三・四字）法名	（二字）尼・門	禅門	禅尼	禅定	禅定尼	童子	大徳
1250-59									
1260-69									
1270-79									
1280-89									
1290-99									
1300-09									
1310-19	●								
1320-29	●●								
1330-39	●			●	●				
1340-49	●●●	●		●	●				
1350-59	●●●		●	●●	●●				
1360-69	●●●●●●●●●●●		●	●●	●●●				●
1370-79	●●●●●●●●●●●●	●	●	●●●●	●●				●
1380-89	●●●●●●●●●●●●●●●●			●●●●	●●●●●●				
1390-99	●●●●●●●●●●●●●●●●●●●●		●	●●●●●	●●●●●				
1400-09	●●●●●●●●●●●●●●●●●●●●●●●		●	●●●●●●●	●●●●●●				
1410-19	●●●●●●●●●●●●●●●●●●	●	●	●●●●●●●●●●●	●●●●●●●●●●●	●			●
1420-29	●●●●●●●●●		●	●●●●●●●●●●●●●●●●●●	●●●●●●●●●●●				
1430-39	●			●●●●●●●●●●	●●●●●●●●●●●●●●●●				
1440-49	●			●●●●●●●●●●●●●	●●●●●●●●●●●●●●●●●●			●	●
1450-59	●			●●●●●●●●●●●●●●●●●●●●●●	●●●●●●●●●●●●●●●●●●●●●●●●●●	●		●	●
1460-69	●			●●●●●●●●●●●	●●●●●●●●●●●●●●●●●●●●●●	●	●		
1470-79	●●			●●●●●●●●●●●●●●●●●●●●●●●●●	●●●●●●●●●●●●●●●●●●●●●●●●●●	●		●	●●●
1480-89	●			●●●●●●●●●●●●●●●●●●●●	●●●●●●●●●●●●●●●●●●	●	●		●
1490-99	●●			●●●●●●●●●●●●●●●●	●●●●●●●●●●●●●●●●				●
1500-09				●●●●●●●●●●●●	●●●●●●●●				
1510-19				●●●●●	●●●●●●				●
1520-29				●●●	●●				●
1530-39				●●●●●	●●●●●				
1540-49				●●●●●	●●●●●	●			
1550-59				●●●	●●●●	●			
1560-69				●●	●				●
1570-80				●	●	●			
1580-89				●	●				
1590-99				●	●		●		
1600-09									
計	245	3	13	403	431	10	3	3	16

なお、戒名（位号）の中には図4中に示した「〇〇〇〇公禅門」または「〇〇〇公禅定門」「〇〇〇公大姉」という戒名（位号）がある。四文字戒名の三文字目を省略して「公」の字をあてた禅宗特有の戒名で、一四〇〇年代～一五四〇年代までに七例が認められた。一方、参考までに掲げた「大姉」は一三五〇年代～一五三〇年代までに一七例が認められる。「大姉」も禅僧が授けた位号であるが、これは禅宗系と限定できるのであろうか。

先の広瀬の研究では、禅宗の在俗の戒名に付す位号として居士・大姉・信士・信女・禅定門・禅定尼・禅門・禅尼・童子・童女等を授けたとしている。いずれも板碑に刻まれる位号である。このうち、禅定門・禅門等の禅位号は、近世期には多くの宗派で採用される戒名（位号）となるため、本来は禅宗の位号であったものが、宗派を超えて授けられるようになったと認識されている。このことは中世後半の禅位号においても同様に理解されてきたといえよう。

板碑の場合、一四世紀後半には二字法名を刻む事例が急増し、一五世紀第1四半期には収束するが、これに代わって二字戒名に「禅門」「禅尼」の位号を刻む板碑が急増する。その関係を北足立郡の板碑を例に示すと図5のようになる。これによれば、「禅門」「禅尼」は一三三〇年代に出現した後、しばらくは微増を続けるが、一五世紀に至って急増すると一四五〇～七〇年代にピークを迎え、その後は減少して一六世紀末まで命脈を保っていく。このほか、「禅定門」「禅定尼」「童子」「大徳」等の位号が平行するが、これらはいずれも少数である。

ちなみに、広瀬が示した曹洞宗小本寺の成立数を示したグラフは興味深い（図6）。この図6によれば、曹洞宗小本寺は一四世紀第3四半期から増加して一四世紀末に第一ピークを迎え、第二ピークは一五世紀後半となっている。本図では一六世紀末に向かってさらに増加している点が板碑と異なるものの、一四世紀から一五世紀代においては板碑の展開とほぼ合致していることが看取される。

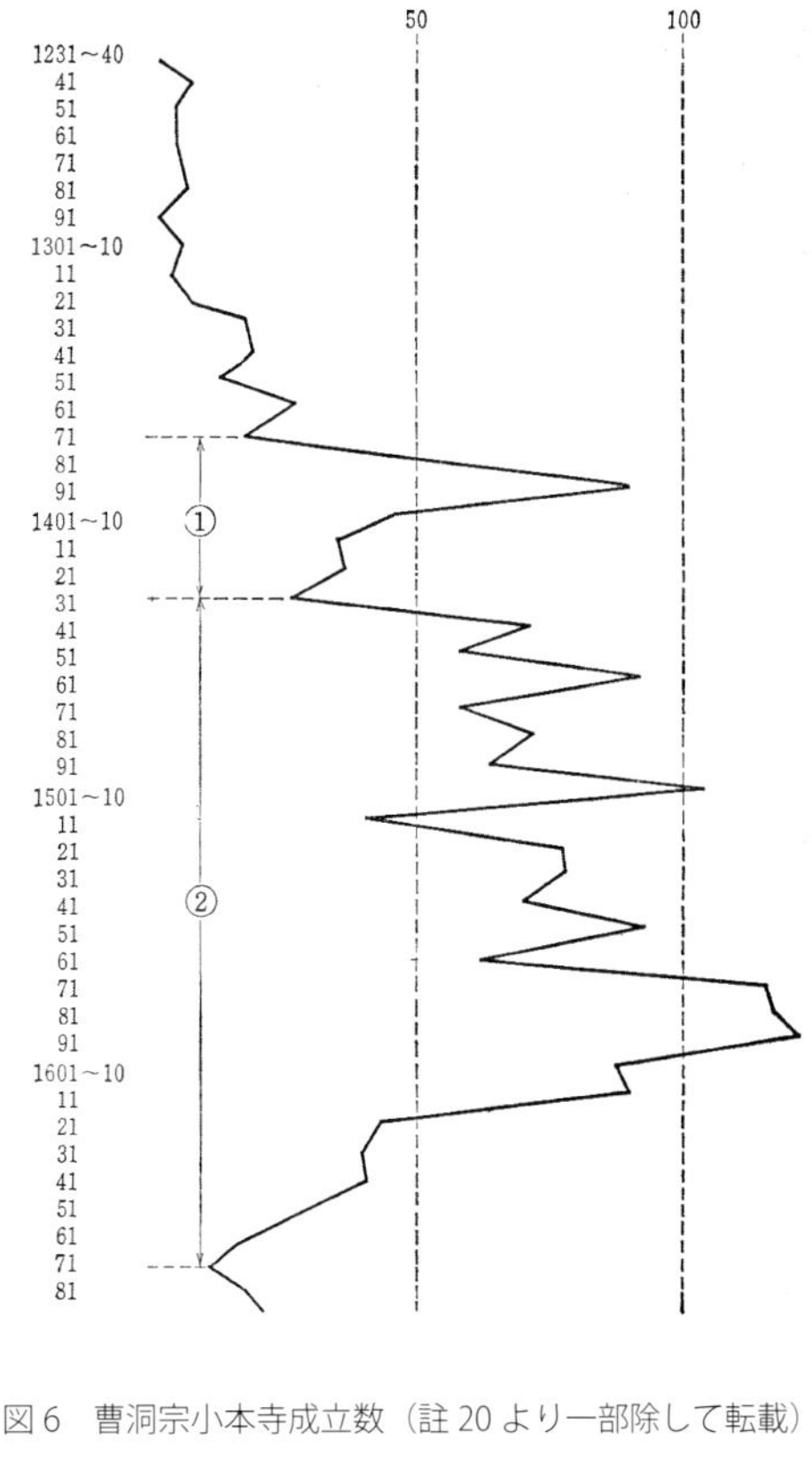

図6　曹洞宗小本寺成立数（註20より一部除して転載）

また、曹洞宗の禅僧語録における坐禅と葬祭に関する記述の割合をみると、①一四世紀半ばまでは坐禅が上回っており、②一四世紀半ばより一五世紀初めまでは葬祭が上回りながらも両者の差は少なく、③一五世紀初期以降は葬祭が圧倒的に上回るという[21]。こうした傾向もまた、これまでみてきた板碑の銘文における変遷と同じ傾向であるといえよう。

したがって、先に見てきた禅宗系板碑の第Ⅱ期から第Ⅲ期への画期、さらに第Ⅲ期における一四世紀後半の二字法名の出現から一五世紀以降の禅位号の盛行へと至る画期は、こうした曹洞宗寺院の進展と極めて連動していると認識できるのである。

なお、これらの銘を刻む禅宗系と想定される板碑については、参考までに図7に示した。

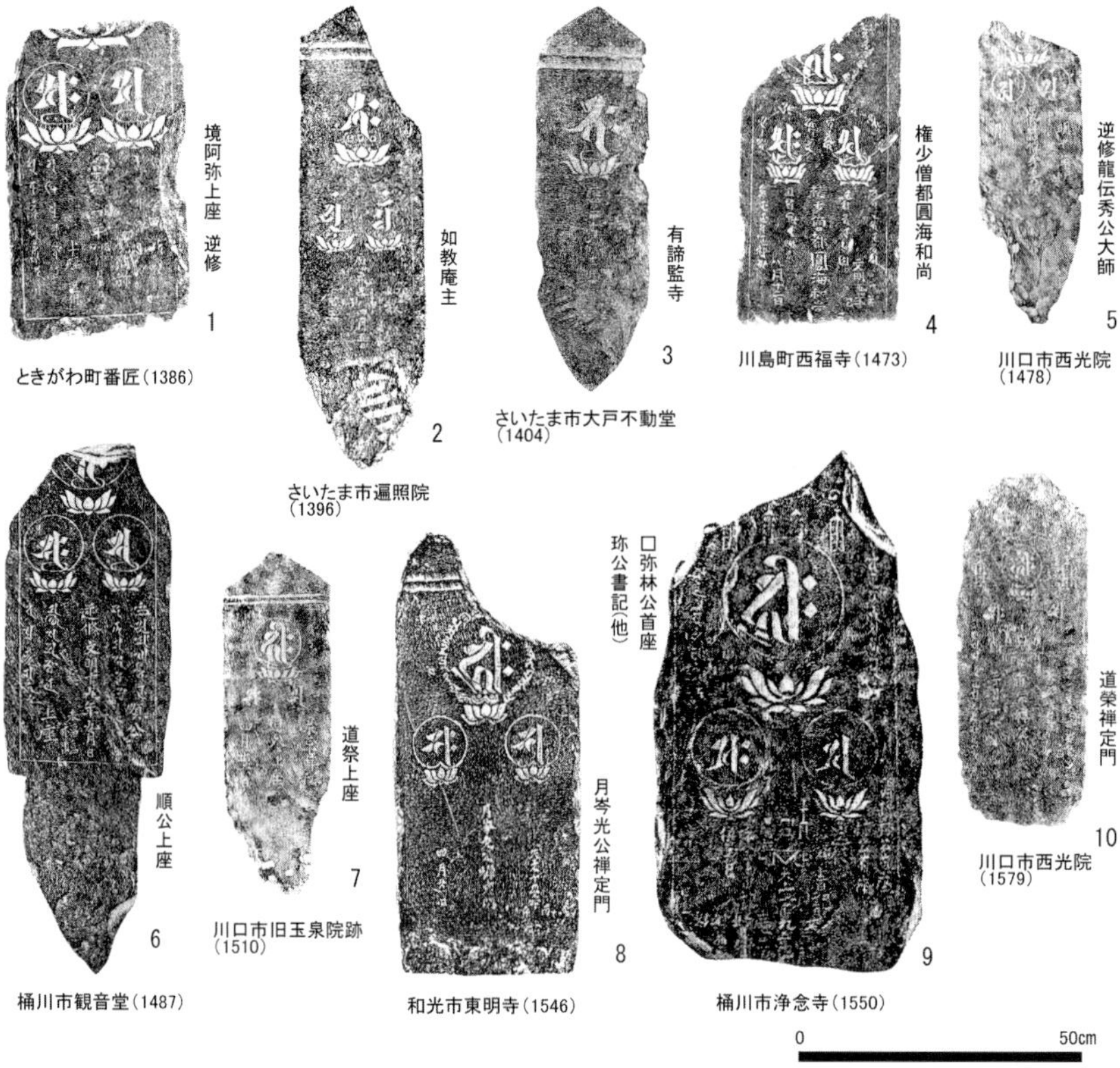

図７　北武蔵の禅宗系板碑

三　北武蔵におけるバク種子板碑

最後に確認しておきたいのはバクを主尊とする板碑の位置づけである。これまでみてきたように、釈迦如来の種子であるバクを刻む板碑は、「金剛般若経」の偈や禅宗特有の職掌や位号を刻むものが認められ、それらはとくに一四世紀半ば過ぎから顕著に認められるようになる。しかしながら、バクを刻む板碑のうち、明らかに禅宗系の所産と認識できるものは決して多くない。

そこで、次に『県報告書』に掲載されたバク種子の板碑を取り上げ、紀年銘が明らかなものを抽出することにした。その結果、抽出されたのは二二九基である。

このうち一三五〇年までは紀年銘以外の銘文が認められず、わずかに本庄市児玉玉蓮寺の大型板碑が「地主能宗成阿等四人」の追善供養であることが知られる程度であり、むしろ、その期間では線刻蓮座を刻む板碑が多いという特徴が目を引くにとどまる。

一三五〇年以降は「金剛般若経」を含む偈や法名、禅宗特有の職掌または位号を刻むものが散見されるが、一五三五年以降は申待供養が主体を占めている。このため、一三五〇年から一五〇九年までの約一六〇年間に造立された一一三基では、禅宗系の特色を示すものは二八基で、その割合は二四・八％と約四分の一ということになる。このため、バク種子は禅宗系板碑の一特徴であるが、有元修一が指摘するように禅宗の所産と限定することは難しいといえよう。

なお、この二二九基の板碑の造立変遷をグラフで示したのが、図８である。その変遷は一般の板碑の年代分布とは大きく異なっており、一三〇〇年代の第一のピークが突出した傾向を示している。その後、一三一〇年代

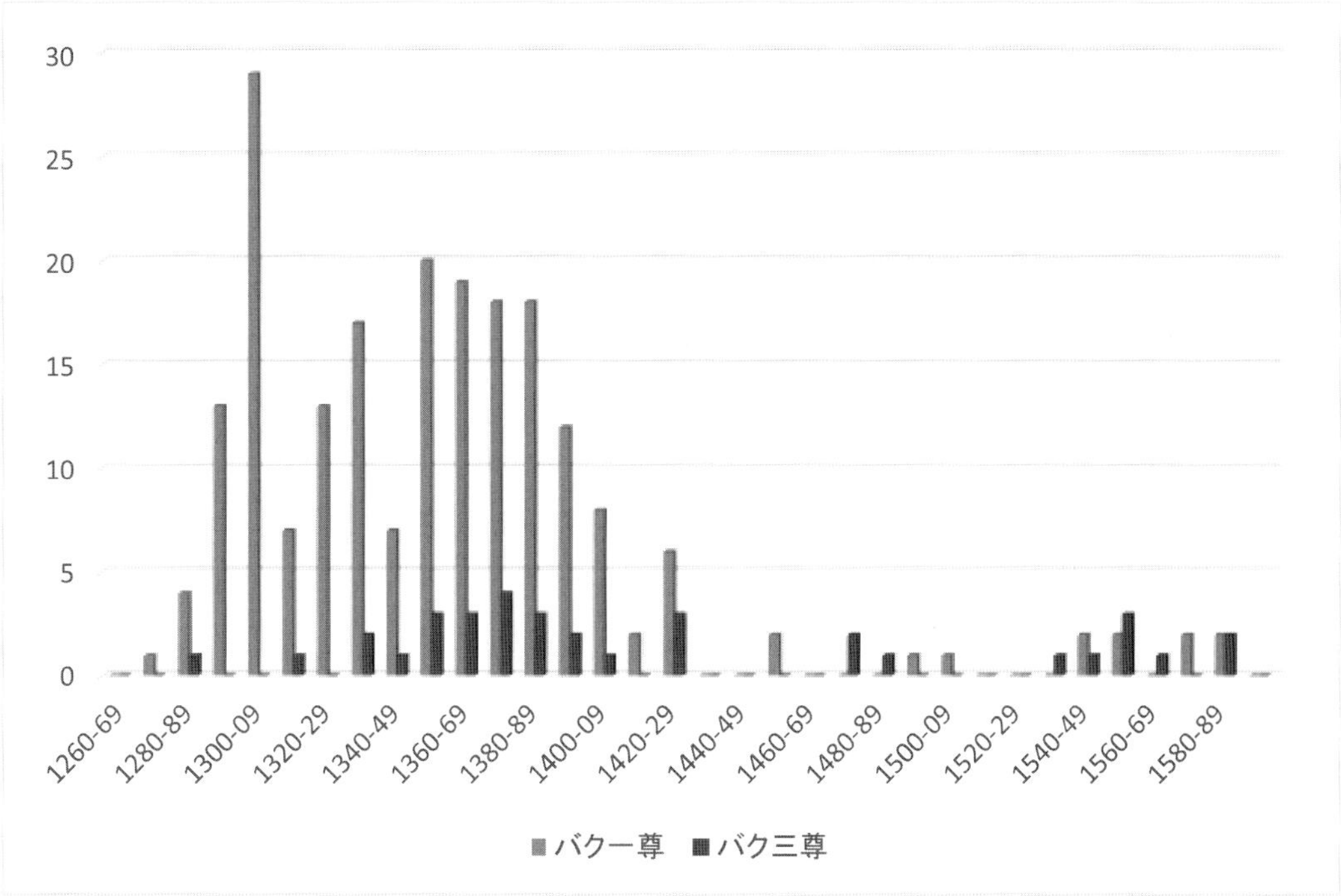

図８　バク種子板碑の造立推移

で落ち込んだのち、緩やかな山形を描くように一三五〇年代で第二ピークを迎え、一四三〇年代で一時造立が途絶える傾向は、一般の板碑と同様である。その後は少数が断続的に造立され、一五〇〇年代の多くが申待板碑であることを加味すると、曹洞宗寺院および板碑にみる禅位号が一五世紀に盛行する傾向とは異なることから、この時期のバク種子板碑をそのまま禅宗系と判断するのは難しいであろう。

また、バク種子において問題となるのは一四世紀初頭にピークを示す傾向である。この時期は第Ⅰ期に該当し、禅僧の書を大書した板碑が出現する。その直後に継続する第Ⅱ期では禅宗の詩偈を刻むものの主尊はバクではない。また、これらはいずれも大型板碑で、武士階層の造立に相応しいものである。一方、一四世紀初頭をピークに一三世紀第４四半期〜一四世紀第１四半期まで造立される四〇基のバク種子板碑では、その高さの平均が六三・三㎝と小型のものが多い[22]。蓮座を薬研堀ではなく、線刻表現することも武士階層の造立とするには躊躇させるものがあろう（図９）。

図９　バク種子の線刻蓮座板碑

したがって、バク種子を刻む板碑については、一五世紀代に禅宗系の板碑を含んでいるものの、総じて禅宗の造立であったと理解するのは難しいということになる。

四　禅宗系板碑の諸問題

以上、禅宗系板碑の研究を振り返りながら、改めて禅宗系板碑の分類と変遷、その時期区分と画期について概観してきた。不備の多い考察となったが、禅宗系板碑についての基礎的な整理はできたものと考えている。

検討を進める中で、疑問として残されたのは次の二点である。一点目は一四世紀初頭を画期とするバク種子板碑で、いかなる宗教的母体による所産とすべきであろうか。一三〇〇年代の突出したピークのあり方をみる限り、そこに何らかの宗教的イベントが存在していたことは確実である。この一四世紀初頭は、禅宗系板碑が出現する時期とほぼ一致しており、相互に関連している可能性は否定できないが、現状ではこの時期のバク種子板碑を禅宗系と規定する根拠は見出せなかった。あるいは、忍性が「釈迦に帰れ」という思想を明確にした真言律宗の影響はなかったであろうか(23)。

また、二点目は禅宗系の位号の問題である。本来は禅宗系の僧階や職掌等を示す「監寺」「首座」「庵主」「上座」「侍者」等が、戒名に付す位号として授けられていた点は注意を要する。また、一五世紀から一般化し、近世以降は宗派を超えて用いられる禅位号についても問題が残る。今回の検討で見てきたように、禅位号を刻む板碑の変遷は、曹洞禅の展開と符合しており、この時期の曹洞宗が葬祭に重きを置いていたことからすれば、中世段階では禅位号の盛行を曹洞宗の影響として理解すべき可能性を残している。仮に中世段階において、すでに禅位号が他宗派でも採用されていたとすれば、少なくともその時期を見定める必要があろう。これらの問題についてては今後の課題としたい。

なお、小稿の作成にあたり、三宅宗議氏・中西望介氏よりご教示を賜った。記して感謝申し上げる。

【註】

（1）時枝務・磯野治司編「特集　板碑と神仏」『季刊考古学』第一四七号　二〇一九年

（2）菊地大樹「主尊の変容と板碑の身体 - 「紅頗梨色阿弥陀」板碑をめぐって―」『石造物の研究―仏教文物の諸相―』高志書院　二〇一一年

（3）野口達郎「熊谷地方の専修念仏信仰覚書―妻沼台円満寺の文永2年銘板碑をめぐって―」『熊谷市史研究』第八号　二〇一六年

（4）小田部秀家「飯能市白子長念寺の中世石塔群について―板碑と宝篋印塔が語る中世長念寺の景観と歴史―」『入間市博物館紀要』第一〇号　入間市博物館　二〇一三年・「禅密兼修の信仰形態」『板碑で読み解く武士と寺院』入間市博物館　二〇一五年・「板碑と宗教 - 禅宗 - 」『季刊考古学』第一四七号　二〇一九年

（5）磯野治司「武士名を刻む板碑」『武蔵武士の諸相』勉誠出版　二〇一七年・田中則和「妙樹禅尼の逆修「石塔」造立 - 南北朝期南三陸の時空（序論）」『六軒丁中世史研究』第一七号　東北学院大学中世史研究会　二〇一九年

（6）三輪善之助「板碑之話」『史蹟名勝天然記念物』第一集六号　史蹟名勝天然記念物保存協會　一九二六年

その後、この円照寺の板碑群は丹党加治氏に由来する板碑として著名となり、昭和三八年には国指定重要文化財の指定を受けた。

（7）服部清五郎「禅宗と板碑」『板碑概説』鳳鳴書院　一九三三年

（8）稲村坦元「板碑と諸宗並に信仰」「板碑（板石塔婆）」『仏教考古学講座』第五巻　一九三六年

（9）稲村はまた、「中世の仏教各派は宗団という明確なものはなく、各自の思想信仰によって宗教的概念をもっていたにとどまる。寺院は仏教修行の道場で、宗派信仰の如何によって浄土経にも現世経にも自力にも他力にも、天台にも真言にも変化した。このため、板碑の上にもかくの如き状況が表現せられて、一枚の板碑がかならず一宗派の信仰に局限され、明瞭に断定されるべきものでない。」、「浄土教の信仰は仏教界全体に具有するもので、当時勢力のあった天台・真言、禅宗の臨済でも曹洞でも存していた。」、「種子には弥陀があるが、願文には真言の経文があったり同一系統でない仏菩薩が結合される事例が多い。融通無碍に板碑を造立していた。」との指摘は、板碑と中世宗教のあり方を考える上で念頭に置くべき指摘といえる。

（10）稲村坦元「禅宗塔婆の新発見」『埼玉史談』一四巻二号　埼玉郷土文化会　一九六七年

（11）千々和到「東国における仏教の中世的展開（二）」『史學雜誌』第八二編第三号　一九七三年

（12）有元修一「禅宗板碑について」『禅宗の諸問題』今枝愛真編　雄山閣　一九七九年

（13）註（3）中の小田部二〇一三年。

（14）註（3）中の小田部二〇一七年。

（15）同じく板碑の種子を曼荼羅との関係で論じた研究としては三宅宗議「種子」『季刊考古学』第一四七号　二〇一九年がある。

（16）註（4）中の磯野二〇一七年。

（17）註（4）中の田中二〇一九年。

（18）埼玉県立歴史資料館『埼玉県板石塔婆調査報告書』埼玉県教育委員会　一九八一年

（19）表1中の四例の他に、入間市円照寺の年不詳バク一尊板碑（『県報告書』23-11-21）がある。円照寺では第Ⅱ期に加治氏が禅宗系の板碑を造立した後も、第Ⅲ期にも禅宗系の板碑を造立していた可能性がある。

（20）広瀬良弘「曹洞宗の地方展開」『禅宗地方展開の研究』吉川弘文館　一九八八年

（21）註（20）広瀬一九八八文献。同様の傾向については、圭室諦成『葬式仏教』大法輪閣（一九六四年）においても指摘されており、曹洞宗における特色と理解できる。

（22）完形と表記された六基の平均も六二・二㎝とほぼ同値である。

（23）中西望介氏のご教示による。

表１　北武蔵の禅宗系板碑一覧

№	県コード	市町村	主尊	年号	西暦	銘文	備考
1	36-67-1	嵐山町	―	弘長２	1262	奉為　法印大和尚位	
2	90-8-1	松伏町	―	正安２	1300	帰依佛	光明真言
3	91-9-1	吉川町	―	正安３	1301	南无佛	光明真言
4	90-6-1	松伏町	―	正安	1299-2	帰依佛	
5	23-11-4	入間市	キａ１	嘉元３	1305	横呑十虚天遥地遠竪／亘三際山水寒無影／樹下風細々瑠璃殿上／月團々頑然独露不磨／勢留与子孫万古看	
6	26-63-1	坂戸市	アーンク１	徳治２	1307	右為曩祖浅羽小大夫有道行成／朝臣其子孫等就彼故墳／奉造立也　伏願菩提樹茂／近蔭後昆本覚月朗遠照幽冥也　七代末孫比丘／慧見幹縁□□	
7	43-15-1	秩父市	キａ１	延慶３	1310	敬白二尊寺廟堂奉造率都婆／右志趣者奉為中村四郎光□并妻女長田次郎／入道道慈同妻尼□□長田丹内十郎入道□□寺尾／子息丹内右衛門□□并□□聖霊荘厳報地也／稟□□□孫□□□冀必廟所遺骨共／廟堂同生西極楽之国伏願□□塵勞／蓮開上品之華佛授一生之記／本願主沙弥［　］	
8	40-24-9	川島町	―	元徳元	1329	前住当寺／無心和尚	
9	23-11-5	入間市	アーンク３	元弘３	1333	乾坤無卓孤笻地／只喜人空法亦空／珎重大元三尺剣／電光影裏析春風	
10	24-6-14	富士見市	キａ３	康永２	1343	樹珎上座	
11	37-169-1	小川町	ア１	康永３	1344	右迎所天聖霊十三廻之忌頓薫僕衆度／無二之心発露共合微力互致造立以之奉／始北陸使君禅儀所志過去語尊霊□□□／増法雲之位各々添□月之光功徳之□□／干六趣敬白　一結衆等敬白	※銘文は『小川町の歴史　古代・中世Ⅱ』1997より
12	21-41-11	飯能市	―	観応３	1352	若以色見我以音聲求我 / 是人行邪道不能見如来　/ 僧玄明 / 敬白	『金剛般若経』
13	21-43-4	飯能市	バク１	延文３	1358	一切有為法　如夢幻泡影 / 如露亦如電　応作如是観 / 玄法庵主 / 逆修敬白	『金剛般若経』
14	21-43-5	飯能市	バク３	延文３	1358	若以色見我 / 以音聲求我 / 是人行邪道 / 不能見如来　/ 孤月玄心和尚 / 豫修　敬白	『金剛般若経』
15	19-103-3	川越市	バク３	延文４	1359	妙高大姉	
16	22-1-44	狭山市	―	延文６	1361	歿故妙善禅尼覚霊	位牌形式
17	19-66-1	川越市	バク１	貞治元	1362	妙光庵主	
18	21-123-4	飯能市	バク１	康安２	1362	応無所住 / 而生其心 / 契定敬 / 禅尼立	『金剛般若経』
19	23-44-1	入間市	―	貞治４	1365	］庵主禅師霊位	
20	19-131-98	川越市	―	応安元	1368	庵主禅徳	
21	34-128-15	東松山市	アーンク１	応安元	1368	庵主朗明　明超上人　敬白／夫秘密教王之元本者真如言説之体性普周法界之化用也	「真言不思議」偈　他僧51名
22	23-11-7	入間市	―	応安元	1368	右志趣者為性持／大禅尼施主敬白	光明真言　円照寺
23	2-4-6	浦和市	―	応安３	1370	聖受大姉	逆修
24	41-29-4	吉見町	キ３	応安７	1374	契□大師	
25	30-3-9	越生町	キａ１	永和２	1376	一切有為［／如夢／如／亦	『金剛般若経』
26	2-97-7	浦和市	キａ１	康暦３	1381	性誉庵□	
27	6-10-4	与野市	キａ３	至徳２	1385	信晃庵主／逆修追善	
28	38-2-4	都幾川村	キ３	至徳３	1386	境阿弥上座逆修	
29	92-2-11	庄和町	バク１	康応元	1389	上座	光明真言
30	34-125-68	東松山市	―	明徳５	1394	本山□和尚道性　浄奥　妙奥／右志者為逆修追善三十三年一結衆／］乗妙典一部　明超敬白／□成佛道乃至法界利益平等	
31	26-82-2	坂戸市	―	応永２	1395	前住当山的伝良正和尚／弟子　功徳主敬白	
32	76-45-4	岩槻市	バク３	応永３	1396	如教庵主	
33	31-2-4	鶴ヶ島町	―	応永７	1400	一切有為法／如夢幻泡影	『金剛般若経』
34	29-30-3	毛呂山町	―	応永９	1402	］愛書記	
35	6-13-1	与野市	バク１	応永11	1404	有諒 / 監寺	
36	76-41-1	岩槻市	地蔵（図）	応永11	1404	義山忠公禅定門	
37	21-41-20	飯能市	バク１	応永14	1407	契□上座	
38	19-98-14	川越市	―	応永25	1418	日峰益和尚	
39	79-7-13	久喜市	キｂ１	応永27	1420	明覚大姉	
40	41-17-1	吉見町	バク３	応永29	1422	東［／庵［	光明真言
41	22-55-3	狭山市	キａ３	応永32	1425	諸行無常／是生滅法／生滅々已／寂滅為楽／性珎大姉	
42	32-65-1	日高町	キｂ３	永享３	1431	永公庵主	天蓋状光明真言
43	86-13-17	栗橋町	キｂ１	永享４	1432	栄玉大姉	
44	86-13-18	栗橋町	キｂ１	永享４	1432	了山悟公書記	
45	1-106-1	川口市	キａ１	永享８	1436	性□上座	「逆修一結衆」
46	86-13-19	栗橋町	キｂ１	永享11	1439	徳□上座	
47	34-125-34	東松山市	キ３	永享12	1440	応無所住／而生其心／超心大徳	『金剛般若経』
48	19-121-1	川越市	キａ３	嘉吉元	1441	契薫大姉／如来秘密／神通之力／逆修	「法華経第五　如来寿量品」
49	2-60-1	浦和市	キ３	嘉吉３	1443	逆修／大椿廣公大姉／時正	
50	3-94-21	大宮市	キａ１	文安元	1444	□全上座	
51	71-13-4	騎西町	―	文安４	1447	物故善叟／慶公禅門	花瓶
52	23-21-2	入間市	バク３	宝徳４	1452	秋翁山公和尚 / 逆修	光明真言・随求真言
53	38-88-10	都幾川村	バク３	康正２	1456	逆修 / □□大姉	
54	19-136-1	川越市	キｂ３	長禄３	1459	性行大姉	

No.	県コード	市町村	主尊	年号	西暦	銘文	備考
55	3-59-9	大宮市	キａ３	長禄４	1460	興善上座	
56	19-124-2	川越市	キａ３	寛正５	1464	祖安大姉	
57	3-111-1	大宮市	キａ３	文正元	1466	定叟観公禅定門	光明真言
58	3-169-9	大宮市	キａ３	文明２	1470	是智上座	
59	2-105-4	浦和市	－	文明３	1471	契瑞大姉	
60	42-41-11	鳩山町	キ３	文明３	1471	門泉大姉	「光明遍照」偈
61	21-78-6	飯能市	キｂ１	文明３	1471	□□上座	
62	21-127-3	飯能市	バク３	文明４	1472	応無所住 / 而生其心 / 寿徳上座	『金剛般若経』
63	62-37-9	江南町	－	文明４	1472	量外□／公庵主	
64	11-14-99	朝霞市	キｂ１	文明５	1473	祐香上座	
65	40-13-1	川島町	キａ３	文明５	1473	権少僧都　圓海和尚	随求真言　花瓶
66	1-78-5	川口市	バク３	文明10	1478	逆修龍伝秀公大師	
67	19-133-44	川越市	－	文明13	1481	善勝庵開基／周瑞侍者	
68	3-134-6	大宮市	バク３	文明14	1482	性本上座　逆修	
69	16-27-1	北本市	キｂ３	文明15	1483	妙讃上坐	
70	19-88-1	川越市	キｂ３	文明15	1483	逆修／妙寿大姉	
71	15-51-1	桶川市	キ３	文明19	1487	順公上座／逆修	
72	23-11-8	入間市	キ３	長享３	1489	□空禅師	
73	2-25-3	浦和市	－	延徳２	1490	帰真　妙本禅定尼	「光明遍照」偈
74	19-36-5	川越市	－	延徳３	1491	青海法印大和尚位／生死二法一心妙圓／有无二道圓融真徳	
75	2-50-1	浦和市	－	延徳４	1492	右祖芳興紹首座	「迷故三界城」偈
76	36-1-24	嵐山町	－	明応３	1494	□企公庵主	光明真言
77	16-24-6	北本市	キｂ３	明応５	1496	性悦大姉	
78	1-54-2	川口市	キｂ１	明応７	1498	奇永大姉	
79	35-46-3	滑川町	キｂ３	文亀４	1504	逆修昌祢上座	天蓋状光明真言
80	19-69-2	川越市	キｂ３	永正３	1506	長傳上座	
81	1-95-11	川口市	キａ３	永正７	1510	道祭上座	
82	39-21-6	玉川村	キｂ３	永正７	1510	玉泉徳公禅師覚位	月輪光明真言
83	26-18-1	坂戸市	キａ３	享禄３	1530	□生昌賀禅定尼	
84	92-2-13	庄和町	キｂ３	天文３	1534	慶音大姉	天蓋・光明真言
85	19-131-180	川越市	キｂ３	天文６	1537	性慶大姉三十三	
86	39-21-17	玉川村	バク１	天文11	1542	□□□□厳昌公□□	天蓋・三具足・前机
87	13-9-1	和光市	キａ３	天文15	1546	月岩光公禅定門	「光明遍照」偈
88	15-21-11	桶川市	キａ３	天文19	1550	□□□弥林公首座／林公首座／祢公書記	光明真言
89	3-89-5	大宮市	キａ３	天文20	1551	帰真喜翁元枕庵主霊位	天蓋状光明真言
90	78-2-1	越谷市	キ３	天文24	1555	第六代郷蓮社信誉正公和尚	光明真言　燭台・香炉・花瓶
91	20-3-5	所沢市	－	－	－	一切有為法／如夢幻泡影	『金剛般若経』
92	22-1-45	狭山市	カ１	－	－	歿故志顕禅尼覚霊	位牌形式
93	22-17-9	狭山市	バク３	－	－	逆修小林庵主／諸行無常／是生滅法／生滅々已／寂滅為楽	「諸行無常」偈

【凡例】 キａ：キリークａ類，キｂ：キリークｂ類，１：一尊，３：三尊

五輪塔陽刻墓標の様相

三好義三

一　はじめに

近世墓標研究の草分けであり、また最も大きな業績とも言える研究に坪井良平が昭和一四年（一九三九）に著した「木津惣墓墓標の研究」[1]がある。この研究は、現在の京都府木津川市に所在していた墓地において、坪井自らが約三千基の墓標の悉皆調査を行い、その成果をまとめたものである。坪井は、この調査の過程で、舟形を呈する墓標に五輪塔が陽刻された資料を取り上げ、「背光型五輪塔」と題する論考を発表している[2]。

この「背光型五輪塔」のように、五輪塔が陽刻又は陰刻、線刻された墓標（以下「五輪塔陽刻墓標」という。）は、舟形以外の方柱形などの形態も確認でき、全国各地に存在している。

そこで、本稿では、「五輪塔陽刻墓標」を主体的に取り上げた調査や論考、全国各地で確認されている資料について、その様相を概観してみたい。なお、中世の所産とされる無銘資料（例えば、滋賀県多賀町敏満寺石仏谷墓跡出土資料など）は、本稿の対象外としているので、あらかじめ了承されたい。

二　既往の主な研究

まず、坪井の「背光型五輪塔」の内容を確認してみたい。坪井は、この墓標を形態分類し（図２－１）、その変遷を時代と共に小型化する傾向があるとしている。また、銘文についても、慶長を境として「五大種子」から「弥陀種子」に変化し、さらに種子が墓標の上部に刻まれるようになり、「戒名と年月日が碑の大部分を占めるようになるとしている。

その後、尾張や三河において、坂重吉と池上年が「薄肉彫五輪塔」、「光背薄肉五輪」と称する資料を取り上げて研究を行った。坂は、一九四二年に愛知県南知多町の岩屋寺墓地に建立されている「薄肉彫五輪塔」を紹介し（図２－２）、この形態について、関西系のものであると指摘している。一方、池上年は一九四九年に三河周辺の「光背薄肉五輪」の分布と大和などの「光背平板五輪」の分布状況を考察している[4]（図２－３）。池上は、坪井の「背光型五輪塔」を「光背平板五輪」と呼び、その分布について、山城南部、近江西南部、伊賀西部に多く、河内に至ると減少、中国、四国地方、富士山麓にも存在していると言及している。そして、「薄肉五輪」は「背光平板五輪」と同種のもので、三河の伊良湖岬、日間賀島から志摩半島、宇治山田周辺に散在しているとしている。

大和では木下密運が一九六七年に、奈良市の元興寺極楽坊に所在する「舟形五輪板碑」を取り上げ、その材質や形態の変遷などについて、考察を行っている[5]。とりわけ形態変遷では、刻まれている五輪塔の各輪の全体に占める割合を示し、地輪は年代が新しくなるにつれて長大化することを明らかにした(図2-4)。

また、生駒谷において、奈良大学の考古学研究会が「舟形付五輪板碑型石塔」の調査、分析を行っている[6]。この研究では、全体の形状や五輪塔の刻み方(陽刻、陰刻、線刻)、各輪の細部の形状によって分類を行い(図2-5)、使用石材との関係を追究している。

さらに、二〇〇四年には、村木二郎が大和盆地における中近世墓地の調査によって集約された資料から、「背光五輪塔」を取り上げ、その編年や他の形態との比較から墓標の多様化、盛衰をまとめている[7]。村木は、既往の研究成果を簡略にまとめたうえで、この形態について、自身は「背光五輪塔」と呼称するとしている。村木は、この「背光五輪塔」を火輪の形状の変化を主体に3型式一八分類し、その編年を提示している(図2-6)。この他、その大きさの変化、刻まれている戒名や位号、被葬者数についての分析、考察を行っている。この結果、木津惣墓や元興寺極楽坊との様相の差などについて指摘するとともに、一七世紀後半に「背光五輪塔」が「分

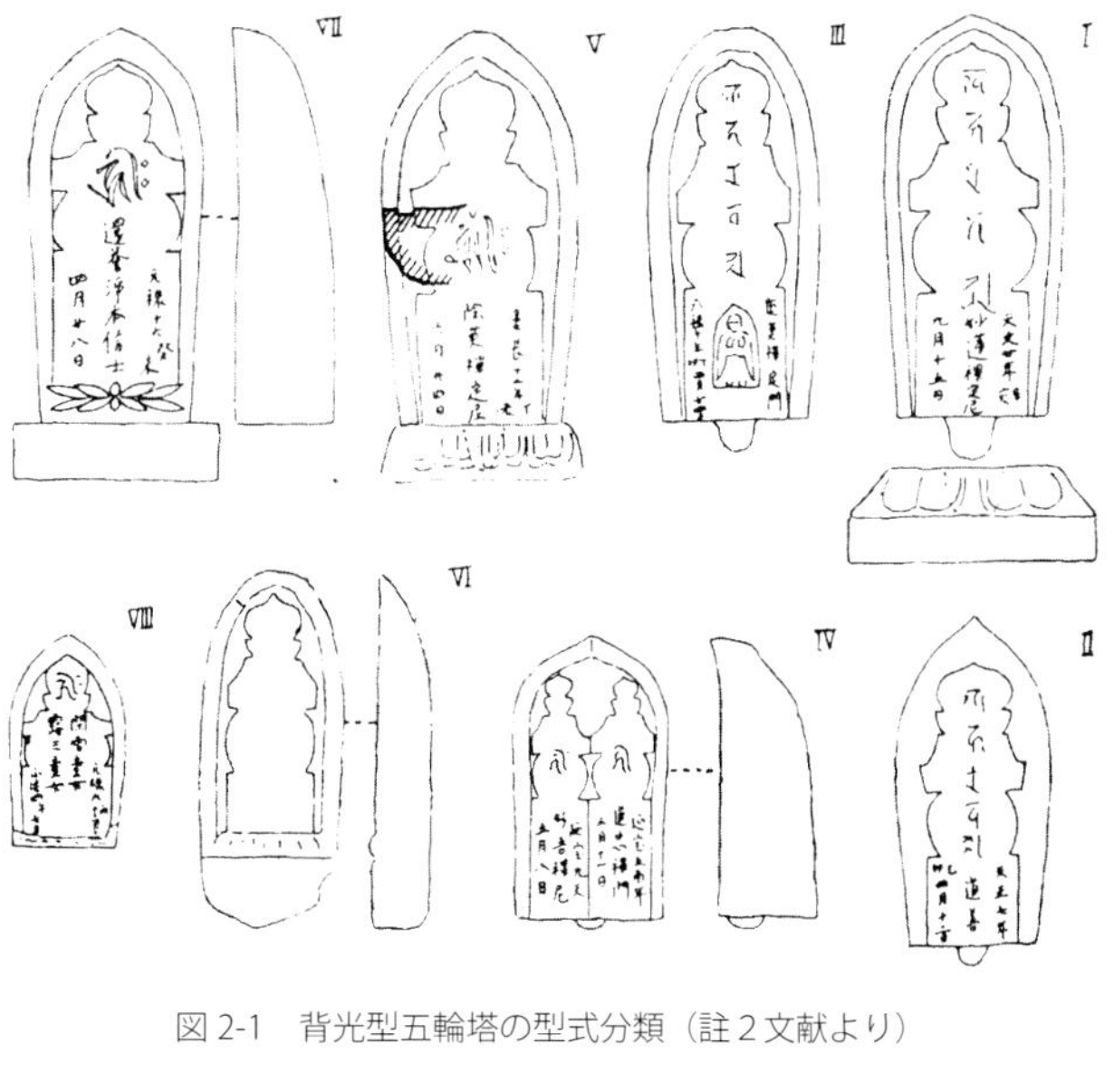

図 2-1　背光型五輪塔の型式分類（註２文献より）

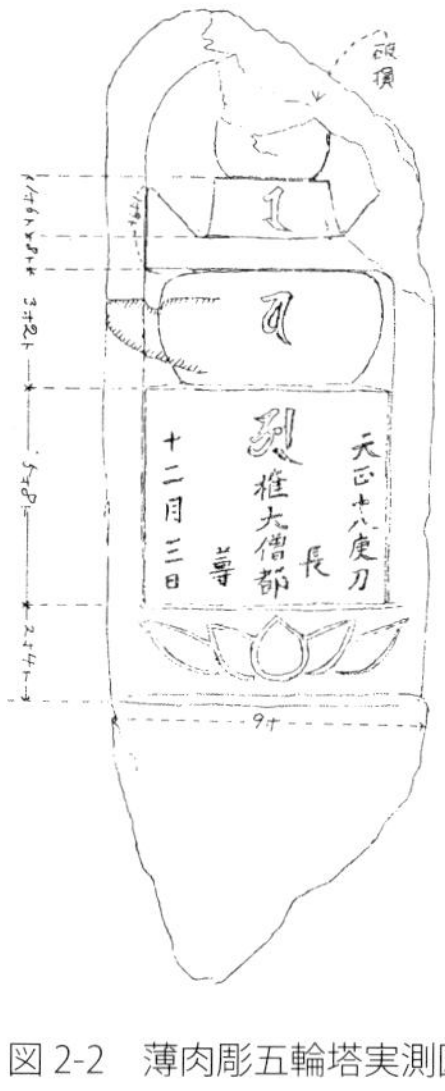

図 2-2　薄肉彫五輪塔実測図
（註３文献より）

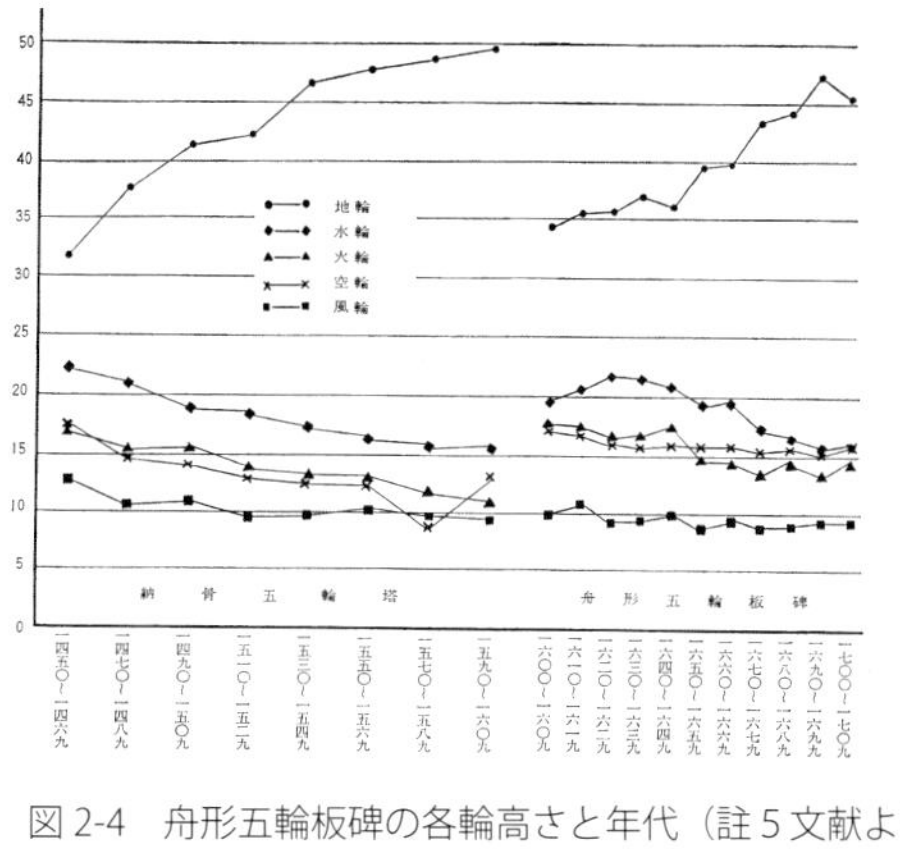

図 2-4　舟形五輪板碑の各輪高さと年代（註５文献より）

図 2-3　背光薄肉五輪分布図（註４文献より）

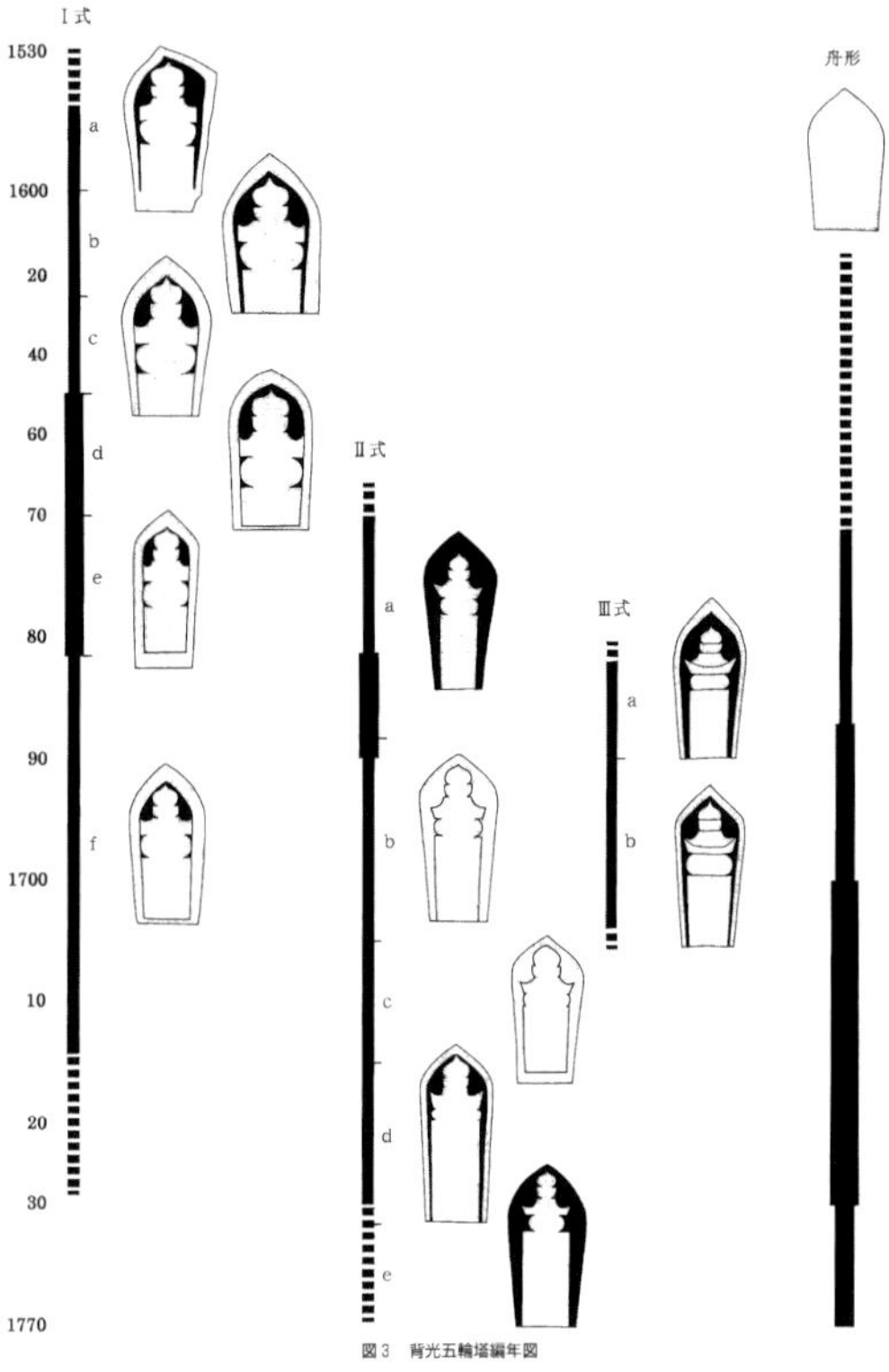

図 2-6 「背光五輪塔編年図」（註７文献より）

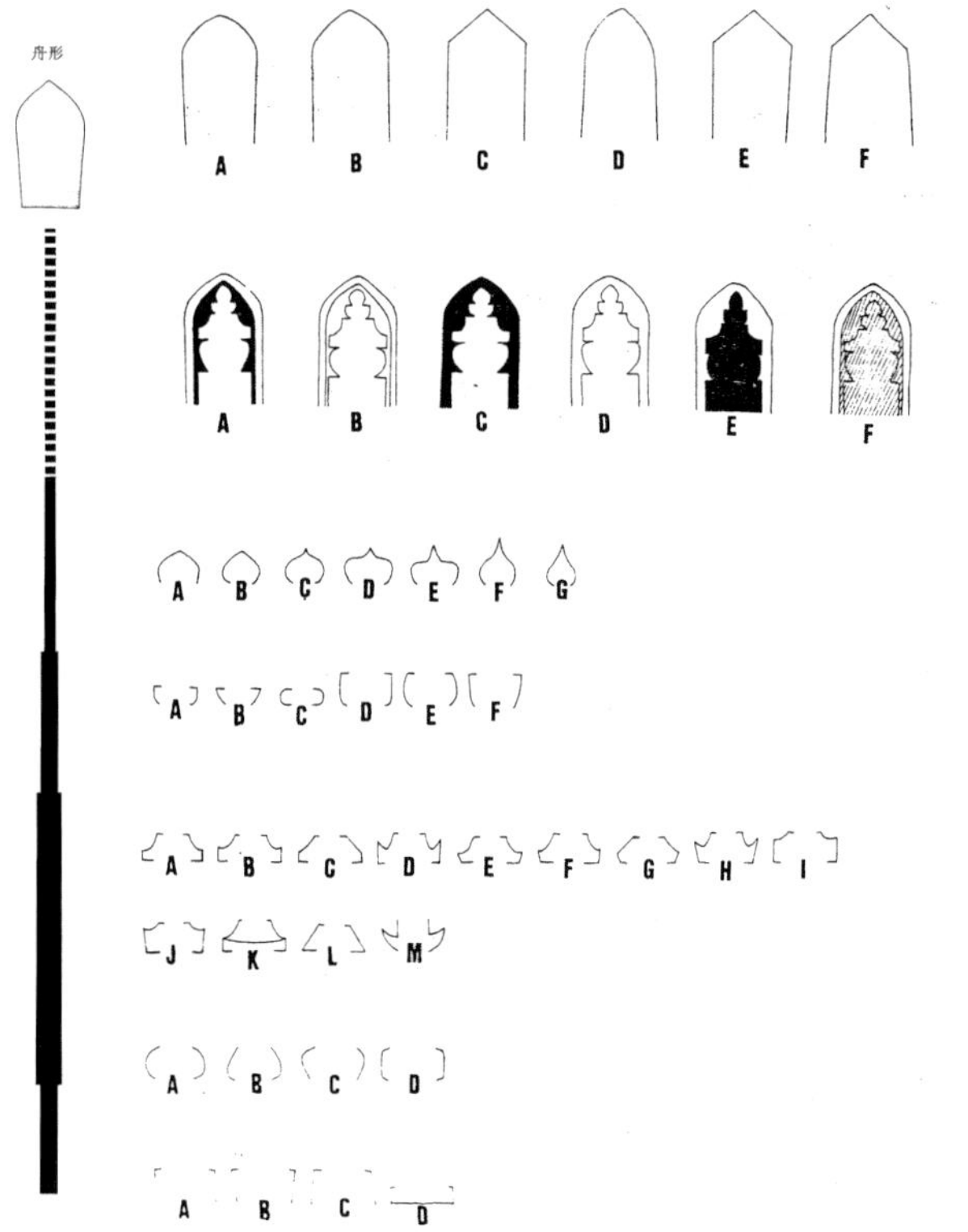

図 2-5 「舟形付五輪板碑型石塔」形式分類表（註６文献より）

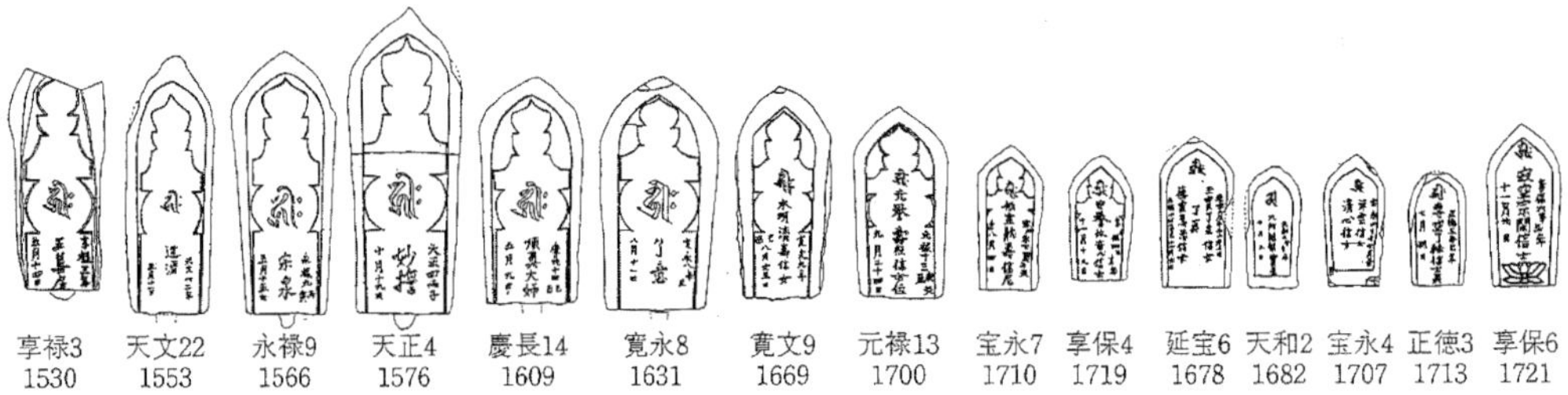

図 2-7 「舟形五輪塔」、「舟形碑」形態変遷図（註８文献より）

化」し、さらに五輪塔が刻まれなくなる「舟形」墓標の出現といった変化が見られることについて、墓標の造立が庶民層に拡大しただけでなく、庶民層内にも経済格差が拡がってきたことを読み取ることができると総括している。

　この他、木下の論考を受けて、藤澤典彦が「舟形五輪塔」についての小論をまとめている[8]。藤澤は木津惣墓における墓標の形態変遷について、「舟形五輪塔」→「舟形板碑」→「石碑状板碑」という二段階が見られるが、「舟形板碑」はその前後の形態の「仲立ち」をしたものであり、その変化の本質は、「舟形五輪塔」→「石碑状板碑（櫛形墓標）」というひとつの変化であると整理している。そして、こうした「五輪塔→墓標」という変化の背景には、「火葬→土葬」、「仏教文化→儒教文化」、「中世→近世」という変化が読み取れると指摘している（図2‐7）。

　藤澤が指摘しているように、五輪塔が刻まれている墓標は、非塔形墓標でありながら、中世的な性格を有していると考えられる。そこで、次項では全国各地における調査に報告されている五輪塔をはじめとする塔が刻まれている資料について、概観してみたい。

三　全国各地における五輪塔陽刻墓標の様相

1　東北地方

山形県内において、川崎利夫が一五世紀から一九世紀かけての資料を数例紹介している[9]。このうち、米沢市善光寺の前田慶次供養塔は、圭頭で正面上部には円相が刻まれその下に額を設けて五輪塔が刻まれた資料である。紀年銘は「寛」の字が判読できたことから、寛文年間の造立ではないかとされている。

2　関東地方

埼玉県朝霞市観音堂において、磯野治司の調査により、五輪塔が陽刻された寛永七年（一六三〇）銘の墓標が確認されている[10]。この資料は、江戸やその周辺において、初期の墓標形態とされる尖頭舟形を呈している（図3－2－1）。磯野によれば、正面上部には一般的な尖頭舟形墓標とは異なり、畿内の板碑に見られる二条線と伊勢湾岸式板碑に見られる円相が刻まれており、これら両地域の特徴を含んでいるとのことである。なお、同氏によれば、正面上部の額部中央を半円形に彫り込んだ一般的な尖頭舟形墓標に五輪塔が陽刻された資料は、北本市や鴻巣市などにおいて散見され、一八世紀以降の銘を有する所謂櫛型墓標に五輪塔が刻まれた資料も存在するとのことである（図3－2－2）。

また、栃木県においても、松原典明により、舟形墓標や笠付方形墓標に陽刻された資料（図3－2－3）が報告されている[11]。これらの資料は、一七世紀代のものとのことである。

図 3-2-1　朝霞市観音堂所在寛永 7 年銘墓標（註 10 文献より）

図 3-2-2　五輪塔陽刻尖頭舟形墓標（埼玉県北本市）（磯野治司氏提供）

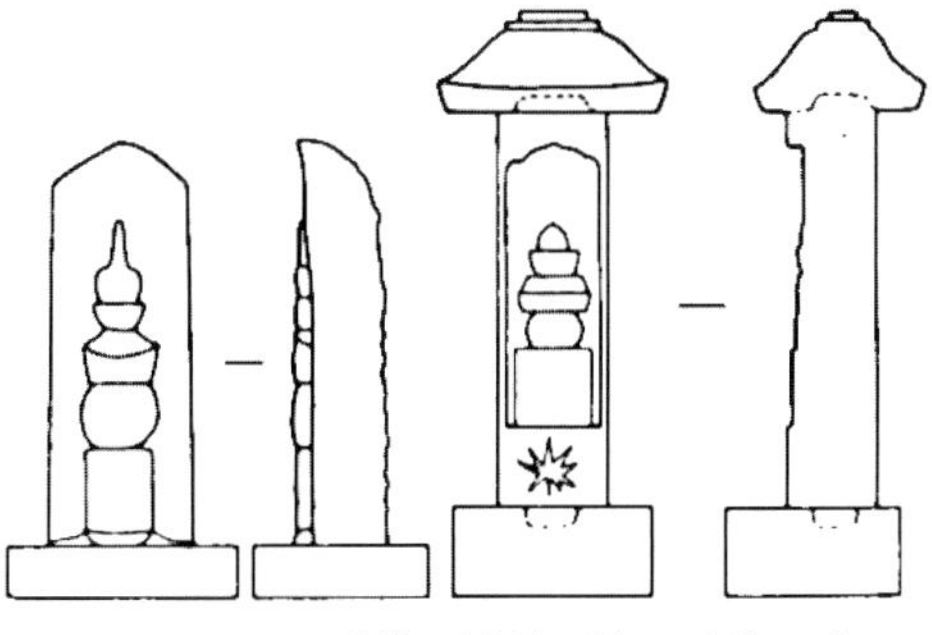

図 3-2-3　下野の五輪塔陽刻墓標（註 11 文献より）

3　甲信・北陸地方

北陸では、越前三国湊において、五輪塔を陽刻した「一石位牌形」や駒形、角柱形の墓標の存在が報告されている[12]（図3－3－1）。このうち、「一石位牌形」は「越前式唐破風屋根付墓標[13]」などとも呼ばれる当該地域特有の墓標である。

富山県や石川県では、在銘資料として富山県氷見市光西寺墓地や高岡市円通庵遺跡、石川県中能登町小竹神社や石動山において、15世紀末から一六世紀中頃のものが知られている[14]（図3－3－2）。

長野県では、茅野市の頼岳寺にある信州高島藩の初代藩主諏訪頼水の墓

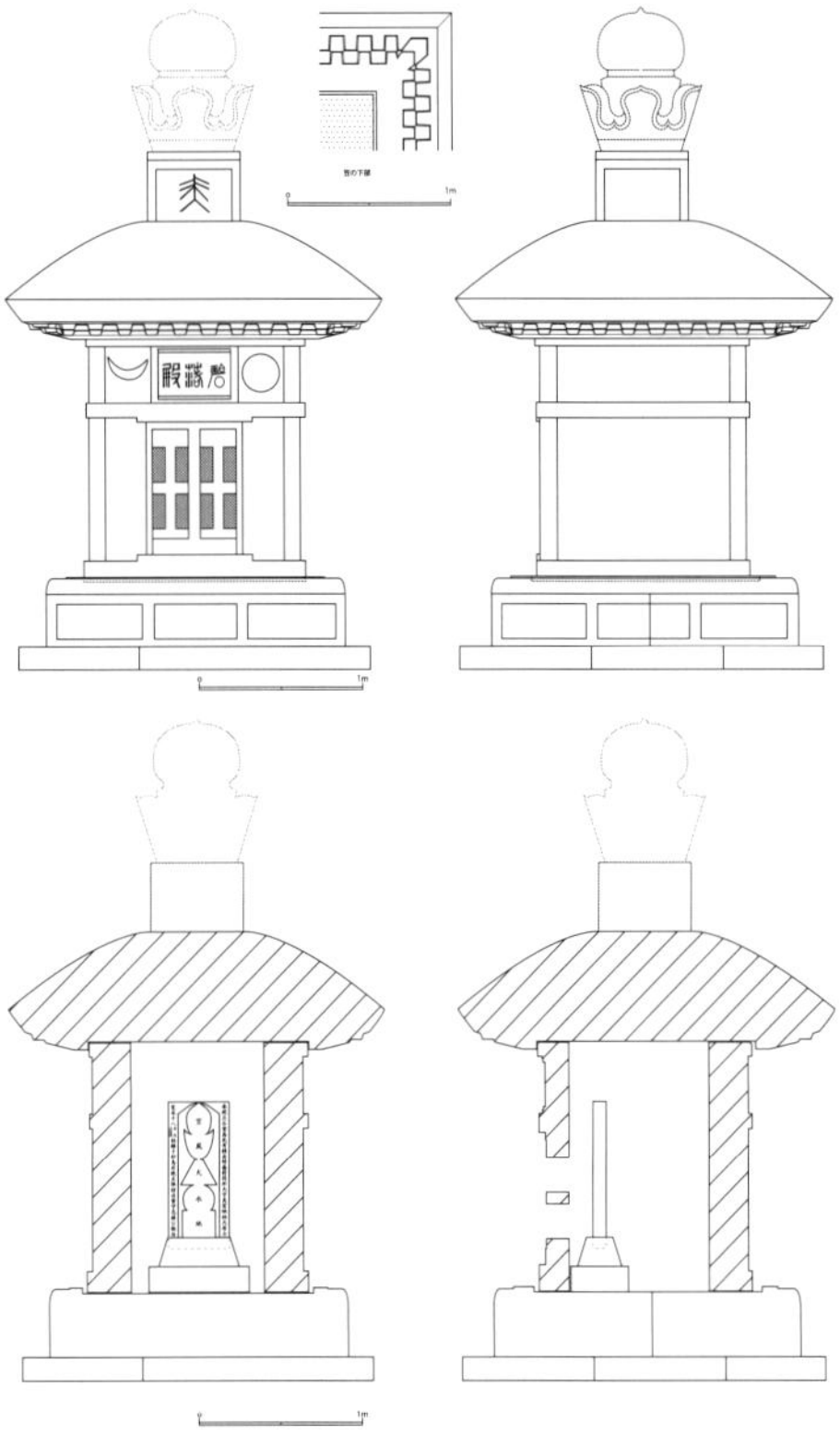

図 3-3-3　諏訪頼水墓所供養塔（註 15 文献より）

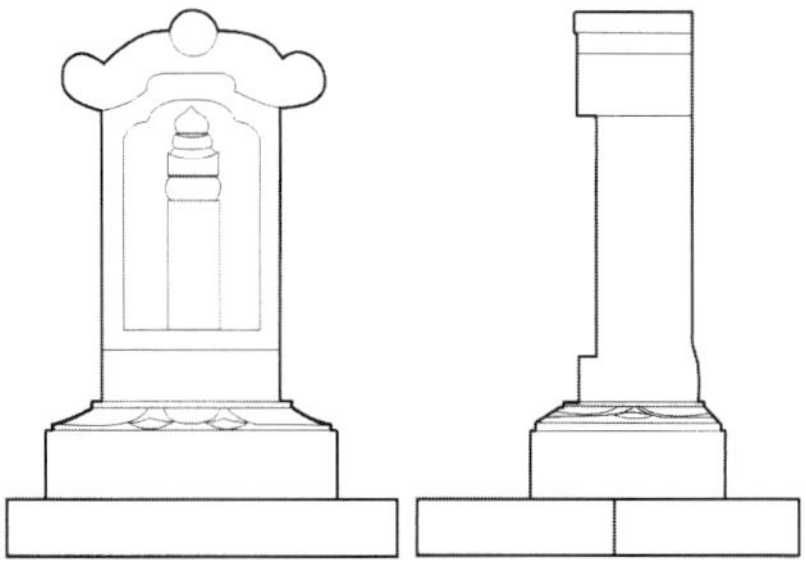

図 3-3-1 「五輪塔浮彫一石位牌形」墓標 （註 12 文献より）

図 3-3-2　五輪塔陽刻墓標（石川県石動山）

所は、木造の御霊屋内に石廟が造立されている。この石廟の中に、五輪塔を刻んだ「石碑」が納められている[15]（図３-３-３）。

また、阿智村の浄久寺にも石廟内に寛永八年（一六三一）の「禅定尼」銘を有する資料の存在が報告されている[16]。

4　東海地方

伊勢湾周辺では、前述したように「薄肉彫五輪塔」が分布しているほか、三重県鳥羽市菅島の調査において、両墓制の埋墓に五輪塔が陽刻された形態が採用されているという事例が報告されている[17]。同じく、伊勢市の白米家墓地の調査では、宝塔を陽刻した寛永二〇年（一六四三）銘の資料をはじめ、天正～元和頃の五輪塔を刻んだ資料の存在が報告されている[18]（図３-４-１）。

静岡県では、沼津市の霊山寺において、頭部が唐破風状を呈する形態に五輪塔が薄く陽刻された資料がある（図３-４-２）。当該寺院に所在する墓標のうち、この形態は初現期のもので、一七世紀後半に隆盛している[19]。また磐田市の西光寺では、緑色片岩製の「背光五輪塔」が確認されている[20]。

図 3-4-2　五輪塔陽刻墓標
（沼津市霊山寺）

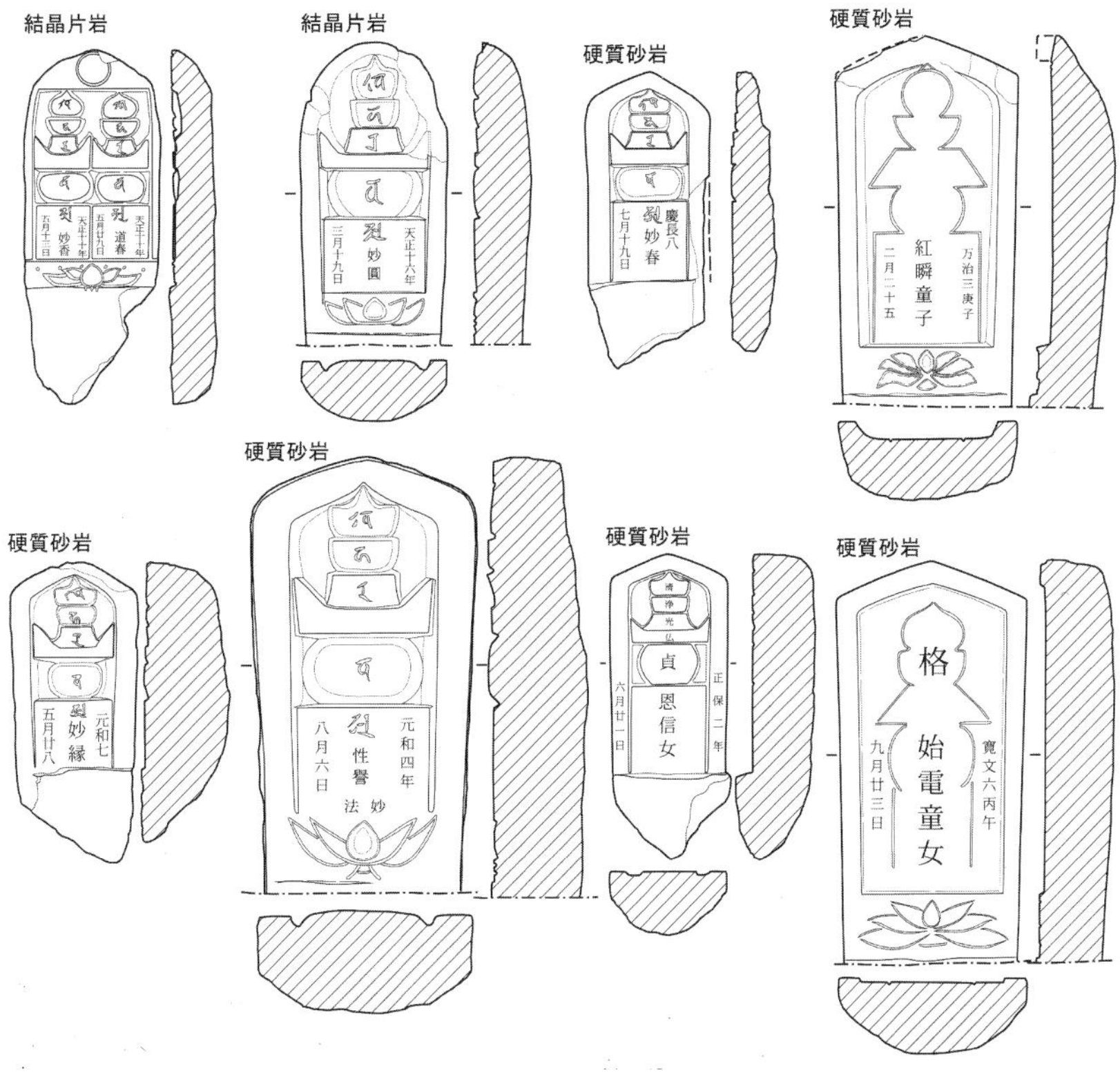

図3-4-1「背光五輪塔」実測図（註18文献より）

5　近畿地方

「背光型五輪塔」の分布については、前述の池上年が述べているように、大和北部、山城南部が中心で、河内では激減する。また、和泉地域においても同様で、地域全域で確認されるが、その成立が近世初頭に遡ると思われる墓地で数基ずつ存在する程度である。

和泉おける五輪塔が陽刻された墓標は、大和のような舟形ではなく、圭頭の駒形を呈しているのが一般的である。大阪府阪南市において行われた調査では、「圭頭五輪板碑」と呼称されており、山城南部～大和の背光五輪塔に対応するもので、和泉の地方的特色とされている。[21] これらの資料は、概ね一六世紀末～一七世紀後半にかけての紀年銘を有する。当該地域における非塔形墓標の出現期の形態と位置付けられている。

なお、和泉南部の阪南市や岬町では、図3-5-1・2のように、正面上部の額部が直線的な形態と、図3-5-3・4のように、江戸など関東地方で見られる尖頭舟形墓標と同様に中央を半円形に彫り込んだ形態が存在している。両者の年代について、管見資料からは、直線的な形態である前者が先行している。この尖頭舟形墓標は、これまでも阪南市域での存在が確認されており、石工の移動により江戸周辺からもたらされたものと考えられていた。[22] このことから、後者の資料については、地域的な特色を有していた前者に江戸の影響を受けたものと思われる。

紀伊では、河内や和泉よりも存在状況は、さらに限定的であると思われる。

紀北の和歌山市では、和泉と同じように駒形を呈する資料（図3-5-5）があり、中部の有田川町などでも同じく駒形の資料が存在している（図3-5-6）。一方、有田市浄妙寺では、正面に五輪塔が陽刻された角柱形の墓標が二基造立されている（図3-5-7）。これらは、天明三年（一七八三）と寛政七年（一七九五）銘である。なお、角柱形の資料としては、

図 3-5-3 五輪塔陽刻墓標
（大阪府岬町常見寺）

図 3-5-2　五輪塔陽刻墓標
（大阪府阪南市極楽寺跡）

図 3-5-1　五輪塔陽刻墓標
（大阪府阪南市施福寺跡）

図 3-5-6 五輪塔陽刻墓標
（和歌山県有田川町長楽寺）

図 3-5-5 五輪塔陽刻墓標
（和歌山市久成寺）

図 3-5-4「圭頭五輪板碑」
（註 21 文献より）

図 3-6-1　五輪塔陽刻墓標
（広島県尾道市光明寺）（館鼻誠氏提供）

図 3-5-8 「不定形五輪塔」
（奈良県桜井市室生寺）

図 3-5-7　五輪塔陽刻墓標
（和歌山県有田市浄妙寺）

奈良県桜井市の室生寺において、線刻された五輪塔を有する資料が八基知られており、うち一基に安永八年（一七七九）銘が刻まれている[23]（図３-５-８）。

6　中国地方

中国地方では、山陽側の広島県三原市内の数ヵ所の寺院墓地において、舟形で五輪塔が二基並べて刻まれている資料が確認されている[24]のをはじめ、尾道市内においてもその造立が認められる（図３-６-１）。

山陰側では、鳥取県赤碕町花見潟墓地において池上悟により確認されている。池上によると、当該資料は「尖頂方形墓標」で、正面の枠内に五輪塔や宝篋印塔が刻まれているものであり、関西方面との関係性が想定されると指摘している[25]。また、米子市の実成寺では、花頭形の輪郭内に五輪塔が陽刻された墓標の存在が報告されている[26]。

四国では、高知県いの町では、圭頭を呈する墓標の正面に五輪塔を線刻した資料が確認されている[27]（図３-６-２）。

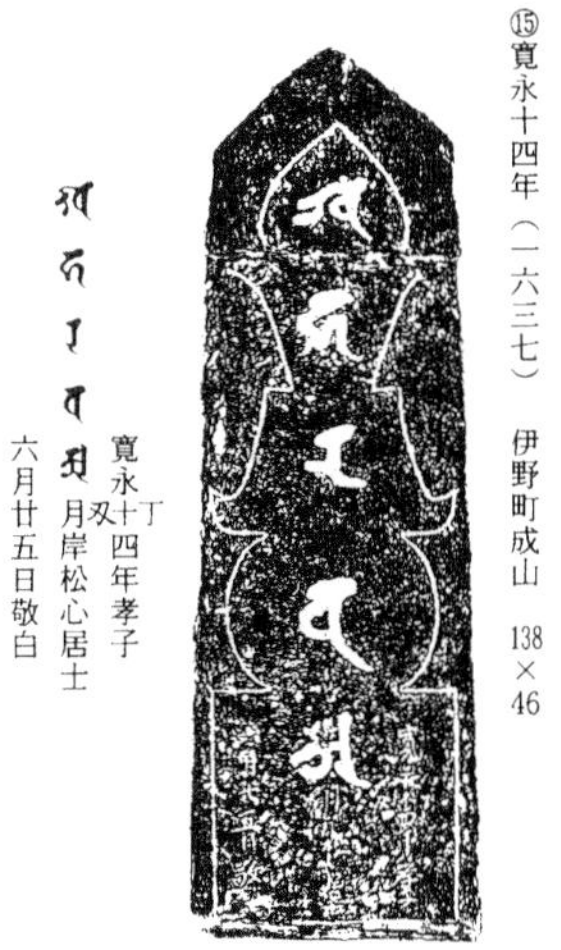

図 3-6-2　高知県いの町所在
五輪塔陽刻墓標（註 27 文献より）

7　九州地方

国東半島にある大分県豊後高田市の大応寺に、近くに存在していた観音寺から移されたとされる天正一五年（一五八七）銘の資料が報告されている[28]。

四　まとめ

以上、五輪塔陽刻墓標について、既往の研究や全国各地の資料などを紹介した。資料の形態を見ると、主体は舟形や駒形でも側面や背面が未調整の一観面墓標[29]である。この主体的な資料の分布としては、池上年の指摘とおり、大和北部や山城南部から、西は河内や和泉、山陽方面へ、東は伊勢、志摩、東海、北陸方面へと拡がっているように見える。四国や山陰、東北地方については、点的な分布に留まると言えそうである。

造立年代は多観面墓標出現以前‐概ね中世末の天正頃から近世前期の一七世紀後半まで‐と言えそうである。また、各地への拡がりに合わせ、形態も変化している。和泉では、舟形ではなく駒形が一般的であり、越前では「一石位牌形」に、関東では尖頭舟形に刻まれる事例が認められる。多観面墓標の普及以前の近世初期の墓標は、地域的な特徴が顕著であるが、その地域独自の形態と「五輪塔を刻む」という意識が融合したものと思われる。

しかし、冒頭に記したように、本稿では対象としなかった無銘の資料は、滋賀県内や鎌倉など[30]において中世段階から存在していることから、発生や起源については、こうした無銘資料を含めて再検討する必要がある。

一方、角柱形を呈する多観面墓標の資料については、越前や若狭のほか、近畿地方でも散見される。後者の年代は、管見に入っている限りであるが、概ね一八世紀後半で、墓標の形態と齟齬はない。室生寺では、舟形を呈する資料と角柱形の両方の造立が確認されているが、前者の有紀年銘の最新資料が一六七〇年代で、後者は上述したように一七七九年である。これら両者は、漸次的に入れ替わったのではなく、全く別の意識をもって造立されたものと思われる。

　このような変遷は、畿内における一石五輪塔と同じである。一石五輪塔は、中世以来の伝統的な形態が徐々に変化して一八世紀中頃に終焉する。この後、少数ではあるが、一八世紀後半以降にそれまでの系譜上にない全く異なった形態として再び出現する。地輪の側面や背面にも銘文が刻まれ、塔形を呈しているが、非塔形の多観面墓標の一種としても位置付けられる形態である。五輪塔陽刻墓標は、分布的な観点から一石五輪塔に代わるものとして捉えられている。(31・32)こうした考えに沿ってみると、五輪塔陽刻墓標も舟形や駒形など一観面の形態は、伝統的な系譜上にあり、「塔」としての意味を有しているが、多観面の角柱形に刻まれた五輪塔は、角柱形のうちのひとつの形態として捉えるべきと思われる。

　本稿では、五輪塔陽刻墓標について、その研究の状況や全国で見られる多様な資料を概観してみた。今後の課題としては、その起源や造立趣旨などの研究が挙げられる。これらの課題に取り組みには、前述したように中世の無銘資料などからの考察を進める必要がある。そして、このような考察が進めば、自ずから造立趣旨や目的が明らかになるものと思われる。

註

1 坪井良平「山城木津惣墓墓標の研究」『考古学』一〇巻六号 一九三九年

2 坪井良平「背光型五輪塔」『考古学』第二巻一号 一九三一年

3 坂重吉「岩屋寺薄肉彫五輪塔」『尾張の遺跡と遺物』第三九号 一九四二年

4 池上年「光背薄肉五輪の分布と海上交通」『三河史談』第二号 一九四九年

5 木下密運「元興寺極楽坊板碑群の調査研究—その形式的変遷を中心として—」『元興寺仏教民俗資料研究所年報』一九六七年

6 奈良大学考古学研究会「生駒谷における塔婆」『盾列』八号 一九八二年

7 村木二郎「石塔の多様化と消長」『地域社会と基礎信仰』(国立歴史民俗博物館研究報告』第一一二集) 二〇〇四年

8 藤澤典彦「舟形五輪塔の変容」『元興寺文化財研究所創立四〇周年記念論文集』二〇〇七年

9 川崎利夫「山形県内の一石五輪塔と背光五輪塔」『さあべい』二三号 二〇〇七年

10 磯野治司「武蔵国における近世墓標の出現と系譜」『考古学論究』一八号 立正大学考古学会 二〇一六年

11 松原典明「下野五輪塔考」『考古学の諸相I』(坂詰秀一先生還暦記念論文集) 一九九六年

12 関根達人『越前三国湊の中近世墓標』(平成二六年度~三〇年度科学研究費補助金 石造物研究に基づく新たな中近世史の構築) 二〇一五年

13 三井紀生「北陸地方における越前式唐破風屋根付墓標の分布に関する考察」『えぬのくに』第四九号 江沼地方研究会 二〇〇三年

14 鹿島町役場『鹿島町史(石動山資料編)』一九八六年

15 茅野市教育委員会『国史跡高島藩主諏訪家墓所 上原頼岳寺高島藩主廟所調査報告書』二〇一七年

16 岡田正彦「南信州の石造五輪塔の変遷」『飯田市美術博物館研究紀要』二〇号 二〇一〇年

17 義江明子「二つの墓地と二つの寺~菅島の両墓制にみる祖霊観—」『両墓制の展開と家族構成—三重県鳥羽市菅島の場合~(昭和六三

〜平成二年度科学研究費補助金一般研究〈B〉研究成果報告書）』

18 伊勢中世史研究会『白米家墓地総合調査報告〜三重県伊勢市（天神丘）所在、旧伊勢御師一族墓の調査〜』二〇一五年

19 沼津市教育委員会『上香貫霊山寺の近世墓（沼津市史編さん調査報告書 第一四集）』二〇〇二年

20 中世葬送墓研究会『東海と近畿の石造物から見た中世墓の終焉〜一石 五輪塔を中心として〜』（第九回中世葬送墓制研究会資料）二〇一七年

21 （財）大阪府埋蔵文化財協会『ミノバ石切場跡』一九八八年

22 坂詰秀一編『歴史考古学の問題点』一九九〇年

23 柳澤一宏「室生寺における石造物の基礎調査」『研究紀要』一四号 由良大和古代文化研究会 二〇〇九年

24 三原市役所『三原市史』第七巻（民俗編）一九七九年

25 池上悟「近世墓石の諸相」『立正大学人文科学研究所年報』四〇号 二〇〇三年

26 中田文人「西伯耆における墓碑の変遷 中世から近世へ」『伯耆文化研究』一一号 二〇〇九年

27 林勇作「中世・供養塔（墓塔）より近世・墓標への変遷一考察」『土佐史談』一八八号 一九九一年

28 大分県立宇佐風土記の丘歴史民俗資料館『豊後国田染荘の調査Ⅰ』一九八六年

29 「一観面」墓標、「多観面」墓標は、坂詰秀一が千葉県中山法華経寺に所在する墓標の調査において（『中山法華経寺誌』一九八六年）提唱したもので、前者は墓標の正面のみに銘文を刻むもの、後者は正面だけでなく側面などにも銘文を刻む形態をいう。一般的に近世墓標の初期形態は「一観面」で、一八世紀以降は「多観面」の形態が普及する。五輪塔陽刻墓標は、一観面墓標が主体である。

30 上垣幸徳「湖東地域の浮彫五輪塔―その変遷と年代―」『（財）滋賀県文化財保護協会紀要』第二〇号 二〇〇七年 ほか

31 註一八に同じ

32 松原典明もこの五輪塔陽刻墓標を「一石五輪塔の系譜を引く資料」と位置付けている。

日本黄檗最初の寺・海福寺とその展開

松原典明

はじめに

日本禅は三派ある。[1]

鎌倉時代、道元希玄は、中国南宋に渡り天童如浄に印可を受け、越前永平寺において、ひたすら座禅に集中する日本曹洞宗を開宗した。そして、同じ宋に学んだ明菴栄西《みょうあんようさい》は、公案に参究することにより、見性しようとする「看話禅」を持ち帰り臨済宗を展開した。この臨済禅は、曹洞宗が地方豪族や一般民衆に広まったのに対し、鎌倉・室町時代を中心に武家政権と結び付きを強めた。しかし足利幕府と共に衰退したが、江戸時代になって白隠慧鶴《はくいんえかく》によって中興された。白隠禅とも呼ばれる所以である。

また、第三派として、江戸時代初め、隠元隆琦によってもたらされた黄檗禅がある。天皇や大名をはじめ、多くの人々から帰依を受け、大きなインパクトを持って全国各地に短期間で広まった。隠元隆琦とその門流によってその教えは受け継がれ、近世期の仏教復興に大きな影響を与えた。

また、文化につて田上菊舎は、「山門を出れば日本ぞ茶摘みうた」と詠み、建物から食事まで中国風の黄檗山萬福寺の印象について、山門の内と外とは異国ほどの違いがあったことに触れている。

そこでここでは、黄檗宗の日本受容と、その実態の一端を示すために、江戸で最初に開基された黄檗宗寺院を取り上げてみたい。

江戸深川の海福寺は、江戸で最初というよりは、正確には萬福寺より早く隠元隆琦によって、最初に開創された黄檗宗寺院であることからも注目する意味は大きい。

黄檗宗の展開の背景には、大名の帰依や外護が特徴的である他、元禄期以降における、幕府の施策「元禄直し」などの新田開発との関連も、すでに指摘されているところである。[2]

そこで先学の大きな成果に導かれながら、考古学的な視点から、隠元隆琦が開山となった、深川の海福寺とその第二代である独本性源《どくほんしょうげん》が隠居するために、古跡を中興開基した伊勢原市の浄行寺跡に残る石塔類に着目し、開基や石塔造立の事情を探ることで、黄檗宗展開の一端を示したいと思う。独本は、和僧ながら隠元隆琦十代弟子の一人で、後に触れる龍渓などと共に、日本黄檗派形成発展に直接かかわった重要な人物である。

一　隠元隆琦の東渡

隠元隆琦の東渡については、その理由や背景の説明には諸説あるが、それを検証する力量はないので、ここでは問えない。一般的に解釈されている隠元の東渡と、萬福寺が開創される経過に簡単に触れ、江戸における海福寺の開創・独本性源との関係について簡単に示しておきたい。隠元隆琦の足跡は、平久保章(3)の研究によるところが大きい。

隠元隆琦は、承応三年（一六五四）法嗣慧門如沛《えもんにょはい》に法席を継がせ、木庵性瑫《もくあんしょうとう》に見送られ六月二一日厦門《あもい》から鄭成功《ていせいこう》の仕立てた船で日本を目指した。七月五日夜、長崎着岸。翌日、逸然性融《いつねんしょうゆう》をはじめ唐三福の僧俗に迎えられた。

隠元の東渡と日本黄檗の開創は、逸然と後に大きく関わった妙心寺末の龍安寺・龍渓性潜の存在が非常に大きかった。当時の日本禅僧の中でも、一絲文守《いっしぶんしゅ》は持戒禅をもって仏教衰弊からの復興を願っていた。龍渓もまた同様で、はじめ隠元を妙心寺に迎えることを画策していた。

しかし妙心寺派における同調が取れないことから、龍渓自身は臨済宗を出て、隠元に参禅した。そして隠元の将軍徳川家綱拝謁、幕府との間を積極的に龍渓が動き、これがきっかけで黄檗山萬福寺が京都宇治の五ケ庄に開創の運びとなったのである。もちろん、この間にその他の多くの大名・公家の帰依を受けたことにもよるのである。萬福寺開創の地五ケ庄三番割は、後陽成天皇女御で後水尾天皇生母で、近衛前久の女である中和門院前子の別荘地が提供されたことからも、隠元滞留を切望した幕府や朝廷の事情は察せられる。

寛文二年（一六六二）、ここに新建の寺を古黄檗の名を取り山号とし、黄檗山萬福寺と決まった。

また、同じ年、范道生《はんどうせい》に黄檗山の諸仏製作を依頼し、狩野探幽からは一八羅漢図が奉納された。

寛文三年（一六六三）、祝国開堂、開山塔寿塔が造られた。

少し長くなったが、以上のような経過により萬福寺が開堂され、日本の新黄檗派として多くの信仰を集めた。

二　隠元隆琦と独本性源との出会い

隠元隆琦を江戸で最初に招請開山とした独本性源《どくほんしょうげん》（海福派祖）の足跡を、「海福独本和尚行業記」（以下「行業記」と略す）にしたがって簡単に触れておきたい。

独本は、安房荒井で出生し、六歳の時、江戸桜田の曹洞宗万年山青松寺春道に預けられ出家。寛永二〇年（一六四三）二六歳で京都龍安寺の龍渓性潜に従った。三〇歳で江戸に帰り、真言宗の道安から譲り受けた深川の永寿山自肯庵に就いた。開基は新山仁左衛門でその妻は独本の姉であった。

明暦元年（一六五五）三八歳の時、隠元東渡に際して東明山興福寺に参見した。その後、龍安寺龍渓の縁で摂州富田の慈雲山普門寺に入寺する隠元を大坂に迎え知客を許された。

万治元年（一六五八）一一月一五日、江戸下向中の隠元隆琦を自肯庵に迎えて釈迦像の安座を請い、開山として招請し永寿山海福寺と改めた。ここに海福寺は隠元東渡後、萬福寺より先立って最初の開山の寺となった。

その後、隠元は、独本を萬福寺へ招請する。また木庵性瑫も江戸紫雲山瑞聖寺開堂に当り、西堂として招請したがこれも固辞し、寛文一三年（一六七三）隠元の示寂を迎えることとなる。

一方、隠元・木庵との関係を知る多くの海福寺の檀越は、美作津山藩主森内記長継を筆頭に、伊勢津藩二代藩主・藤堂高次の四男で、高家旗本の大沢右京大夫基恒・同播磨守基明・同左兵衛基哲や近藤登之助貞用・本多淡路守忠当・酒井雅楽頭忠清・久世大和守広之・土屋但馬守数直・大久保加賀守忠朝など、幕閣要人等の招請が叶い開堂し、冬安居には大眉下の梅嶺道雪《ばいれいどうせつ》が首座、独湛性瑩《どくたんしょうえい》下の香山道円《こうざんどうえん》・石麟道新《せきりんどうしん》が西堂として補佐し秉払《ひんほつ》上堂に至った。法嗣・龍潭道珠《りょうたんどうしゅ》は後堂を務め、法子・凌雲道体《りょううんどうたい》が維那《いのう》となった(4)。

延宝九年（一六八一）春には、相模大住郡三宮村の石蔵山浄業禅寺の古址を得て、天和三年（一六八三）四月、中興開山として晋山開堂し、門人達が寿塔を造営、元禄二年（一六八九）八月十一日、浄業西丘のこの寿塔に世寿七十二で葬された。

以上のような独本性源の足跡は、これまでは語録を中心とした文献史学による研究が主であったが、和田金左氏の伊勢原における悉皆的な黄檗寺院の研究(5)により、改めて重要性が喚起された。しかし、その後の継続的な研究や進展は見られないままである。

拙者は、近世期における黄檗派の展開は非常に爆発的であり、それまで疲弊していた仏教界へ与えたインパクトは大きかったと考えている。そこで、今回は、海福寺と浄行寺に残る黄檗宗独特の石塔類を資料として、黄檗派の教線拡張や、大名・旗本を中心とした外護の様相の一端を垣間見ればと考えている。

三　海福寺と浄業寺の石塔類

1　海福寺の石塔類

海福寺は、もともと江戸深川にあり、仙台堀川以南に造立され(6)、明治四三年（一九一〇）現在の目黒区に移転した。明治四三年八月は、関東地方が未曽有の大水害に見舞われ、東京府全体で一五〇万人が被災したが、これらの影響が移転の直接的な原因であったかどうかは不明である。

石塔類は、本堂裏の歴代墓所にある（図2・1～4）。特に1～3の塔については、すでに石田茂作によって雲首塔《うずとう》として紹介されている(7)。塔の頂部全体が雲文様によって立体的にデフォルメされている事から雲首塔として分類されたものと思われる。

図1　京都頂妙寺雲首塔
（慶長13年銘）

そもそも石田が雲首塔として分類した初源的な形は、石造物では一観銘で碑陰に銘を刻み頂部に湧き上がる雲と、その中に日月を配した碑を指して命名しており、共通した様式として、京都府東山区の日蓮宗実報寺や同頂妙寺の例（図1）などを挙げている。

この型式の初源形態は、中国に求められ、国内では南北朝期まで遡るとされている。頂妙寺の例は、雲首塔というよりは、むしろ位牌を様式化した碑であり、刻まれた紀年銘と造立時期との同時性についての検討はこれまでなされていない。古い年号を有する資料についても紀年銘通り、中世期まで遡る資料であるかの検討が必要となる。頌徳や記念碑、あるいは供養碑として造立される場合を想定すると、江戸期全般に流行する位牌様式の初期的な資料として位置付けるべきではなかろうかとも考えている。

一観銘の頂妙寺の例などの出現期を近世初期と仮定すると、海福寺の塔型式は、雲文様をデフォルメしている点や六面体の塔身を有する点から後発的であり、新たな型式と捉えるべきではなかろうかと考えている。

文献から深川海福寺には、方丈の東北に歴代住持の碑（開山から一九代大愚衍操まで）があったことが記されている(8)。現在の海福寺には歴代名を記した図2の三基だけが残る。いずれも紀年銘がないので、造立年代を推測しておきたい。

先ず、図2‐2とした隠元の名を刻む開山塔は、独本の「行業記」などから二つの年代が考えられる。先ず寛文一二年（一六七二）春、海福寺の大雄殿・方丈、及び諸堂が完成する段階である。そしてもう一つの年代と

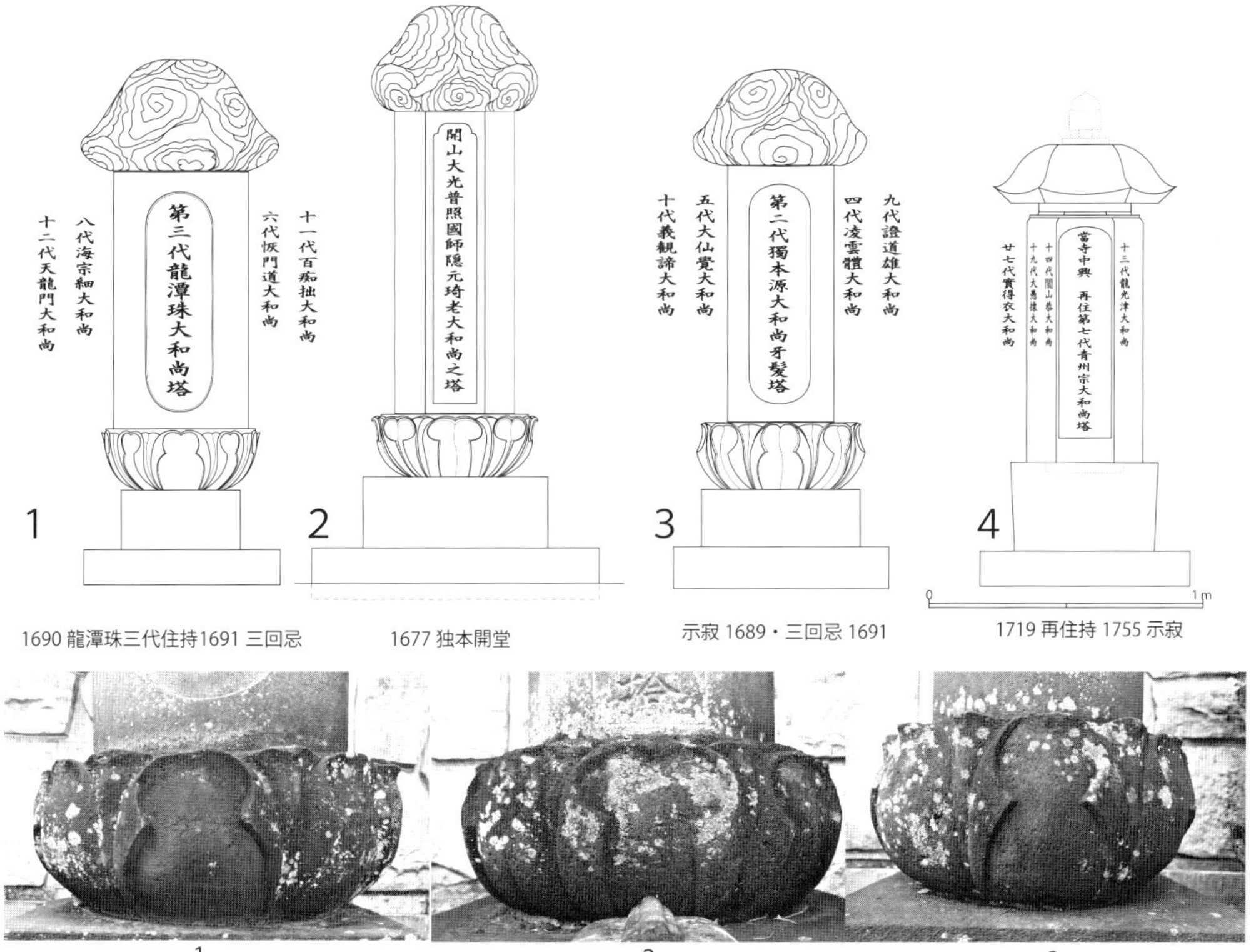

図２　海福寺雲首塔と巻蓮華一覧

して延宝五年（一六七七）、独本が六〇歳を迎えたことを機に、大檀越美作津山藩第二代藩主森長継をはじめ、多くの人々の要請にこたえて開堂を行い、すでに没している隠元隆琦を讃えて、勧請開山として造立した塔ではなかろうか。この塔は、三基中、最も総高が高く、反花座の位置に「仰蓮座」が配されている。この蓮華座を現時点では「巻蓮華座」として呼称するが、他の黄檗に関連した仏像から派生した様式として捉えており、中間に敷茄子を挟み、反花座とを組み合せる「組み合わせ式巻蓮華座」を用いる塔型式が特徴的に登場するので着目してみたい。この巻蓮華については別項で触れる。

図２－３は、独本の牙髪塔と刻まれている。独本が元禄二年（一六八九）に死没するので、その後、三代を継いだ龍潭が自らの法系を可視化するために造立した塔ではなかろうか。造立年は、独本示寂年の元禄二年を上限として、三回忌（元禄四年〈一六九一〉）くらいまでの造立が想定できる。浜松・宝林寺の独湛性瑩爪髪塔例では、独湛没後三回忌（宝永四年〈一七〇七〉）に造立されている。

図２－１は、海福寺三世を継いだ龍潭道珠《りょうたんどうしゅ》の寿塔で、元禄元年（一六八八）に海福寺三代を継ぐが、それ以降の造立だと考えられる。また、龍潭の墓碑とすると造立年は元禄七年（一六九四）年が下限となる。しかし、龍潭道珠は、独本の「行業記」を綴った人物でもあるので、後に触れるが１と３の塔を同時に龍潭が造立した可能性が高く、独本の三回忌と合わせて元禄四年を造立年代と考えておきたい。

図２－１と３の塔の六面には歴代住持の名が刻まれているが、これは恐らく後世に歴代を刻んだものと思われる。

また、四代を継ぐが一旦退山し、後に七世を継いだ青洲元宗《せいしゅうげんしゅう》が記した「永寿山海福寺誌[9]」に記された年月日と多少のずれがあることが気になるが、極端な時間差はない。

4は、一八世紀に見られる塔型式である。
例えば、黄檗に帰依をした備中新見藩初代関長治の墓碑（図3－1）や新見藩家老大橋家墓碑（図3－2〜5）型式に類似し、派生的には浜松宝林寺近藤貞用墓碑（図3－6）にも共通する。六面体の塔身と六角形の台座・六角形の笠を有する型式で黄檗様の石塔と言える。

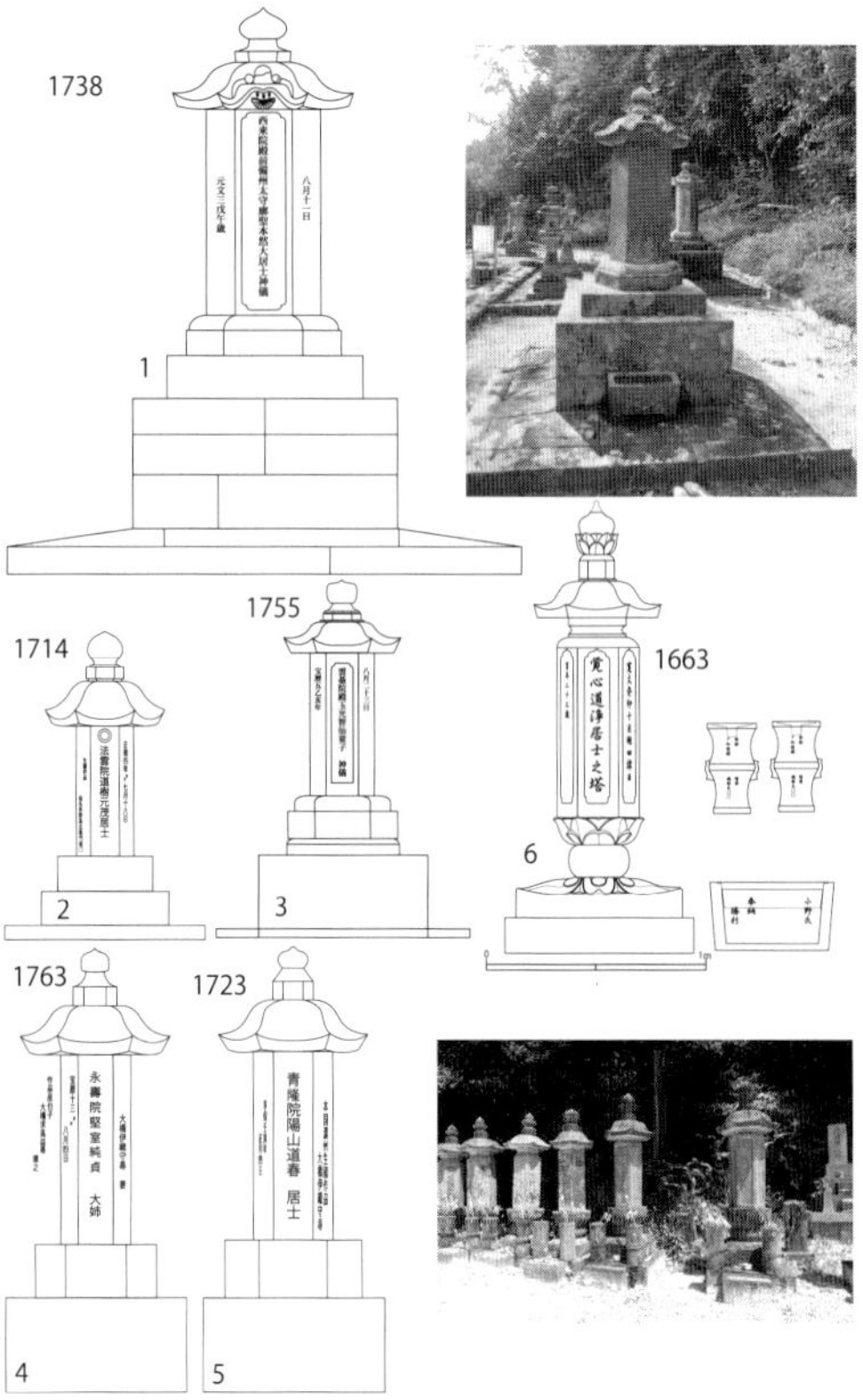

図3　18世紀の類例

2　浄業寺跡の石塔類

浄業寺跡は伊勢原市三ノ宮字竹ノ内に所在する。開基は古く、『新編相模国風土記稿』によると、鎌倉時代の建仁元年（一二〇一）源頼朝三回忌当たりに、北条政子により、浄土宗寺院として建立されたが、永く廃寺となっていた寺の古跡を中興し、独本性源の隠居寺として開基された。大山道石倉から西に入り、鈴川を渡って直ぐ北に進むと民家が数件ある。その民家の西側小丘陵麓に二段に造成された墓域がある。

図4－1は、「開山独本性源和尚之塔」と正面に刻んでいる。「行業記」には独本が隠居するに当たり、まず最初に門人らが寿塔を建立する。この寿塔に合致するものと思われる。しかし図4－3塔の仰蓮華座と様式が酷似する事と、頂部の雲文様が形骸化している点を踏まえると、八代の墓碑（図4－3）を造立する際に、再造立された可能性を指摘したい。

図4－3は、八代の紘外元調和尚塔である。右側面に「元文元丙辰年（一七三六）五月廿四日辰上刻示寂」、左側面に「東福小子春岩回謹立」と刻んでいる。左銘文中「東福」は東福寺で、「海福寺文書」で延享二年（一七四五）一二月まで存続していたことが確認されており「紘外調大和尚」は東福寺の二代とされる。[10]

この塔を造立したのは「東福小子春岩回」で、青州元宗《せいしゅうげんしゅう》の最後の弟子・春岩浄回であるが、東福寺三代を継いだことから紘外塔を建立したものと思われる。

図4－2は、二代龍潭道珠の塔である。奇妙な塔型式であり、後補の部材が付属しているものと思われる。本来は、頭部に2と同様の雲文様を拝した頂部があった可能性を考えておきたい。この歴代墓所に上がる手前をそのまま奥に進むと、別な墓域がありその入り口に頂部部材（図5）を確認することができ、図4－1の独本塔頂部に酷似していることから、独本性源の「行業記」を記した龍潭の塔として示寂（元禄七年〈一六九四〉）の時を上限として、その後に三代を継いだ青州元宗《せいしゅうげんしゅう》が造立したものとして捉えておきたい。

図4－4は、浄業寺四代大仙道覚の塔である。

「大仙髟大和尚」は、大仙道覚で、独本性源の直弟子で、龍潭・凌雲に次ぐ弟子である。また、大仙の一番弟子に百痴元拙《ひゃくちげんせつ》がおり、銘文中にも名が刻まれている。百痴は、寛延元年（一七四八）萬福寺第一六代として晋山した人物でもある。銘文は次のようである。

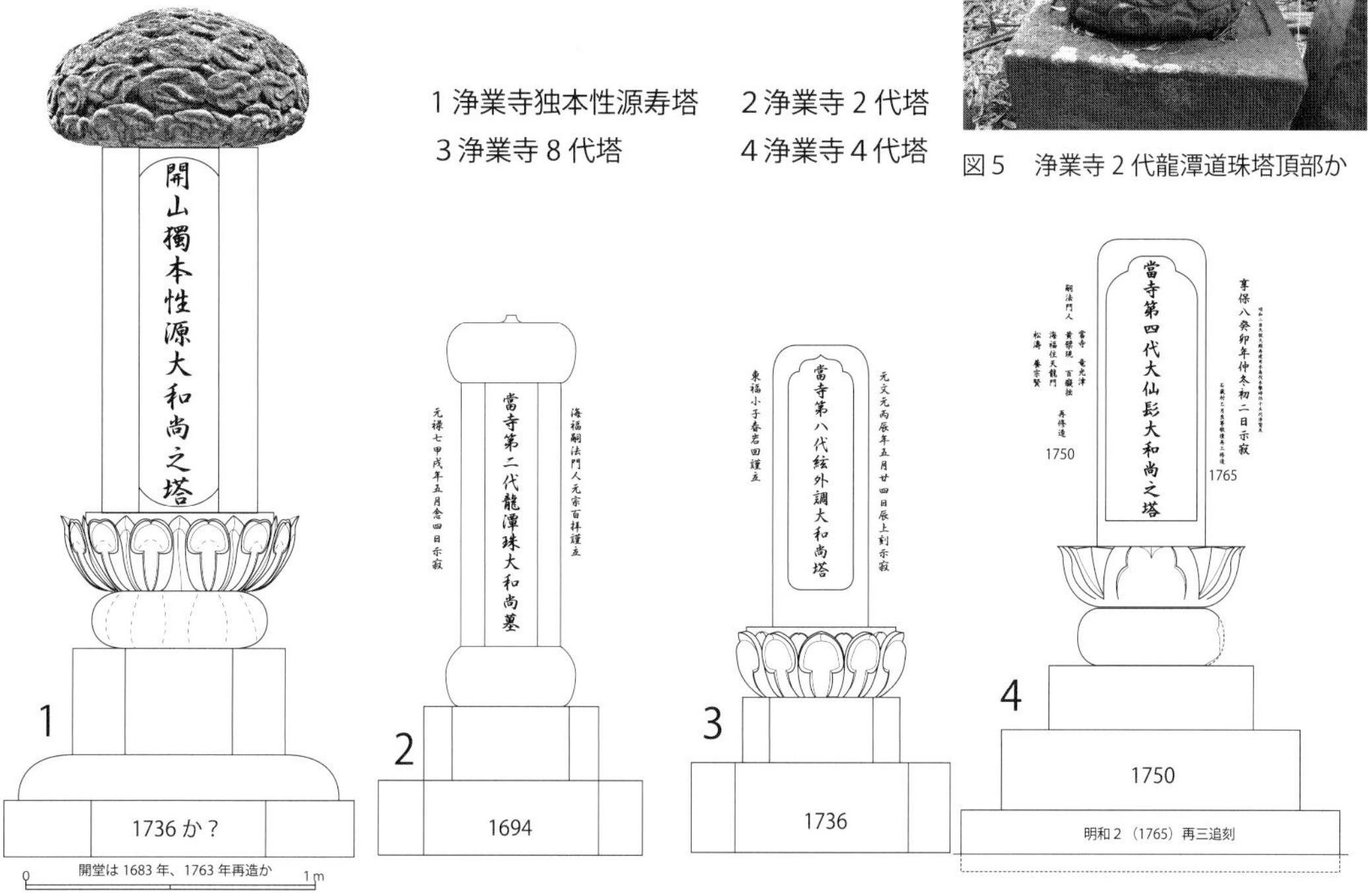

図5　浄業寺2代龍潭道珠塔頂部か

図4　浄業寺跡歴代塔

正面

當寺第四代大仙髟大和尚之塔

右側面に

明和二酉天就大殿再建用木為伐木擊碎仍十五代浄鷲及
享保八癸卯年仲冬初二日示寂
石蔵村乙月次良等敬償再三修造

左側面に

當寺　竜光津
嗣法門人　黄檗現　百痴拙
海福住天龍門
松濤　養宗賢
再修造

と、刻んでいる。

「當寺　竜光津」は龍光元津であり、海福寺一三代と浄業寺一一代を寛延三年（一七五〇）に嗣いだ。

「黄檗現　百痴拙」は、「黄檗現」は萬福寺住侍を示している。百痴は、海福寺の大仙道覚から法を受け、寛延元年（一七四八）に黄檗へ晋山し一六代となった。百痴は、宝暦三年（一七五三）に没するので、「黄檗現」をそのまま捉えると塔の造立時期は、大仙の没年が享保八年（一七二三）であるので、没後の造立で、百痴が黄檗一六代にいる間の六年間に造立されたことになろうか。

「海福住天龍門」は天龍元門である。百痴が黄檗晋山が決まると、海福寺一二代を継ぎ、元禄一六年（一七〇三）以来、天徳寺三代を兼務しており、寛延三年（一七五〇）に「松壽　養宗賢」（養宗元賢）に四代を託した。また、養宗は、大仙の最後の弟子で、龍光元津（浄業寺一一代・海福寺一三代）は兄弟子に当たる。伊勢原市沼目にあった建長寺末の総持庵を

1 海福寺塔三基　2 浄業寺跡独本性源壽塔
3 浄業寺２代塔　4 浄業寺８代塔　5 浄業寺４代塔

図６　海福寺と浄行寺跡に残る黄檗様の塔

中興開基し、黄檗派の松寿寺とし開山となり、宝暦五年（一七五五）に没した。

以上碑左に刻まれた僧の事績によって、年代的には寛延三年（一七五〇）年龍光元津が浄業寺一一代の時に、大仙道覚の法系が集い塔を再造したと捉えられる。

さらにこの塔には、大仙道覚の示寂年の両側に、明和二年（一七六五）一五代万耕春和尚が、大殿再建の為に石蔵村の協力を受け、木材を伐採し再三修造を行ったことが針書で記してある。つまり左銘文にある「再修造」に加えて、大殿再建したことを「再三修造」と記すので、嗣法門人らを発起人とした寿塔、浄業寺の修造とは別に、石蔵村の協力で大殿再建として、「再三修造」と刻んだものと解される。従って、浄行寺は、明和期には、庶民のための寺としての姿も若干見えてきて、開基当初の役割とは違った黄檗寺院の一面が垣間見られる。

四　両寺の石塔意匠の特長と諸問題

1　共通する雲頭塔型式と類例

両寺の関係は、既に「行業記」で記された通り、浄行寺は、独本性源が海福寺を退き三代を龍潭道珠に譲り、隠居するために建立した寺である。両寺は、いわば独本性源を開山とする寺で、独本性源が隠元隆琦を讃えて造立した開山塔は、その後の歴代、あるいは浄行寺の塔型式に影響を与えた。そこで、類例に着目してみたい。

類例は極めて少ない。宗派は違うが、神奈川県藤沢市清浄光寺（遊行寺）境内に所在する塔がある（図7）。この塔については、海福寺塔と共に雲首塔として石田(11)が取り上げているので、銘文も含めて改めて紹介したい。

銘文は図7の通り正面を①として時計回りに順に配されている。

①
南無阿弥陀仏
遊行六七世南方門主僧（落款）正　僔（落款）任書

②
元和九年癸亥歳六月九日　姓名軽部但馬規利
禅元院連阿道俊居士
涼寿院永房妙俊大姉
元和五己未年八月十七日　同人妻

③
元禄三庚午年七月二日姓名軽部市左衛門規房
如意院連阿浄眞居士
五珠院光弐法琳善女
貞享四丁卯年十月七日軽部市左衛門規吉姫

④
常陸國下妻大町
施主　軽部市左衛門尉規房
元禄三庚午年三月七日建之

⑤
寛文八戊申歳十一月廿六日　姓名軽部市左衛門規清
長松院珠阿寿永居士
賢世院前房妙寿大姉
寛文四甲辰年六月十日同人妻

⑥
貞享二乙丑年　三月七日姓名　軽部市左衛門規吉
□寿院柏阿浄水居士

松桂院音房榮眞大姉　同人妻

石塔に刻まれた地名「下妻」は、常陸国下妻大町辺りで、結城氏の家臣として名を挙げていた地頭職の多賀谷氏の領地であった。戦国期における多賀谷領は、常陸西南部から下総にかけて、二〇万石に達するほどと言われているが、家康により改易となっている。

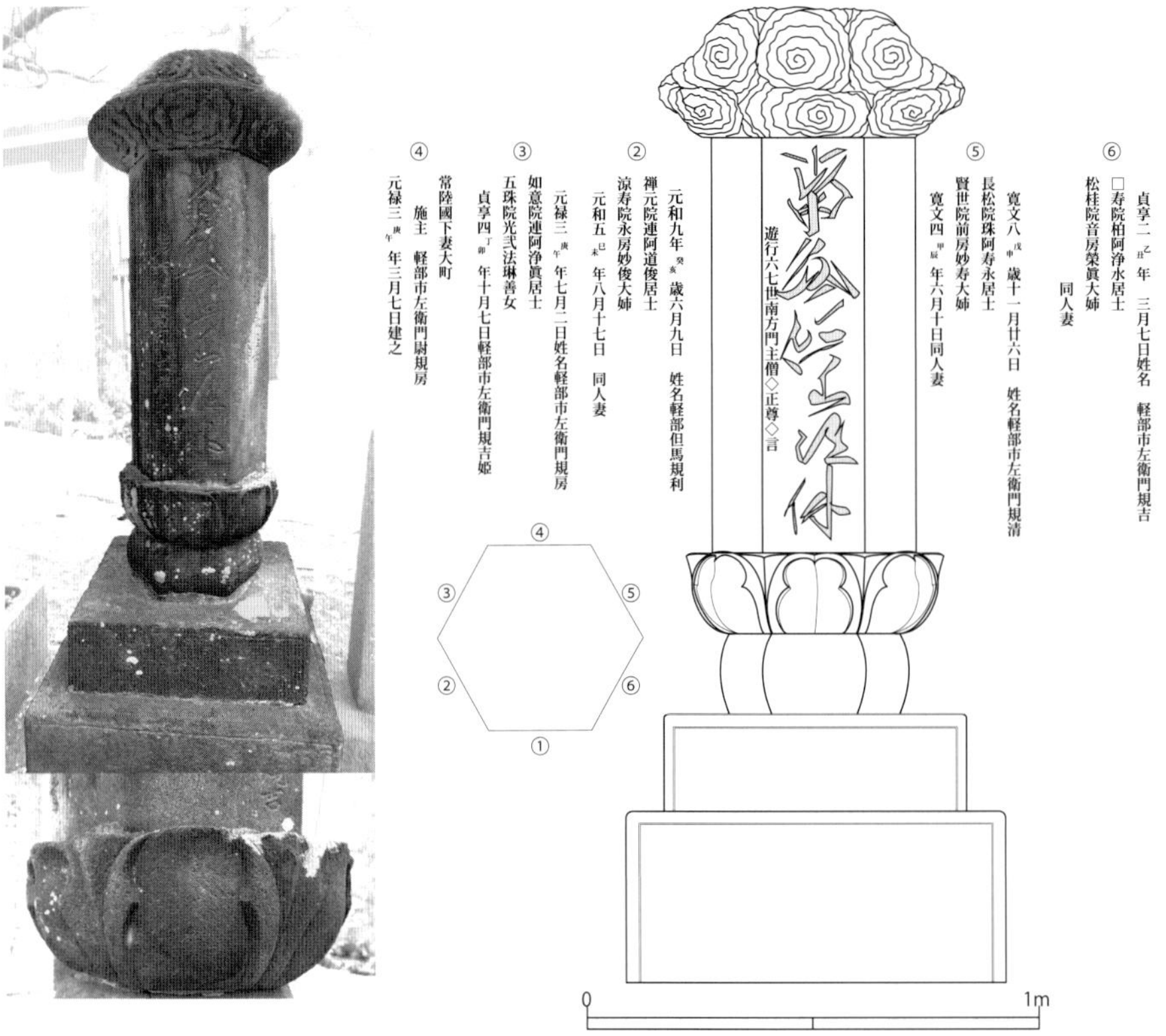

図7　遊行寺雲頭塔

今回取り上げた石塔の造立者である「軽部氏」は、多賀谷氏の旧臣の一人で、多賀谷氏改易後も、下妻に残り商家として大きく発展した家柄である。特に矢部家に伝わる「多賀谷諸士子孫」によれば、軽部三家の内、分家の軽部小右衛門家に関係しており、但し書きにある「軽部但馬規利八代嫡孫[12]」は、銘文②の「元和九年（一六二三）軽部但馬規利／禅元院連阿道俊居士」と合致する人物であろうと思われる。また各面には歴代当主と思われる人物とその妻が併記されている。なお塔裏面④に刻された「軽部市左衛門尉規房」が施主と思われる。建立年月日は「元禄三年（一六九〇）三月七日」で、貞享二年に亡くなった軽部市左衛門規吉の七回忌を前に造立した塔であろう。

2　宗派を超えた黄檗様式の塔とその背景

以上みてきたように、海福寺と藤沢遊行寺に造立された一七世紀後半の塔の型式が一致している。塔型式の流行という観点以外に、時宗と黄檗派との接点の有無を考えてみたい。

そこで当該期における時宗（時衆）と黄檗派が関連する大きな宗教行事として、東大寺大仏殿の再建・大仏修復があげられる。

東大寺では、大仏殿造営釿初めのための千僧供養が元禄元年（一六八八）四月二日から八日まで行われた。また元禄五年（一六九二）の三月八日から一か月間に亘り、大仏開眼供養の盛儀が行われた。その法要においては、黄檗派・時宗に限らず、宗派を超え僧侶が一二八〇〇人出仕し、血縁者二〇万余、一般の参詣者に至っては三〇万人に及び、国家的な事業として営まれた[13]。

中でも黄檗派は、法要において重要な役割を果たし、仏教界における存在意義を知らしめることとなった点を示しておきたい。

①東大寺大仏及び大仏殿の復興事業と黄檗派

元禄五年（一六九二）の開眼万僧供養には、大念仏宗から二五〇人、浄土宗鎮西派知恩院と並び黄檗派から一七〇人から二〇〇人規模で法要に出仕している。大念仏宗・浄土宗・黄檗派の教団としての積極的、かつ意欲的な出仕活動は目を引いたと思われる。例えば、黄檗派の木魚を用いた中国風の法要や装束は、多くの人々の目を魅了したと思われ、その存在感を十分に知らしめたものと思われる。

②黄檗派出仕僧とそのネットワーク

特に、高泉性敦、南源性派（國壽寺住侍）・即空性（道）立（奈良市法蓮町瑞景寺住侍、延宝七年〈一六七九〉に大日山瑞景寺開山）・梅谷道用・即光の名が法要の記録に明記されている。また、仏国寺・高泉性敦には伴僧五名、南源に「衆僧六〇人」が同伴している記載がある。[14]

南源性派は万僧供養の後、六月に没するが、萬福寺松岡丘に遺る南源塔を見ると他の僧侶の塔に比べ一際大きい。このことは公慶上人による東大寺大仏開眼供養において拈香師という重要な役割と、その業績と連動していることを想起させられる。

また、南源性派に随侍した即空性（道）立という人物については、津山藩二代藩主森長継との関係に触れ、海福寺との関連を示しておきたい。

江戸の海福寺大檀越である津山藩二代藩主森長継は、国元津山において寛文八年（一六六八）千年寺を開基する。黄檗に帰依していたため木庵性瑫を開山として招請し、鉄堂を住侍として迎えたかったがこれに時間を要したため、その間に妙心寺派本源寺五世・即空性立を住侍として招請した。[15]その後、寛文三年（一六六三）に萬福寺で受戒しており黄檗派に転じている。また、延宝七年（一六七九）には奈良市法蓮町に草庵を結び、大日山瑞景寺と号した。開山に木庵性瑫を招いたことで後に隠居寺となった。法兄には鉄牛道機がいた。

木庵性瑫・鉄牛道機との法縁からか即空の元には、後水尾天皇の第一六皇子で奈良興福寺・京都清水寺の別当などに任じられた一乗院宮真敬法親王や、大乗院門主なども来駕せられた。また、江戸時代前期の旗本で大和平群郡に知行を与えられた溝口信勝が帰依をした。[16]信勝の正室は、板倉重昌の娘で、さらに板倉家との縁は、重昌を継いだ板倉重矩の娘（真光院）を溝口信勝の養女とし、戸田家嫡流で美濃加納藩主松平光重の次男・旗本光正へ嫁がせた。戸田光正は、真光院没後、菩提を弔うために萬福寺塔頭真光院を建立された。板倉重矩は京都所司代から老中まで登り詰めていた。このように、即空と後水尾天皇や溝口信勝を介した大名家とのネットワークが黄檗受容の推進力の一端になったのであろう。

続いて出仕僧・梅谷道用（紫雲派・吸江院）に触れておきたい。出家には諸説あるが、黄檗派に関連してみると、長崎興福寺において逸然性融に投じて出家したとされる。隠元隆琦東渡以来随侍し、後に独本性源に学んでおり、同じ法系[17]で黄檗派全体の中心的組織でもある紫雲派に属した。特に大和郡山初代藩主本多忠平の帰依を受け、大和添下郡法光寺開山となり、本多忠平没後は、忠平の弟である本多忠常が大和郡山藩二代を継ぎ、本多忠常の帰依を受けた。因みに、忠常の墓所は大和郡山発志禅院（黄檗宗）裏の独立低丘陵上に築かれている。亀趺碑を伴った墓である点は注視したい。

一方、時宗も同じように東大寺仏殿復興事業において重要な役割を担った。黄檗派と時宗との交流という点で見ておきたい。

浄土門である時宗は、本尊が阿弥陀仏である。同時に六字名号（南無阿弥陀仏）そのものが本尊であるとする。遊行・藤沢派は東大寺の法要において真打を勤め、法華経読誦千部結願を修めるなど、黄檗派同様、法要において重要な役割を担った。当該期の仏教界における両者の位置づけを考える上において極めて興味深い点である。そこで海福寺と遊行寺の塔が共通することに視点を置き、黄檗派と時宗の接点を考えてみたい。

③東大寺大仏殿復興事業における黄檗派と時宗の接点

先に示した海福寺塔と遊行寺塔は、大仏法要と同時代的な成立であるが、独本造立の隠元隆琦塔は古く、遊行寺塔造立は東大寺の千僧供養直後ということになる。両寺の塔が共通型式を用いている点を注視するならば、東大寺法要以前の密接な関連を示す資料となるためどの時点で、黄檗派と時宗に接点があったのかに触れておきたい。

遊行寺塔は、名号を刻んでおり、黄檗派も名号念仏という点では、萬福寺四代を継いだ独湛性瑩は、「念仏独湛」(18)とまで称された僧として著名であり、『勧修作福念仏図説』を上梓するなど、「念仏」教化に尽くした僧侶であった。

独湛が著した『勧修作福念仏図説』(19)には、弥陀が雲海中、天から来迎する姿が描かれ、下部に仰蓮華座が描かれている。このような構図が、海福寺・遊行寺塔の意匠創出に影響を受けているのではなかろうか。石塔頂部の雲文や、立体的な塔身、その正面に開山の名が刻まれる点は、まさに来迎の阿弥陀と共通する。そして塔身を受ける仰蓮華が一致する。言わば弥陀来迎の図を石塔に具現化すると、海福寺塔のような意匠として表現出来るのではなかろうか。つまり、黄檗様式の雲頭塔は、独湛の法系と思惟が雲頭塔意匠を創出させたのではなかろうか。ここに「阿弥陀念仏」と言う時宗との共通思惟が見出せる。

しかし、注意しなければならないのは、仰蓮華座が通常の蓮華座ではなく、特徴的な花弁を用いた表現(「巻蓮華」)になった点については、荘厳への工夫が施されていると捉えられる。その系譜についても考えてみたい。

3　意匠・仰蓮座巻蓮華の創出と展開

「巻蓮華」とした名称は、花弁の両側縁が外側から内に巻いていると言う特徴的な形態であるためにあえて呼称した。

石塔の反花座に巻蓮華様式を用いた例は、少なく限定的であると言える。派生的な視点からこの巻蓮華を捉えてみると、初期的な段階は、黄檗宗関連の石塔に限定的に用いられた様式であるといえる。「限定的」の意味は、篤信的な帰依者、あるいは黄檗派僧侶に関連した石塔類に限られ用いられたと言い換えられる。

代表的な類例として、小田原市紹太寺の超宗如格《ちょうしゅうにょかく》が造立した①鉄牛道機寿塔や山梨県恵林寺の②柳澤吉保夫妻塔である(図8-3・4)。

①鉄牛道機寿塔(図8-1・2)は、延宝三年(一六七五)木庵性瑫の登檗に伴い、瑞聖寺住持を鉄牛道機に譲る。この時に超宗が後堂になる。また、鉄牛は翌年、第二代小田原藩主稲葉美濃守正則の招請により小田原紹太寺開堂し、超宗はこれに従い後堂となり、延宝五年(一六七七)に鉄牛から印可を受けた。超宗は、元禄五年(一六九二)稲葉正則・正通父子の招請により祝国開堂を行った。

鉄牛塔は、正面陥入深く「開山上鉄下牛機老和尚寿塔」と刻み、碑陰に「貞享丁卯七月廿六日周申吉辰/第二代嗣法人超宗格造立」と刻んだ。貞享丁卯年(貞享四年〈一六八七〉)に、寿塔として造立されている。貞享四年は、紹太寺の堂宇がほぼ完成した年でもあり、先師である鉄牛道機の寿塔を印可を受けた鉄牛誕辰の日時を刻んだのである。翌年に祝国開堂を行い、晴れて二代住持に就いたのである。

②柳澤吉保は、龍渓性潜に近い妙心寺の竺印祖門《じくいんそもん》(梵)に帰依をしたが竺印没後は、萬福寺五代高泉性潡《こうせんしょうとう》・六代千呆性侒《せんがいしょうあん》に帰依し、その後七代悦峰道章《えっぽうどうしょう》(悦山道宗)導師のもと六義園で受戒し、法号を保山元養《ほざんげんしゅん》と称し

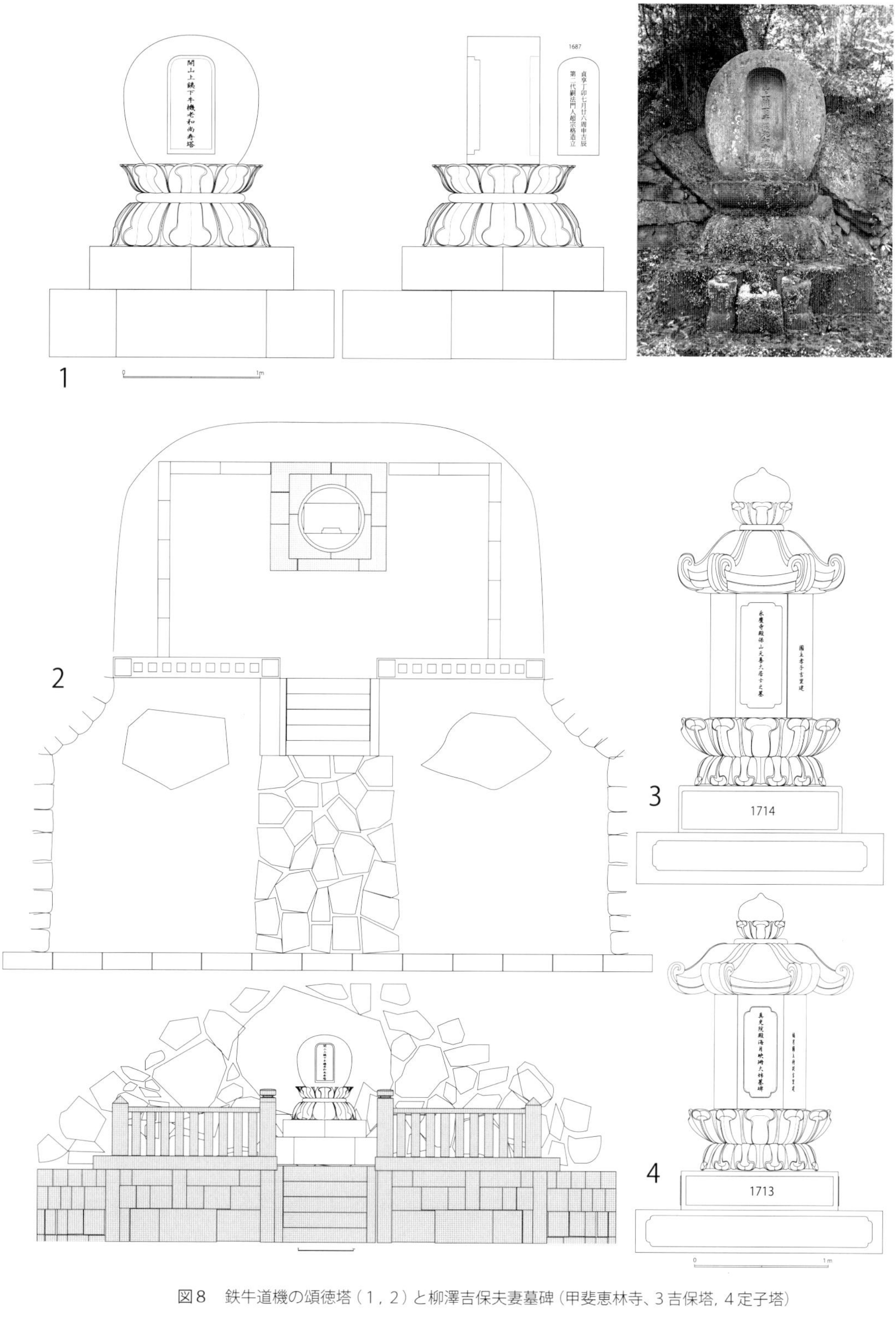

図８　鉄牛道機の頌徳塔（１，２）と柳澤吉保夫妻墓碑（甲斐恵林寺、３吉保塔，４定子塔）

た。また悦峰は萬福寺四代独湛性瑩《どくたんしょうえい》から法を継いでおり念仏奨励に熱心であった。さらに江戸の牛島弘福寺住持であった鉄牛道機に帰依をした。

このように寿塔・墓碑の両塔の反花座に巻蓮華が用いられたことは、偶然ではなく黄檗宗における選択であった。そこで続いて「巻蓮華」とそれを選択した黄檗宗との関連について、意匠の系譜に視点を置き考えてみたい。

4　仏像彫刻からみた巻蓮華の創出

石塔の反花座に用いられた「巻蓮華」は、寿塔、あるいは黄檗宗に篤信的な大名の墓碑に意匠として用いられたのであるが、この意匠の創出には仏師との交流が想起される。

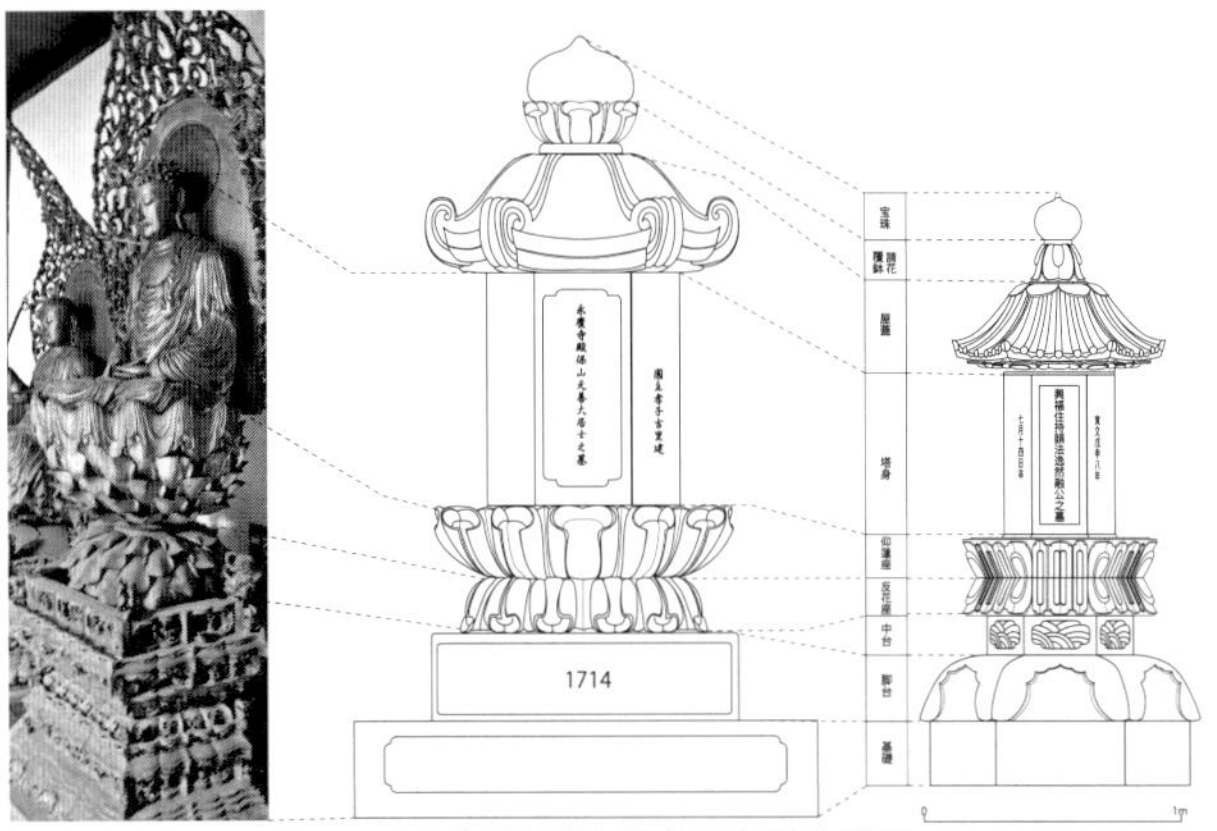

図9　黄檗宗塔と仏像の部位比較図

図9で示したが、黄檗派寿塔様式と柳澤吉保塔との比較をすれば、中台と脚台とした部分を除けば型式的に共通している。また、ここで注視したいのは図左側に示した仏像と、その下で支える組み合わせ蓮華座の部分である。基本形は黄檗派の塔型式と共通する。近世の他の石塔例においてない訳ではないが、蓮華座の組み合わせとして、仰蓮座と反花座との間に敷き茄子を挟んだ様式であり、これは仏像彫刻においては一般的な様式である。

しかし、古代・中世を通じ仏像彫刻に施された花弁は、いわゆる普通の花弁で、スプーンのように柔らかな蓮華の花弁形態であるのに対して、ここで注視する形態は、花弁の両側縁が外側から内側へ向かって弁端を巻き込んだ様式になっている。この様式は、中世までの日本の仏像彫刻には認められない形態である点を注視すれば、近世期に創出されたと思われ、黄檗派に関わる仏像に多い点は看過できない。

5　中国仏師作品と京仏師による日本黄檗仏像様式の成立

近世の仏像彫刻の系譜は、定朝から伝統を引き継ぐ七条仏師や、奈良興福寺を中心に活躍したとされる椿井仏所、また東国の鎌倉仏師・京都仏師などが挙げられる[20]。しかし安井[21]が指摘する通り、黄檗宗伝来に伴い仏像様式も日本に伝来している。

近世初期の最も著名な中国仏師として京都萬福寺の白衣観音坐像などを彫った范道生（一六三五〜一六七〇・福建省泉州安平県出身）があげられる。范道生が萬福寺に滞留した期間は、寛文三年（一六六三）九月下旬から翌年の九月初旬とされ、一年未満であった。その間に寿像隠元隆琦像・弥勒大士像の他、十八羅漢像の一部を造り上げている。この仏像製作は、監院であった大眉性善が指揮を執ったとされている。范道生にとっては萬福寺における製作が、日本黄檗様式の仏像彫刻の最初で最後の仕事（表1）となり、寛文一〇年（一六七〇）に没した。

萬福寺の白衣観音坐像と善財童子像及び龍女立像[22]（図10）に着目すると、白衣観音坐像の仰蓮座と反花座の組み合わせ蓮座に対して、善財童子と龍女立像は、蓮池から伸びる蓮華座の様式を用いており、同時代の製作として捉えてよいのか些か疑問が残る。

例えば、同時代の作と思われる福岡県大牟田の福厳寺の釈迦如来坐像・

観音菩薩坐像・地蔵菩薩半跏像（図9）は、寺伝により隠元隆琦持ち渡りの仏像であるとされているが、三像の蓮華座の様式はほぼ共通しているのである。

白衣観音坐像の主尊の時代と作者は、多くの研究者が指摘する通り合致しており、範道生の作例であろう。しかし、台座の組み合わせ蓮座は、後補の可能性があるのではなかろうか。つまり、萬福寺の仏像を製作した範道生の彫刻様式には、巻蓮華様式は創出されていなかったと思われる。それではどのような段階で、巻蓮華が創出されたのか考えてみたい。

そこで参考となるのは、長崎光雲寺と晧台寺の釈迦坐像である（図9・11）。楠井の研究では、本来は光雲寺の中尊像と晧台寺の両脇侍が組み合っていたとされる。[23]また光雲寺の仏像（図9）は、寺伝では罹災しており、寛文三年（一六六三）に京都に修復に出しているとされてる。寺伝なども勘案すると、巻蓮華様式が京都で後補された可能性は考えられないだろうか。本来ならば、晧台寺、或いは福厳寺に類似した蓮華座の組み合わせが想定される。

福厳寺例は、寺伝から中国から東渡した隠元が持ち渡ったとされている。仰蓮座と反花座の組み合わせ、特に花弁に注目してみると、花弁の側端が外側から内に折り曲げた表現をしている（図9）。この様式が、範道生の製作とされる白衣観音坐像と善財童子像及び龍女立像には確認できない。善財童子像及び龍女立像の蓮池から伸びる蓮華座は当該期の他の蓮華座様

表1　範道生と京仏師とその作品（註20楠井参照）

範道生	寛文二年	一六六二	白衣観音坐像・達磨大師坐像・華光菩薩倚像・韋駄天立像	京都・萬福寺	
範道生か	不明	一六六二	観音菩薩坐像	京都・泉涌寺	
範道生	寛文三年	一六六三	隠元隆琦倚像・十八羅漢像・弥勒大士	京都・萬福寺	一一月四日、隠元隆琦の誕生日竣工・大和郡山藩主本多忠平母法光院菩提供養
京仏師・康祐	寛文七年	一六六七	釈迦如来坐像	浜松・宝林寺	
仏師兵部	寛文八年	一六六八	釈迦如来坐像	京都・萬福寺	南源性派造立命ず。隠元「如法」の仏像と褒める「曲盡心巧、端厳美妙、金彩晃煜」と称賛↓黄檗様式の祖形か
京仏師・康祐	寛文一〇年	一六七〇	韋駄天像	柳川・福厳寺	
京仏師・康祐	寛文一一年	一六七一	大日如来坐像	滋賀・胎蔵寺	
江戸仏師・祐雲次郎兵衛	寛文一一年	一六七一	釈迦如来坐像	港区・瑞聖寺	
京仏師・康祐	寛文一二年	一六七二	木庵性瑫倚像	群馬・広済寺	
京仏師・康祐	延宝二年	一六七四	釈迦如来坐像・迦葉・阿難尊者像	柳川・福厳寺	
範宗仁	延宝五年	一六七七	釈迦・迦葉・阿難尊者像	品川・養玉院	
京仏師・香甫	天和三年	一六八三	釈迦如来像	萬福寺・長松院	鉄牛道機に従侍（元禄七〈一六九四〉以降）
游君亨	貞享三年	一六八六	十八羅漢像	大牟田・法雲寺	
京仏師・友山	天和三年	一六九〇	釈迦三尊像	愛知・永福寺	
京仏師・友山	元禄三年	一六九〇	釈迦如来坐像・華光菩薩倚像・達磨大師坐像	佐賀・星厳寺	
京仏師・友山	元禄三年	一六九〇	釈迦如来像	京都・直指庵	
京仏師・康祐・長子康伝	元禄六年	一六九三	潮音道海坐像・釈迦如来像・普賢・伽藍神像・達磨大師・監斎像	群馬・不動寺	
京仏師・康祐・三男友学	元禄八年	一六九五	潮音道海坐像	奥州・龍蔵寺	
江戸仏師・善慶	正徳五年	一七一五	釈迦如来坐像（丈六）	山形・佛心寺	

式と共通しているので、白衣観音坐像の蓮華座には違和感を覚える。とすると白衣観音坐像の蓮華座の時期がいつなのかを考えなければならない。

そこで注視したのは、南源性派が造立の中心となった大雄殿の釈迦如来坐像・迦葉・阿難尊者像の製作である。この三像の蓮華座部分は、白衣観音坐像の蓮華座と共通している。つまり、巻蓮華座創出は、大牟田福厳寺例を黄檗像容に学んだ京仏師(24)・康祐ら（友山・香甫・忠円・大輔・良円・弘教・香允など）が創出した可能性を指摘しておきたい。時期的には大雄殿の釈迦如来坐像・迦葉・阿難尊者像完成段階（延宝二年〈一六七四〉）と考えられる。

以上のことから、寺伝通り大牟田福厳寺の様式こそが、後の日本黄檗派の仏像様式を象徴する祖型的な像であり、南源性派の段階に京仏師が技術的に日本的な巻蓮華様式を創出させるための元になる意匠であったと位置づけができるのではなかろうか。

同時代の黄檗僧であり、京仏師として全国を行脚し活躍した松雲元慶製作の仏像群（表2）にはこの巻蓮華様式が顕著に認められる。そこで、松雲元慶の足跡に少し触れておきたい。

表2　松雲元慶の製作仏と年代（註21安井論文参照）

製作年代	製作仏と所在
寛文九年（一六六九）	大阪府瑞龍寺の鉄眼道光に弟子入り
延宝五年（一六七七）	大阪府神鳳寺釈迦三尊像のうち両脇侍像、造立（現大阪府光明院所蔵） 東京都豪徳寺釈迦、阿弥陀、弥弥勒像他、造立
延宝六年（一六七八）	大阪府瑞龍寺薬師三尊及び十二神将像、造立
貞享四年（一六八七）	五百羅漢像の彫刻を発願して江戸へ下る
貞享五年（一六八八）	奈良県法起寺木造十一面観音立像を修復
元禄三年（一六九〇）	東京都弘福寺釈迦三尊像、韋駄天像はか、造立
元禄四年（一六九一）	東京都羅漢寺五百羅漢像、造立始め元禄五年（一六九二）
元禄五年（一六九二）	五百羅漢像の数体を彫り始める。浅草寺塔頭寿命院門内に仮屋を建てる
元禄六年（一六九三）	五〇尊を彫り上げる。丈六釈迦像を彫り始める
元禄八年（一六九五）	本尊以下五百羅漢像完成、高泉により開眼
元禄九年（一六九六）	羅漢寺千僧供養
元禄十年（一六九七）	宮城県大年寺釈迦三尊像造立。羅漢寺諸像の大半が完成か
元禄十三年（一七〇〇）	千葉県福聚寺賓頭盧尊者像、造立
宝永七年（一七一〇）	没

松雲元慶は、寛文九年（一六六九）二三歳で摂津瑞龍寺の鉄眼道光《てつげんどうこう》に参じ黄檗僧となった。その後各地を行脚し大分県宇佐耶馬渓・羅漢寺で五百羅漢の石像を目の当たりにして感得し、鉄眼の理解を得て、江戸における五百羅漢造立（図14）を訴え、多くの人々からの喜捨を得た。特に牛島弘福寺（図10）の鉄牛道機は羅漢第一号を作るため援助を惜しまなかった。その後は井伊家二代直孝の娘で掃雲院の帰依が大きく、江戸井伊家の菩提寺である豪徳寺釈迦三尊像（図11・延宝五年〈一六七七〉）なども手掛けた。大阪神鳳寺本尊脇侍製作に続いて、最も初期的な作品と言える。この他、安井類の研究（表1）によれば元禄一〇年（一六九七）に羅漢寺の五百羅漢が完成し、仙台伊達綱村開基の大年寺釈迦三尊をも奉納した（図12）。約二〇年という短い時間に、極めて多くの作品を残したことが分かる。これらの作品群を見て尊像の様式と併せて巻蓮華様式の蓮華座が特徴的である。これこそが日本化した黄檗様式を示していると思われる。

おわりに

日本に東渡した隠元隆琦は、龍渓性潜の尽力により萬福寺を宇治市五ケ庄に開創するが、これより早く江戸では独本性源に招請され、深川海福寺の開山となっていた。これまでの黄檗派の研究では、萬福寺からスタートしているが、今回は、海福寺開山となった隠元と、その弟子・独本性源の存在を改めて見直した。これまでの研究は『江戸黄檗禅刹記』などの文献的研究が中心に行われてきた。しかし、本論では、その実態を考古学的な資料から捉えな直す試みとして、石塔類に着目し、黄檗派の受容と展開の一端を示すことができないか、という試論である。海福寺の独本性源と隠元隆琦、独本とその法系にあった弟子たちによる教化された黄檗派の展開、また近世期における宗教体制における黄檗派の位置付けに関連して、東大寺大仏殿の復興事業と、黄檗僧らの活躍と海福寺との関連について、外護者やそのネットワークを改めて見直した。かかる黄檗派の展開において、古跡を中興し開堂する過程において、本尊を建立するが、その初源的な様相と教線拡張の過程において、日本的な黄檗様式の仏像様式を完成させた点に触れた。仏像の黄檗様式は、石塔意匠にも影響を与えており、仰蓮華座の「巻蓮華」様式の創出を確認した。さらに、ここで確認した「巻蓮華」は日本的な黄檗意匠に留まらず宗派を超えて、近世期に広まる位牌様式にも多大な影響を与えている。このような隠元隆琦の東渡と黄檗派の展開は、まさに日本近世期の宗教・文化のインパクトと言える。

末筆ながら、海福寺・浄業寺跡の実測調査では、増井有真・中野光将氏に助けていただいたことを記して謝意を表したい。

註

1 柳田聖山　一九九六「隠元の東渡と日本黄檗禅」（源了圓・楊曾文編『宗教』日本文化交流史叢書4）。
竹貫元勝　一九八九『日本禅宗史』。
2 森　安彦　二〇〇〇「近世多摩の新田開発と寺社－享保期新田と黄檗宗寺院－」（『中央史学』二六）。
3 平久保　章　一九八九『隠元』（吉川弘文館）。
4 大槻幹郎・加藤正俊・林雪光編著　一九八八『黄檗文化人名辞典』（思文閣出版）。
5 和田金左　一九七六「伊勢原市に於ける黄檗寺院」（伊勢原市文化財協会）。
6 遠藤廣昭　一九九〇「黄檗派江戸八家庵の古跡並御免とその機能」（『江東区文化財研究紀要』一号）。
7 石田茂作　一九六九『日本仏塔の研究』講談社。
8 木村玄得　二〇〇九『校注江戸黄檗禅刹記』「江戸黄檗禅刹記巻九」
9 註8と同じ。
10 註5と同じ。
11 石田茂作　一九七二『日本の美術』№七七　至文堂　七九頁）に目黒羅漢寺の塔として紹介されているが、海福寺歴代塔である。
12 下妻市　一九九四『下妻市史』中。
13 奈良国立博物館　二〇〇六『東大寺公慶上人』。
14 古賀克彦　二〇一八「近世東大寺大仏千僧供養等に於ける真宗と時宗・融通念仏宗の対比」（『武蔵野大学仏教文化研究所紀要』三四）。
同　二〇一九「近世東大寺大仏開眼万僧供養に於ける真宗と時宗・融通念仏宗の対比」（『武蔵野大学仏教文化研究所紀要』三五）。
15 乾　貴子　二〇一三「美作国における初期黄檗派の展開についての一考察」（『年報 津山弥生の里』第二二号）。
16 註4と同じ。
17 註5と同じ。
18 田中 実マルコス　二〇〇九「念仏獨湛の研究－獨湛の法然観について－」（『印度學佛教學研究』五八）。
19 田中 実マルコス　二〇一一「黄檗獨湛の『勧修作福念仏図説』について」（『佛教大学大学院紀要 文学研究科篇』三九）。
20 楠井隆志　二〇一五「黄檗様彫刻史」（矢島新 編『近世の宗教美術－領域の拡大と新たな価値観の模索－』竹林舎）。
21 安井　類　二〇〇六「松雲元慶について」（『鴨台史学』8）。
22 京都府教育庁指導部文化財保護課　一九八六『重要文化財萬福寺天王殿修理工事報告書』。
23 註20と同じ。
24 楠井隆志　一九九三「北部九州にみる「奇」仏師たちの足跡黄檗彫刻家列伝」（福岡県立美術館編集『黄檗禅の美術』）

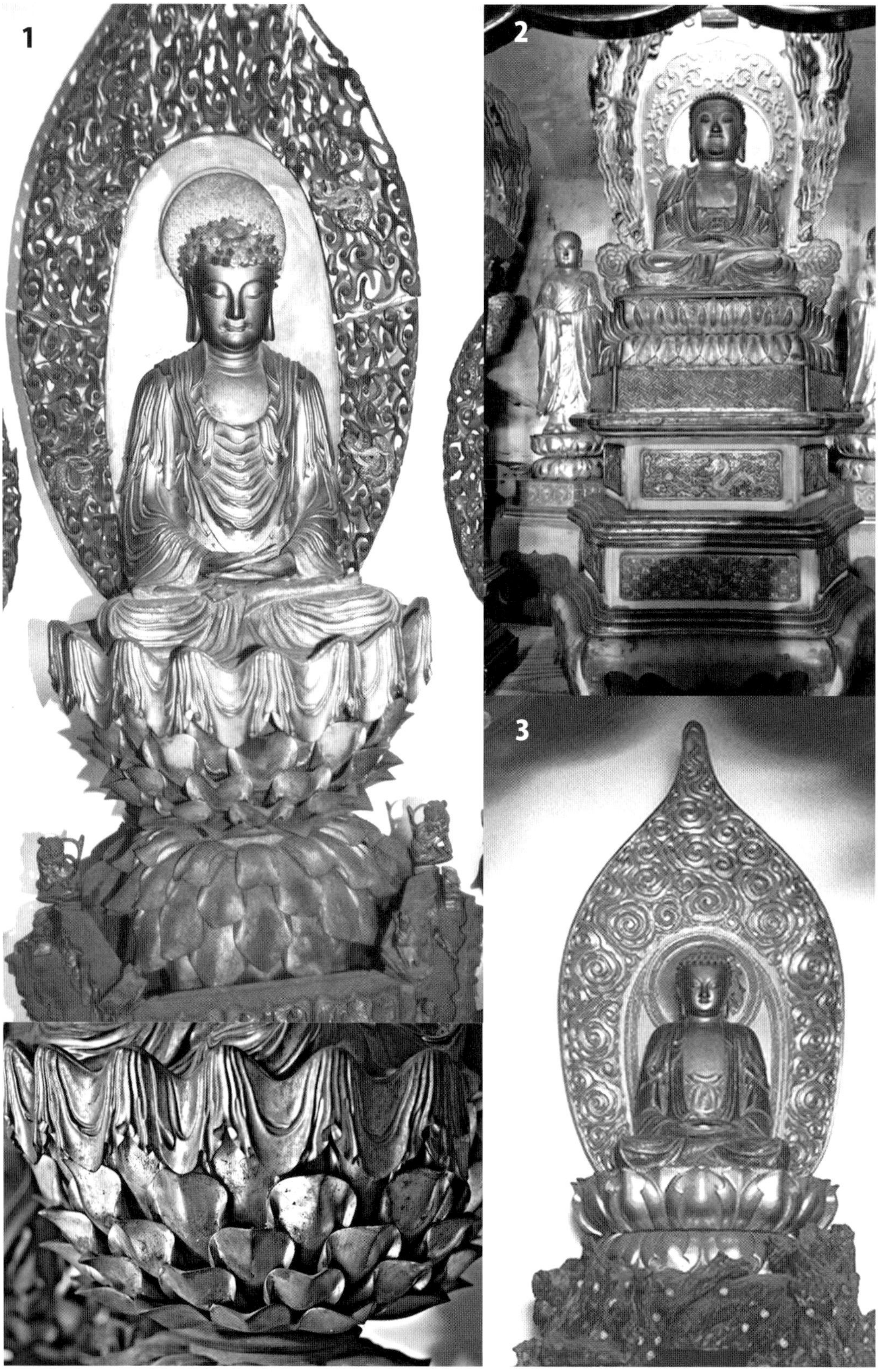

図９　中国将来仏像（１大牟田福厳寺・２長崎晧台寺・３同光雲寺）

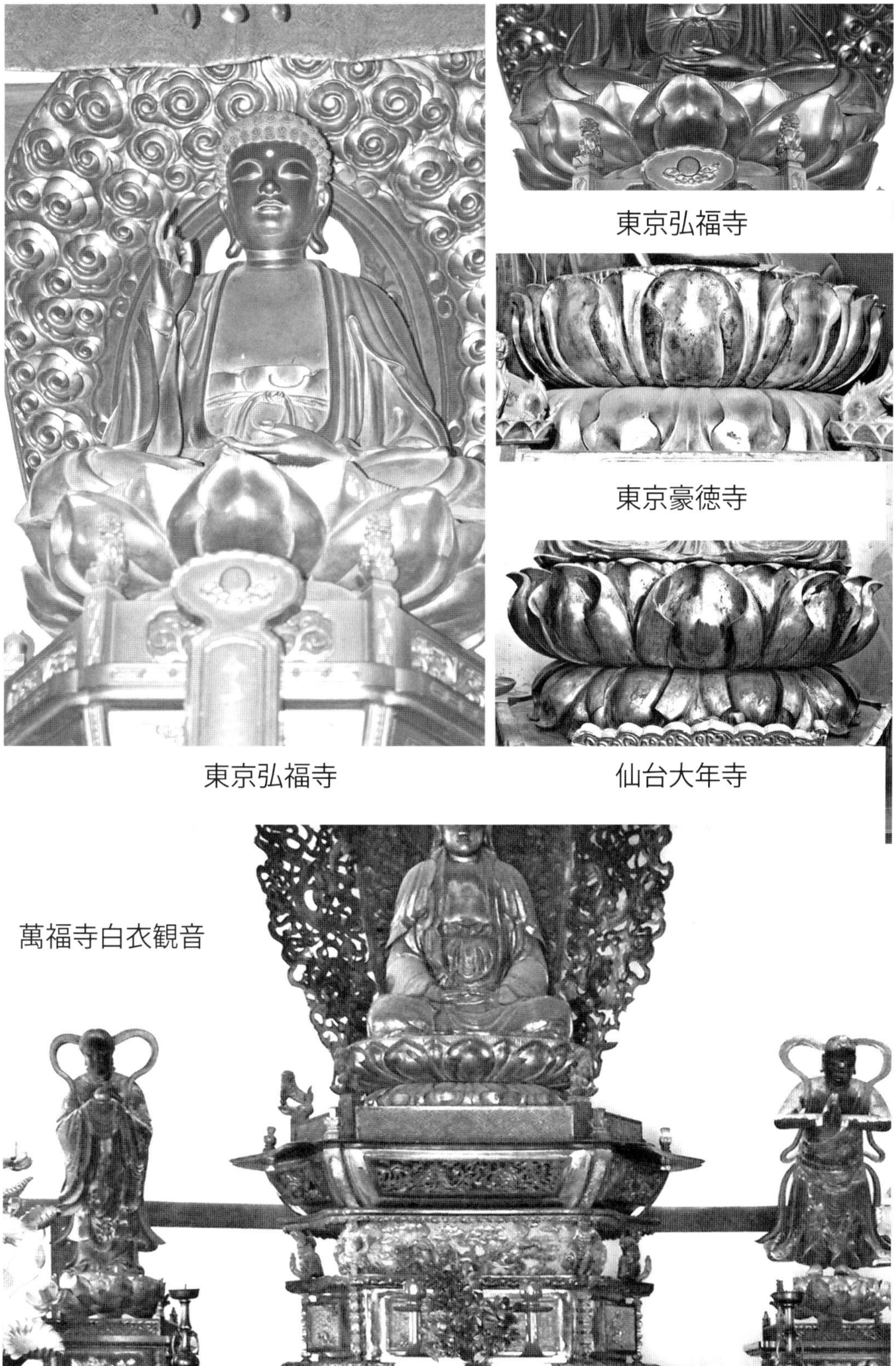

図 10　弘福寺・萬福寺仏像の巻蓮華

図 11　長崎晧台寺・京都浄住寺・豪徳寺仏像

図 12　仙台大年寺と東京五百羅漢寺仏像

図 13　養玉院范道仁製作仏像

図 14　東京目黒五百羅漢寺仏像

紫雲山瑞聖寺・備中新見藩主関家墓所の葬祭について

―『梶並家文書』の「墓地敷石図」と「江戸日記」を中心に―

白石祐司

はじめに

備中新見藩は、現在の岡山県新見市の一部にあった江戸時代の藩であり、美作津山藩（岡山県津山市）の森家の改易に伴い、親戚にあたる関長治が美作宮川藩（同市）から元禄一〇年（一六九七）に一万八千石で立藩し、明治四年（一八七一）の廃藩置県により藩が廃止されるまで、関家が九代にわたり政務を執り行ったところである。現在においても当時の名残として、長治が新見に御成りになった際の大名行列を模したものや、鎮守である船川八幡宮の御神幸を武器行列によって警備させたものとの由来をもつ御神幸武器行列（船川八幡宮秋季大祭）、通称土下座祭りを三〇〇年以上続けるなど、古式ゆかしい祭を伝承している（図1）。また江戸時代以前は、東寺（京都府京都市）等の荘園・新見荘として栄え、国宝「東寺百合文書」にはその記録が約二千点残されているなど、中世・近世と歴史学的に興味深い土地柄である。

　さて、藩史研究を行う上で特に重要視されるのは大名家に伝わる古文書と考えられ、備前岡山藩の池田家文庫（岡山大学付属図書館所蔵）や美作津山藩の松平家文書（津山市所蔵）などがその典型例である。こういった資料を基に、江戸幕府等の資料やその他の地域の家々や寺社仏閣等に伝わった資料と比較検討等を行いながら研究を進めていくものだと思われる。では、新見藩はどうかというと、新見藩の基となるべき関家文書（仮称）という資料は、昭和一三年（一九三八）四月一五日に発生した「新見町の大火」によってほぼ消失してしまったとのことである。[1]そのため、江戸幕府の資料と新見藩士や藩民、寺社仏閣等が残した資料等を基に研究を進めている状況である。

　今回紹介する「墓地敷石図」は、このような新見藩研究の筆頭資料の一つと考えてよい『梶並家文書』に含まれる史料である。この「墓地敷石図」や『梶並家文書』の詳しい説明は次章に譲るとするが、本図を初めて見た

図1　御神幸武器行列（船川八幡宮秋季大祭）

際、その記載されている院殿号や内容等がそれまでの関係資料では見たことがないものであったため、大変興味を惹かれるものであった。そのため、本論考では、本図から把握できることをできる限り紹介したいと思う。

一 「墓地敷石図」と埋葬者

(1) 「墓地敷石図」について（図2・3）

まず「墓地敷石図」を紹介する前に、『梶並家文書』について簡単に説明したい。『梶並家文書』を残した梶並家は、慶長八年（一六〇三）森忠政が美作津山に入部した際に関家の家臣となり、元禄一〇年（一六九七）関家に従い新見に入り、その後は代々新見藩の用人を勤めた重臣の家である。初代藩主関長治を支えた平田兵衛以来、藩政の中枢にあって大きな役割を担い、特に忠太左衛門は五代長誠に重用され、家老の大橋織部が若年であったため、代わりに中老として藩政に当たり、その後も藩主の相談役として活躍した。また幕末期には藩儒・丸川松隠[2]（一七五八～一八三一）の薫陶を受けた蘭窟（内蔵）がおり、物頭大目付寺社奉行等の要職に就き、また文芸や武道が優れ、詩文や絵画にも精通した人物であり、多くの書状等を残している[3]。

『梶並家文書』は、御判物・御勤向（六五点）、書状（五一点）、金融（八点）、学芸（二四点）、系図・法号（一〇点）、日記・その他（一九点）、合計一七七点あり、その年代は元禄二年（一六八九）から明治三八年（一九〇五）までで構成されている。新見市が所蔵しており、平成二四年八月二日付けで新見市の重要文化財（古文書）に指定され、現在新見市教育委員会で保管されている。

さて、「墓地敷石図」、は『梶並家文書』の中で系図・法号の一つとして把握されていたものであり、図に題名が付けられていなかったため、本古文書群を調査・研究等及び目録作成を行っていた新見地方史研究会等が、記載されている内容が藩主等の院殿号であったことや没年が書かれていること、整備された区画であることなどから墓所と捉え、「墓地敷石図」と名付けたものである。

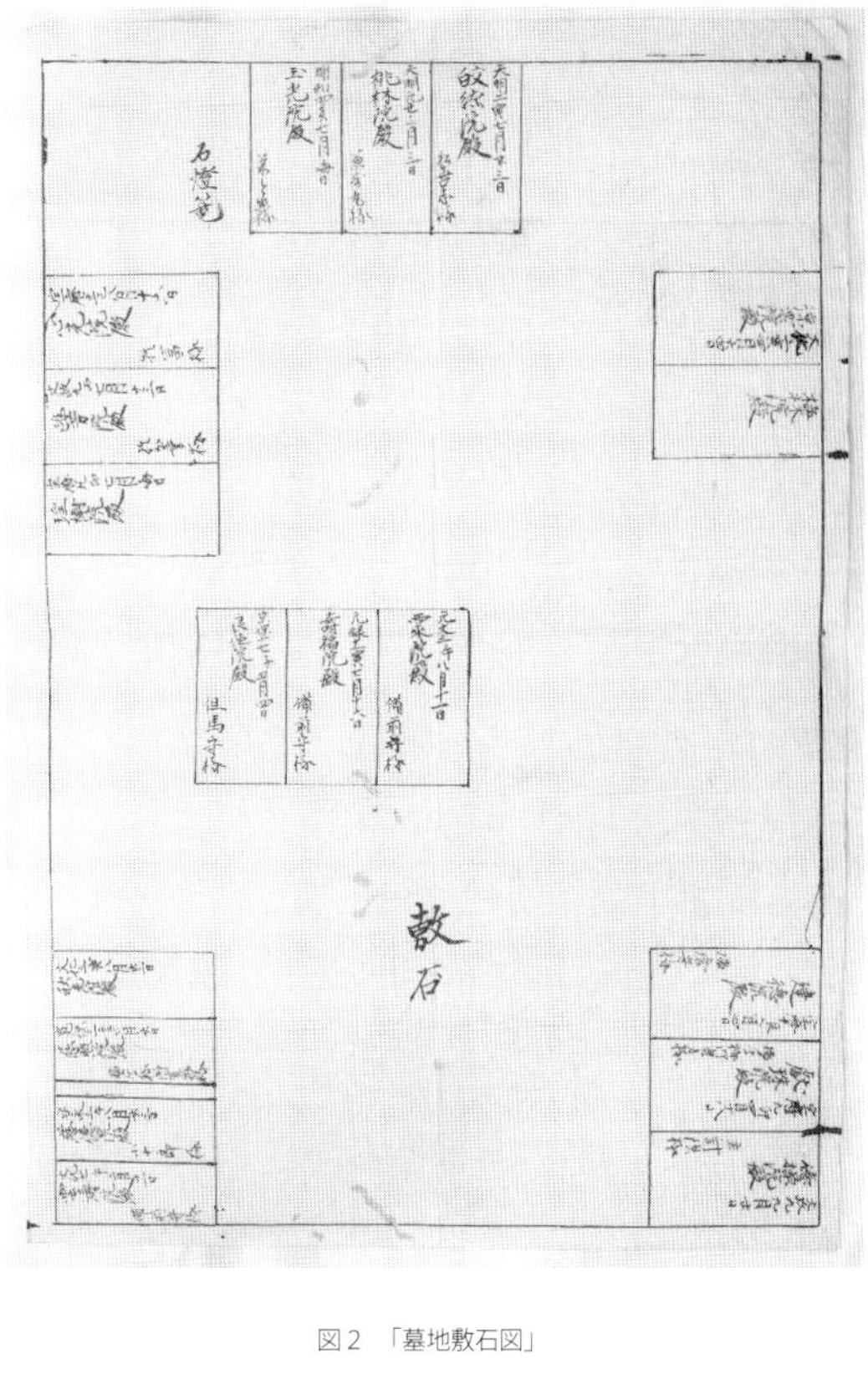

図2 「墓地敷石図」

本図の概要を説明するにあたり、方角が記載されていないため、縦書きで書かれている「敷石」を正しく読める方向を便宜上正面とする。

本図は縦二七・七cm、幅一九cmの薄手の和紙に、外枠として縦二六cm、幅一八cmの矩形の囲み線を描いており、その囲い線内に矩形を描き、その中に院号等を記載している。矩形は大きく見て六箇所に分かれ、そのうち五箇所が外枠の囲み線に沿っている。下部から見ていくと、右下と左下の両隅に位置し、右下の枠は縦二cm、幅四cmの三つの矩形（①～③[4]、墓所A

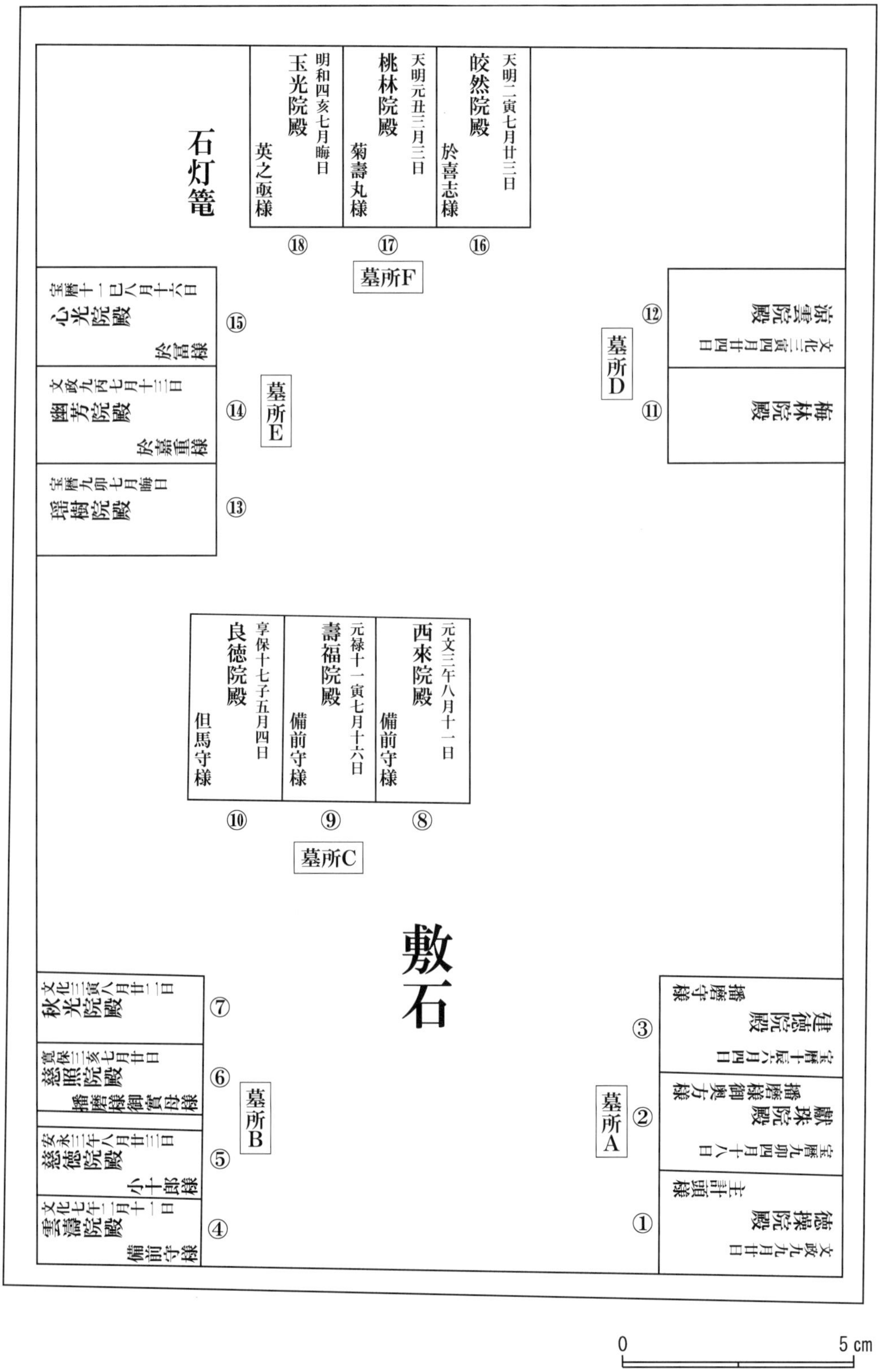

図３ 「墓地敷石図」トレース図（数字等を加筆）

とする）を上下に描き、院殿号等を左正面で記載している。その向かい側の左下には縦一・二〜一・五㎝、幅三・七㎝の四つの矩形（④〜⑦、墓所Bとする）を二つずつ上下に配置し、院殿号等を右正面で記載している。またその二つずつの矩形の間に〇・三㎝の空間を設けている。図中央付近に、縦四㎝、幅二・一〜二・二㎝の三つの矩形（⑧〜⑩、墓所Cとする）をやや左側に寄せて配置し、院殿号等を下正面で記載している。その墓所Cの右上で右辺と添う縦二・一㎝、幅三・九㎝の二つの矩形（⑪〜⑫、墓所Dとする）を上下に描き、院殿号等を左正面で記載している。墓所Dの向かい側に、左辺と添わせる縦二・一〜二・二㎝、幅四・一㎝の三つの矩形（⑬〜⑮、墓所Eとする）を上下に描き、院殿号等を右正面で記載している。最後に中央付近の上辺に添わせる縦三・九㎝、幅二〜二・二㎝の三つの矩形（⑯〜⑱、墓所Fとする）を左右に配置し、院殿号等を下正面で記載しており、図の中央付近にある墓所Cよりもやや右側、より中央より描かれている。矩形以外には、墓所Cの下で墓所Aと墓所Bとの中央に「敷石」と書かれ、また上辺の墓所Eと墓所Fの間に「石灯篭」と縦書きで書かれている。

本図には折り目が付いており、現状で半分に谷折りし、右側から三つ折りにして、最後に山折りをしている。薄手の和紙で、上記の折り方を行うと、持ち運びに便利な大きさになるため、現地等を把握するための手持ち資料と考えることが妥当と思われる。

(2)「墓地敷石図」の埋葬者について（表1・図4）

続いて、各矩形内の記載を明記し、その人物の概要を説明する。矩形内の記載は右から没年月日、院殿号、官位または幼名・名・履歴が記載されている。

【墓所A】

①文政九九月廿日／徳操院殿／主計頭様

①は六代藩主長輝である。長輝は、安永六年（一七七七）に五代長誠（④）と枕氏の息子として新見に生まれる。[5] 寛政七年（一七九五）に藩主となり、同年従五位下と備前守を叙任される。文政九年（一八二六）九月廿日に死去し、法号は徳操院殿樸巖惟馨大居士である。[6]

②宝暦九卯四月十八日／獻珠院殿／播磨様御奥方様

②は三代藩主政富（③）の正室で、豊後杵築藩四代藩主松平親純の娘で、諱は不詳である。宝暦九年（一七六一）四月一八日に死去し紫雲山瑞聖寺（東京都港区白金台）に葬られ、法号は獻珠院殿光慧慈恭大姉である。[7]

③宝暦十辰六月四日／建徳院殿／播磨守様

③は三代藩主政富である。政富は、享保三年（一七一八）に二代長廣（⑩）と慈照院殿（⑥）の息子として江戸に生まれる。同一七年に藩主となり、同一九年に従五位下播磨守を叙任される。祖父の長治に薫陶を受け、また学問を奨励して宝暦五年（一七五五）に藩校思誠館を創立している。[8] 宝暦一〇年六月四日に江戸で死去し瑞聖寺に葬られ、法号は建徳院殿鳳山元輝大居士である。[9]

④文化七午二月十一日／雲濤院殿／備前守様

④は五代藩主長誠である。長誠は、寛保二年（一七四二）に三代政富（③）と某氏の息子として新見に生まれ、安永三年（一七七四）に四代政辰の養子になり、政辰の死去に伴い藩主となり、同年従五位下備前守を叙任される。政誠は藩校思誠館の推進として丸川松隠の招聘を図り、松隠を思誠館の督学としており、また政誠は学問や和歌にも優れ、晩年に東鶴翁と号している。文化七年（一八一〇）二月一一日に江戸で死去し瑞聖寺に葬られ、法号は雲濤院殿子彬鶴翁大居士である。[10]

⑤安永三午八月廿三日／慈徳院殿／小十郎様

⑤は四代藩主政辰である。政辰は、寶暦七年（一七五九）に三代政富（③）と豊後国杵築藩四代藩主松平親純の娘の息子として江戸に生れ、幼名を小

十郎と言う。同一〇年七月二十七日に、藩主になったものの、生来病弱であったため、安永三年（一七七四）八月二三日に新見で死去し清瀧山西来寺（岡山県新見市）に葬られ、慈徳院殿彼山本立大居士と号している。[11]

⑥寛保三亥七月廿日／慈照院殿／播磨様御實母様

⑥は三代藩主政富（③）の実母で、幾田氏とされる。慈照院殿江月浄輝大姉と号し、寛保三年（一七四三）七月二〇日に死去している。[12][13]

⑦文化三寅八月廿二日／秋光院殿

⑦は五代藩主長誠（④）の側室で、菊壽丸（⑰）の母に当たり、名を利野と言う。文化三年（一八〇六）八月二二日に死去し、法号は秋光院殿蘭室妙芳大姉である。[14]

⑧元文三午八月十一日／西來院殿／備前守様

⑧は初代長治で、明暦三年（一六五七）に美作津山藩二代藩主森長継[15]の子として生まれ、寛文九年（一六六九）に関長政の養子となる。元禄二年（一六八九）に美作宮川藩主となり、その後津山藩森家の改易に伴い、備中新見藩を一万八千石で立藩し、御殿（陣屋）の築造をはじめ町の整備、治水など、新見藩の基礎を築いた。宝永六年（一七〇九）、備前守に叙任され、享保一〇年（一七二五）に兄で津山新田藩主のち播磨三日月藩初代藩主となった森長俊の次男長廣（⑩）を養子に迎え、家督を譲り隠居する。元文三年（一七三八）に新見で逝去し西来寺に葬られ、西來院殿廓聖本然大居士と号している。また長治は、新見の風木谷にあったとされる黄檗宗の西来庵を再興し、この西来寺を開基している。[16] このことは二章で少し詳しく述べたい。

⑨元禄十一寅七月十六日／壽福院殿／備前守様

⑨は藩祖長政で、慶長一七年（一六一二）に、成次の次男として美作津

表1 「墓地敷石図」の院殿号等一覧

墓所	番号	「墓地敷石図」の記載内容			備考		
		院殿号	没年	官位・俗名	名前等	法号	生年~没年（西暦）	新見藩主期
A	1	徳操院殿	文政九九月廿日	主計頭様	長輝（六代）	樸巖惟馨大居士	安永六年~文政九年（一七七七~一八二六）	寛政七年~文政二年（一七九五~一八一九）
	2	獻珠院殿	宝暦九卯四月十八日	播磨様御奥方様	政富（三代）の室	光慧慈恭大姉	?~宝暦九年（?~一七六一）	-
	3	建徳院殿	宝暦十辰六月四日	播磨守様	政富（三代）	鳳山元輝大居士	享保三年~宝暦一〇年（一七一八~一七六〇）	享保一七年~宝暦一〇年（一七三二~一七六〇）
B	4	雲濤院殿	文化七午二月十一日	備前守様	長誠（五代）	子彬鶴翁大居士	寛保二年~文化七年（一七四二~一八一〇）	安永三年~寛政七年（一七七四~一七九五）
	5	慈徳院殿	安永三午八月廿三日	小十郎様	政辰（四代）	彼山本立大居士	宝暦七年~安永三年（一七五九~一七七四）	宝暦一〇年~安永三年（一七六〇~一七七四）
	6	慈照院殿	寛保三亥七月廿日	播磨様御實母様	政富（三代）の母	江月浄輝大姉	?~寛保三年（?~一七四三）	-
	7	秋光院殿	文化三寅八月廿二日	無記名	桃林院殿の実母	蘭室妙芳大姉	?~文化三年（?~一八〇六）	-
C	8	西來院殿	元文三午八月十一日	備前守様	長治（初代）	廓聖本然大居士	明暦三年~元文三年（一六五七~一七三八）	元禄一〇年~享保一〇年（一六九七~一七二五）
	9	壽福院殿	元禄十一寅七月十六日	備前守様	長政（藩祖）	梅巖性誠大居士	慶長一七年~元禄一一年（一六一二~一六九八）	-
	10	良徳院殿	享保十七子五月四日	但馬守様	長廣（二代）	恭嶽浄謙大居士	元禄七年~享保一七年（一六九四~一七三二）	享保一〇年~享保一七年（一七二五~一七三二）
D	11	梅林院殿	無記名	無記名	長誠（五代）の娘	芳蕚如清大童女	?~文化三年（?~一八〇六）	-
	12	涼雲院殿	文化三寅四月廿四日	無記名	長誠（五代）の娘	蘊空如證大童女	?~文化三年（?~一八〇六）	-
E	13	瑶樹院殿	宝暦九卯七月晦日	無記名	政富（三代）の息子	桂岳霊芳大童子	延享四年~宝暦九年（一七四七~一七五九）	-
	14	幽芳院殿	文政九丙七月十三日	於嘉重様	成煥（七代）の娘	嫩恵如秀大童女	?~文政九年（?~一八二六）	-
	15	心光院殿	宝暦十一巳八月十六日	於富様	政富（三代）の娘	秋岳了繡大童女	宝暦二年~宝暦一一年（一七五二~一七六一）	-
F	16	皎然院殿	天明二寅七月廿三日	於喜志様	長誠（五代）の娘	秋月衍清大童女	天明元年~天明二年（一七八一~一七八二）	-
	17	桃林院殿	天明元丑三月三日	菊壽丸様	長誠（五代）の息子	回節衍春大童子	安永七年~天明元年（一七七八~一七八一）	-
	18	玉光院殿	明和四亥七月晦日	英之亟様	政富（三代）の息子	心月衍照大童子	宝暦三年~明和四年（一七五三~一七六七）	-

山藩に生まれた。承應元年（一六五二）に従五位下但馬守を叙任され、同年兄の森長継が美作うち一万八千石を分与し、宮川藩を立藩する。[17]その後、寛文六年（一六六六）に備前守を叙任される。元禄一一年（一六九八）七月一六日、江戸で死去し瑞聖寺に葬られ、法号は壽福院殿梅巌性誠大居士である。[18][19]

⑩享保十七子五月四日／良徳院殿／但馬守様

⑩は二代藩主長廣である。長廣は、元禄七年（一六九四）に、後に津山三日月初代藩主となる森長俊の次男として美作津山藩に生まれ、宝永三年（一七〇六）四月に関長治（⑧）の養子になる。享保一〇年（一七二五）、長治が隠居に伴い家督を継ぎ、同年従五位下但馬守を叙任される。病弱であったため、享保一七年五月四日に三九歳で江戸において死去し、瑞聖寺に葬られた。法号は良徳院恭嶽浄謙大居士である。[20]

⑪梅林院殿

⑪は五代藩主長誠（④）と内藤氏の娘で、名をお諾と言う。梅林院殿芳蕚如清大童女と号し、文化三年（一八〇六）正月一六日に死去し、瑞聖寺に葬られる。[21]

⑫文化三寅四月廿四日／涼雲院殿

⑫は五代藩主長誠（④）の娘で、名をお美壽と言う。涼雲院殿蘊空如證大童女と号し、文化三年（一八〇六）四月二四日に死去している。[22]

⑬宝暦九卯七月晦日／瑶樹院殿

⑬は三代藩主政富（③）と側室の岡田氏の息子として、延享四年（一七四七）五月晦日に新見で生まれ、幼名を道五郎、名を富矩と言う。瑶樹院殿桂岳霊芳大童子と号し、宝暦九年（一七五九）七月晦日（三〇日）に江戸で死去し、瑞聖寺に葬られる。[23][24]

⑭文政九丙七月十三日／幽芳院殿／於嘉重様

⑭は七代藩主成煥の娘として江戸で生まれ、名を嘉重と言う。文政九年（一八二六）七月一三日に死去し、法号は幽芳院殿嫩恵如秀大童女である。[25]

⑮宝暦十一巳八月十六日／心光院殿／於冨様

⑮は三代藩主政富（③）と松平氏の娘として宝暦二年（一七五二）三月三日に江戸で生まれ、名をお冨と言う。心光院殿秋岳了繡大童女と号し、宝暦一一年（一七六一）八月一六日に死去し、瑞聖寺に葬られる。[26]

⑯天明二寅七月廿三日／皎然院殿／於喜志様

⑯は五代藩主長誠（④）と哥女の娘として、天明元年（一七八一）九月

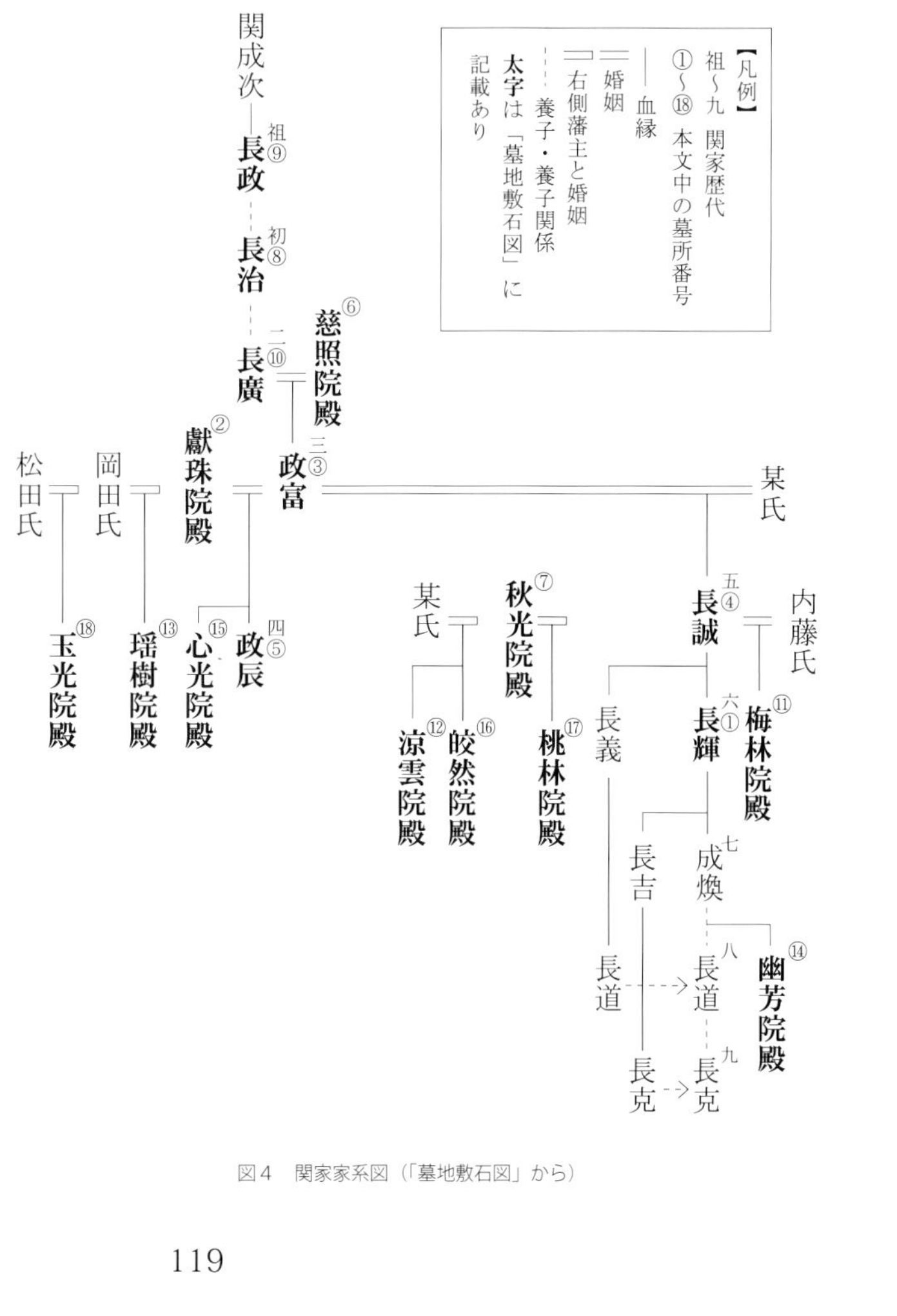

図4　関家家系図（「墓地敷石図」から）

一二日に江戸で生まれ、名を喜志と言う。同二年七月二三日に死去し、院殿号は皎然院殿秋月衍清大童女である。[27]

⑰天明元丑三月三日／桃林院殿／菊壽丸様

⑰は五代藩主長誠（④）と秋光院殿（⑦）の息子として、安永七年（一七七八）八月一八日に江戸で生まれ、幼名を菊壽丸と言う。天明元年（一七八一）三月三日に死去し、法号は桃林院殿回節衍春大童子である。[28][29]

⑱明和四亥七月晦日／玉光院殿／英之亟様

⑱は三代藩主政富（③）と松田氏の息子として、宝暦三年（一七五三）五月一四日に新見で生まれ、幼名を荒四郎、宝暦一〇年には英之亟と称し、名を富章と言う。明和四年（一七六七）七月晦日（二九日）に江戸で死去し、法号は玉光院殿衍照大童子である。[30]

図面の概要と記載されている人物について明記したが、まず本図は墓所区画と想定される矩形に歴代藩主等の院殿号が記載されていることや、また区画内に灯篭を造立していることから位牌堂等内でも基本的にありえないので、新見藩主の関家墓所であることが間違いないであろう。また藩祖長政や初代長治の文字を縦以外に記載することは不敬と思われることや、それに合わせて一般的な「敷石」「灯篭」の文字が縦に読めることから、この方向が正位だと考えられる。

さて、記載されている人物を大きく分けると藩祖を含めた新見藩藩主とその母妻子である。藩主等を確認すると藩祖長政から六代長輝までが、また母妻子では三代政富の母妻子、五代長誠の子、七代成煥の子が書かれている。このことから、本図は七代成煥の藩政期に描かれたことが考えられ、また記載されている最後の人物である六代長輝が文政九年（一八二六）に亡くなり、続く成煥が安政二年（一八五五）に没し瑞聖寺に埋葬されることから、この間に描かれたことがわかる。

没年を基に各墓所の造立を追うと、まず藩祖長政（⑨、墓所C）、続いて二代長廣（⑩、墓所C）、その後初代長治（⑧、墓所C）、慈照院殿（⑥、墓所B）献珠院殿（②、墓所A）、瑶樹院殿（⑬、墓所E）、三代政富（③、墓所A）、心光院殿（⑮、墓所E）、玉光院殿（⑱、墓所F）、四代政辰（⑤、墓所B）、桃林院殿（⑰、墓所F）、皎然院殿（⑯、墓所F）、梅林院殿（⑪、墓所D）、涼雲院殿（⑫、墓所D）、秋光院殿（⑦、墓所B）、五代長誠（④、墓所B）、幽芳院殿（⑭、墓所E）、六代長輝（①、墓所A）となる。

この関家墓所に関する資料は確認できていないが、初代長治と三代政富が墓所造立やその配置について考えたと考えられる。先述の造立順序から最も古い人物は長政で、逝去直後に造立されたとすると、長治が藩祖である長政を墓所で一番良い場所と考えられる中央付近（墓所C）に配置しており、この場所を起点に全体的な配置設計したと思われる。次に亡くなる二代長廣は、享保一七年（一七三二）に江戸で亡くなり、関家墓所の中央付近である長政の左隣に配置している。当時藩政は三代政富が行っていたが、初代長治は隠居しているものの未だ現役であり、その存在は政富にとって最大の助言者であったのは想像に難くない。そのため、長廣の墓所選定あたり、長治との協議の結果と推定される。

続いて、長治が亡くなることになるが、長治の墓所は長政の右隣に配置され、本図上最も中央に配置されている。この墓所中央に配置されている意図として、政富から長治への尊敬の念などにより造立したものが想定されるが、そもそも政富が造立したかも判然としない。つまり、長治が逆修塔として造立していた可能性や、墓所全体が後々拡張、または縮小され、本図のようになり、結果的に長治墓所が中央になった可能性も否定はできない。確証はないが、政富にとって長治は偉大な祖父であったため、墓所中央に造立したと考えたい。

そして、政富をはじめ、その有縁者である母秋光院殿や妻献珠院殿を墓所Cの下側にあたる墓所A・Bへ配置している。また政富は自分の子どもを墓所Cの上側にあたる墓所E・Fに造立している。

政富以後は、この造立配置を踏襲しており、藩主とその妻は墓所Cから下側の墓所A・Bに、藩主の子どもは上側の墓所D～Fに造立している。ただ墓所E・Fを見ると、政富の子どもの瑶樹院殿、心光院殿が墓所Eに、玉光院殿が墓所Fに分かれて配置され、その後その横に五代長誠や七代成煥の子どもの墓所が配置されていくことから顧みると、当初は各墓所を広く敷地を使用していたことが窺え、時代とともに埋葬者が増えるにあたり墓所と墓所の間を利用していったようである。

表2　西来寺関家墓所の人物一覧

墓所	番号	院殿号等	種別	名・字等	刻年（西暦）月日	備考
東側墓所	1	西來院殿廓聖本然大居士	墓塔	長治	元文三年（一七三八）八月一一日	初代藩主
	2	慈徳院殿彼山本立大居士	墓塔	政辰	安永三年（一七七四）八月二三日	四代藩主
	3	雲濤院殿子彬鶴翁大居士	辞世の碑	長誠	文化七年（一八一〇）二月一一日	五代藩主
	4	徳操院殿樸巖惟馨大居士	自詠の碑	長輝	文政九年（一八二六）九月二〇日	六代藩主
	5	雲臺院殿玉光智仙大童子	墓塔	台九郎	宝暦五年（一七五五）八月二三日	三代政富の息子
	6	香林院殿紫梅貞芳大姉	墓標	某氏	寛政五年（一七九三）正月四日	五代長誠の実母
	7	大乗妙伝一字一石塔	供養塔	‐	‐	香林院殿が書写
	8	慧照院殿敏順貞恭大姉	墓標	不明	明治四年（一八七一）八月八日	七代藩主の有縁
	9	雄岳院殿旭瑞東翁大居士	自詠の碑	成煥	安政二年（一八五五）一一月二一日	七代藩主
	10	淳真院殿英良澹静大童子	墓標	不明	明治五年（一八七二）七月二六日	関長吉の息子
	11	明照院殿鈎月耕雲大居士	墓標	富昌	文政八年（一八二五）七月一四日	三代政富の息子
西側墓所	12	鳳林院殿彩雲瑞仙大童女	墓塔	お倶	寛政三年（一七九一）一二月四日	五代長誠の娘
	13	黄梅院殿天霧素英大童子	墓標	武吉	宝暦八年（一七五八）五月一六日	三代政富の息子
	14	芳春院殿見桃妙花大童女	墓標	お嶺	宝暦六年（一七五六）三月八日	三代政富の娘
	15	珠光院殿桐山貞紅大童女	墓標	お岑	延享四年（一七四七）一〇月四日	三代政富の娘
	16	真静院殿婉質狠順大童女	墓標	お順	明治三年（一八七〇）七月二九日	長吉の娘
	17	影性院殿芳槿綻香大童女	墓標	お閏	天明五年（一七八五）五月二日	五代長誠の娘
	18	春紅院殿桃嶽見性大姉	墓標	不明	寛政二年（一七九〇）三月八日	不明
	19	玉樹院殿峯顔齢露大童女	墓標	お愛	寛政三年（一七九一）一一月一六日	五代長誠の娘
	20	仙壽院殿浄進智鏡大姉	墓標	松田氏	文化八年（一八一一）二月二日	三代政富の側室
	21	清香院殿花岳麗艶大童女	墓標	お麗	明治三年（一八七〇）七月八日	長吉の娘
	22	大通院殿智寶妙勝童女	墓標	不明	天保一一年（一八四〇）一一月二三	長義の娘
	23	圓鏡院殿真顔妙容童女	墓標	不明	天保一一年（一八四〇）一二月九日	長義の娘
	24	乾心院殿大機忍量大居士	墓標	長吉	嘉永四年（一八五一）五月一六日	六代長輝の息子
	25	天授院殿清忍敬淑大姉	墓標	信頭氏	明治二二年（一八八九）三月二八日	長吉の実母
	26	舜徳院殿静質乾斎大居士	墓標	長克	明治一〇年（一八七七）三月一七日	九代藩主

二　関家の菩提寺・西来寺と瑞聖寺

(1)　清瀧山西来寺の関家墓所（図5～8）

関家の葬地について、『寛政重修諸家譜』や『森家先代実録』をひも解くと、新見の菩提寺である清瀧山西来寺と江戸の菩提寺である紫雲山瑞聖寺がその多くを占めていることがわかる。[31]「墓地敷石図」を検討するにあたって、この二寺について、現状と合わせて紹介したい。

西来寺は曹洞宗の寺院[32]で、新見藩の御殿や藩校・思誠館があった現在の岡山県立新見高等学校北校地及び新見市立思誠小学校から北北東に約二〇〇mの山腹に位置し、黒髪山から南西に延びる尾根と尾根の間にできた平坦面に伽藍を南西向きに築いている。現在の住所は、新見市新見二三二三である。元禄一一年（一六九八）、黄檗宗本山の黄檗山萬福寺第二世の木庵性瑫やその弟子の鉄眼道光らにまなび、その後曹洞宗の月舟宗胡から薫陶を受けた徳翁良高は初代長治に現地を与えられ、風木谷にあったとされる西来庵を再興した。徳翁良高は、師であった月舟宗胡の遺骨を終焉地である禅定寺（京都府綴喜郡宇治田原町禅定寺）より開山として迎え、自らは二世として中興し、また寺号を西来寺に改めた。

関家墓所は、本堂の北西にある尾根上に平坦面を東側と西側の2か所に造成して築かれており、特に東側の墓所は藩主の墓所があるため西側よりも高くされている。本堂側から階段で上ると東側の墓所の正面に着き、まず初代長治、続いて四代政辰の墓所を見ることができる。[33]そこから、五代長誠の辞世の碑や六代長輝の自詠の碑、七代成煥の自詠の碑、五代長誠の実母の墓や同人物による一字一石塔等が東から西にかけて造

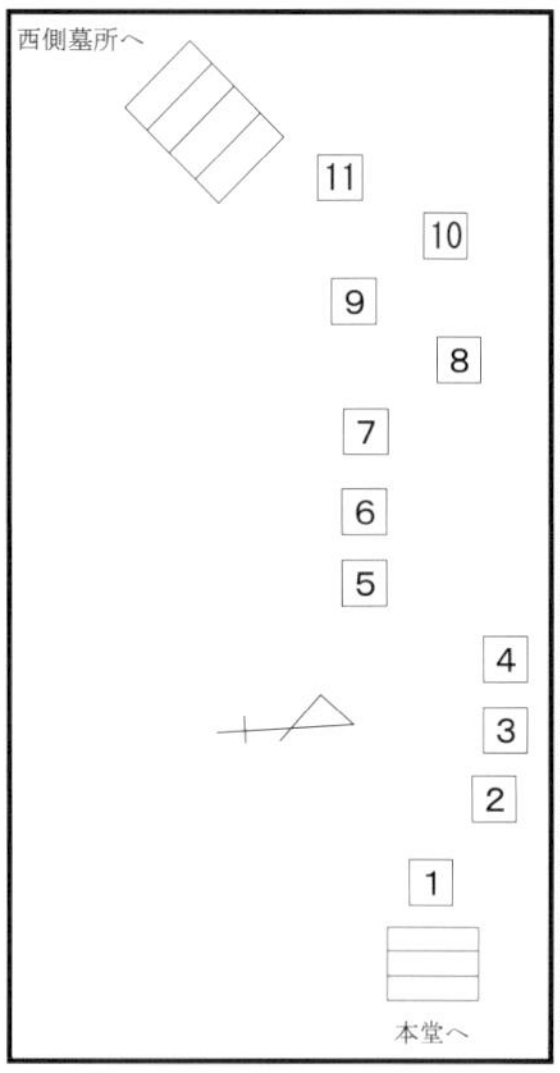

図6　西来寺関家墓所（東側墓所）配置図

図5　西来寺関家墓所（東側墓所）　正面は長治墓所

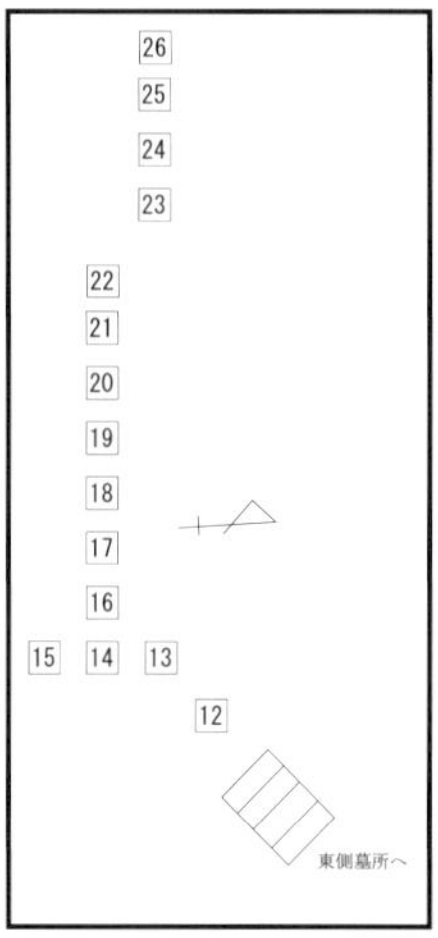

図7　西来寺関家墓所
（西側墓所）配置図

図8　西来寺関家墓所（西側墓所）

立されている。続いて、東側墓所南西奥の西側墓所に通じる階段を降りると、三代政富の子どもや五代長誠の子ども、成煥の弟にあたる長吉とその子ども、長輝の弟にあたる長義の子ども等の墓標が造立されている。さらに、その奥に少し位置を北側にずらしては九代藩主長克の墓標等がある。本墓所の墓標等を一覧にしたものが表2である。埋葬者は、藩主をはじめ、藩主の実母、側室、子どもであり、また「関家略譜」や「森家先代実録」によると葬地が判明している全員が新見で亡くなっている。

(2) 紫雲山瑞聖寺の関家墓所（図9）

続いて、瑞聖寺は黄檗宗の寺院で、東京メトロ南北線・都営地下鉄三田線白金台駅の南側に約一〇〇mのところに位置しており、現在の住所は東京都港区白金台三丁目二‐一九である。寛文一〇年（一六七〇）、木庵性瑫により開山され、摂津国麻田藩の二代藩主青木重兼が開基し、翌年にかけて伽藍を整備していった。重兼は、日本黄檗宗の祖である隠元隆琦から知遇を得、隠元の弟子の慧林性機を招致し、萬福寺の造営奉行を担うなど、黄檗宗に帰依し多大な功績を残している。また瑞聖寺は多くの大名の菩提寺とされており、関家をはじめ、開基の青木家、豊後森藩の久留島家、長門萩藩及びその支藩の毛利家の墓所が造営されている。

現在の関家墓所は、本堂の右側一帯に形成されている墓地の入り口近くに造営されているが、第二次世界大戦以前に合祀されたため、当時の姿を見ることはできない状況にある。[34][35]

さて、改めて「墓地敷石図」を見ると、どうであろうか。まず西来寺の関家墓所と本図の配置は全く異なっており、埋葬者もほぼ一致しないことから、西来寺とは考えられない。

対して、瑞聖寺には当初の墓所が残っていないものの、藩祖長政から六代長輝までの歴代藩主の院殿号が見えること、瑞聖寺に葬られたとの記録が残る藩主及び妻子が記載されていることから、瑞聖寺の関家墓所の可能性が高いと考えられる。

また本図には『寛政重修諸家譜』等では西来寺に葬ると記録されている初代長治、四代政辰も記載され、また実際に西来寺に両者の墓所があることから考えると、瑞聖寺の墓所には分骨塔等の供養塔の造立を想定しておく必要がある。

三　江戸時代末期の瑞聖寺関家墓所の参詣方法

一章で記したとおり、「墓地敷石図」は、七代成煥の藩政期にあたる文政九年（一八二六）から安政二年（一八五五）までに描かれたものである。この間にあたる嘉永年間（一八四八〜一八五五）に、江戸詰であった梶並蘭窟が江戸での記録を「江戸日記」として残しており、その中に瑞聖寺での墓所参詣について書かれているため、ここで紹介したい。

梶並蘭窟は梶並家八代当主で、幼名傳弥、諱は内蔵、字は明達、通称林芳と言い、蘭窟は号であり、この他にも号をもっている。文化三年（一八〇六）一月一三日新見で生まれ、幼くして藩校思誠館の督学教授丸川松隠の私塾回陽舗で、山田方谷とともに朱子学等を学んでおり、天保年間（一八三一〜一八四五）の江戸詰の際には、昌平黌（昌平坂学問所）で程朱を学び、さらに佐藤一斎の塾で陽明学を学んでいる。また詩文や書、武術にも通じる文武両道の人物であった。また先の江戸詰では、七代成煥の息子の御側詰を務め、その後新見に帰り、弘化年間（一八四五〜一八四八）まで物頭を担った。嘉永元年に再び江戸詰を任ぜられ、嘉永七年までの江戸の仕来り定書による行事を現実の状況と合わせて書かれたのが「江戸日記」であり、御定書として纏められた貴重な文献として評価されている。帰藩してからは、慶応元年（一八六五）まで用人として勤め、同年に次男の高庸に家督を譲っている。蘭窟は明治一四年（一八八一）三

図9　瑞聖寺本堂

月九日に七六歳で没し、純恭院清風蘭窟居士という法号が与えられ、新見市内の雲居寺に葬られた(36)。

では、「江戸日記」の「白銀瑞聖寺」の項目を紹介する。以下、新見地方史研究会が翻刻したものを引用・加筆したものである(37)。

【『江戸日記』の「白銀瑞聖寺」部分】（図10）

○白銀瑞聖寺

御廟御参詣之節

一右御参詣之節、多分裏門通也、裏門内
馬立有ル所ニ而、御道具以下落ル、
御墓エ直ニ被成、御越少手前ニ而被成
御下乗御参詣也、御先供等柵御門前ニ而
落ル、略図之通り
御拝礼済、御霊屋江、御参拝、也
右御道筋、御子様方御墓、御拝礼有り

図（門周辺の配置）御刀番、御駕番、御刀番、御先供。

御柵門前ニ而、御刀番両人とも刀ヲ脱押、後草りヲ脱、壱人ハ
御先に入御刀を取、壱人ハ御手水ヲ上ル、御香台等ハ
御駕目付取扱候

御拝礼御順

壽福院様
良徳院様
西来院様
慈徳院様
建徳院様
雲濤院様
徳操院様
御総牌様

右御拝礼済而、
御霊屋　御拝礼

図（霊屋内の配置）御霊屋、式臺、砂り、看牌僧御迎ニ出ル。

右相済而、院主に被成御逢候節、西ノ方玄関ゟ成
御通候、此節御刀ハ御持被成御通候、
御帰り之節ハ、表玄関に御供相廻り御待申上ル
御駕、脇玄関前両側ニ並居、先供も同断、鐘
楼堂前ニ而、御乗駕、但此所迄役僧御送り申上候、
御直談被遊候

これを訳すと以下のようになる。

○白銀瑞聖寺の御廟を参詣する際

参詣する際の多くは裏門を入る。裏門内には馬置き場がある所に道具を置く。墓へ直に行く場合は、少し手前で下乗し参詣する。行列の先頭等は柵や門前に待っている。略図の通りである。礼拝が済んでいる場合は、御霊屋へ参拝する。右の道筋には(藩主の)お子様方の墓があるので拝礼する。

図（門周辺の配置）刀番、駕脇、刀番、御先供

柵や門前に刀番の二人とも刀を外し、その後草履を脱ぎ、一人は先に入

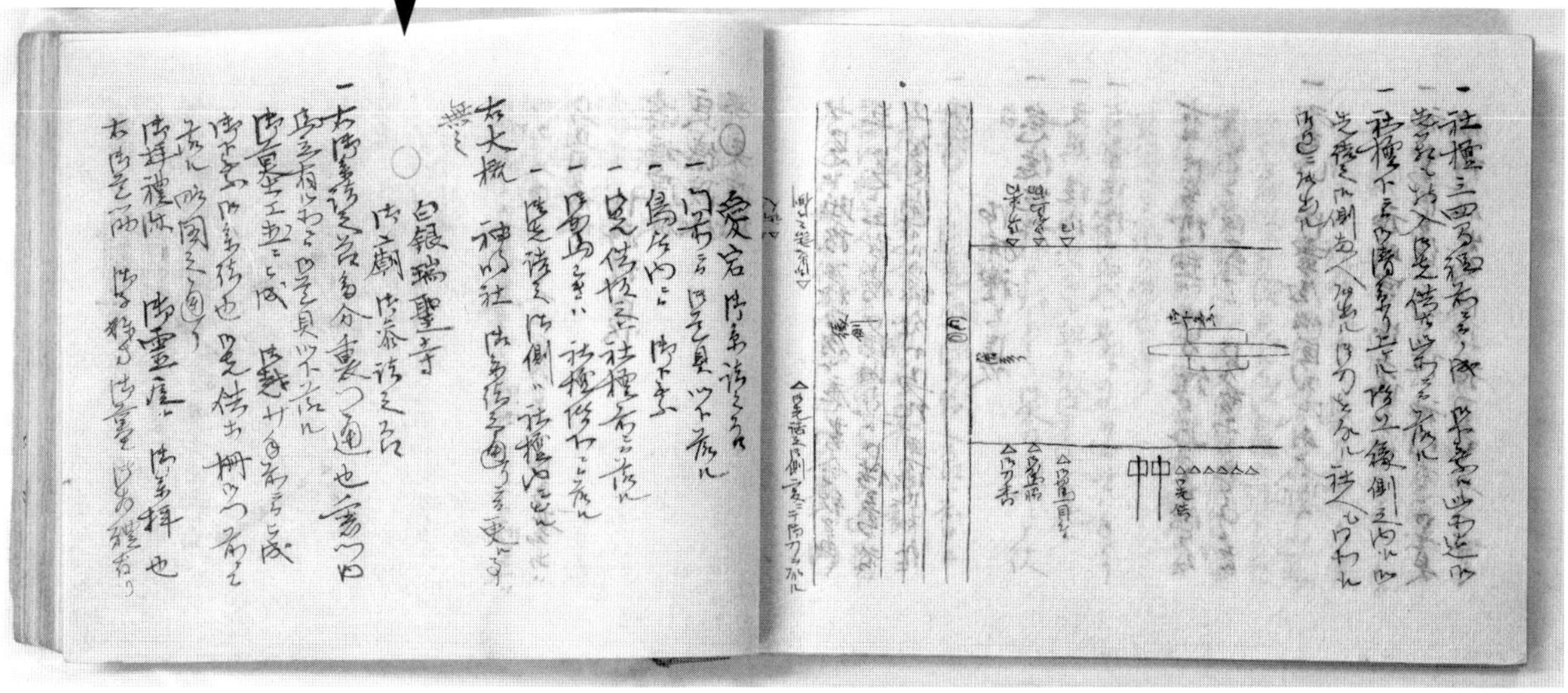

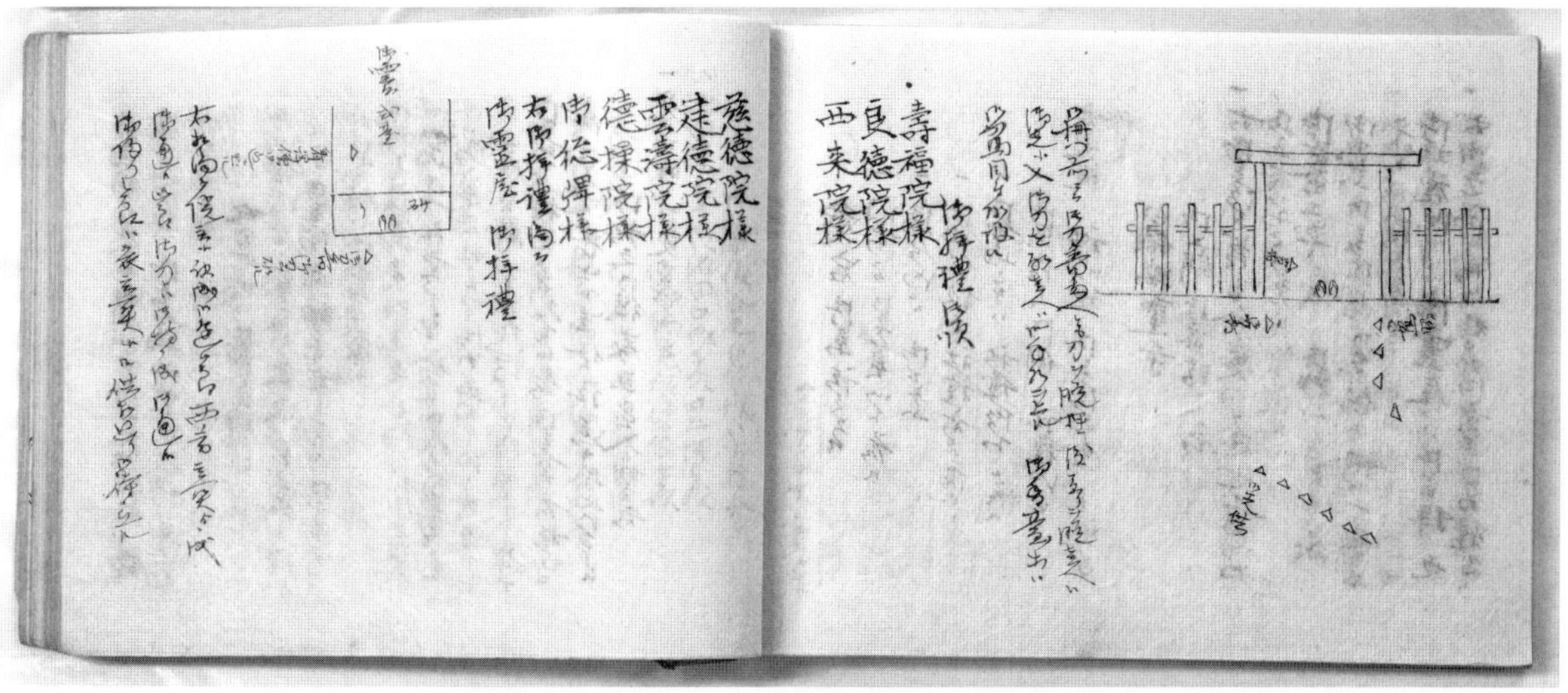

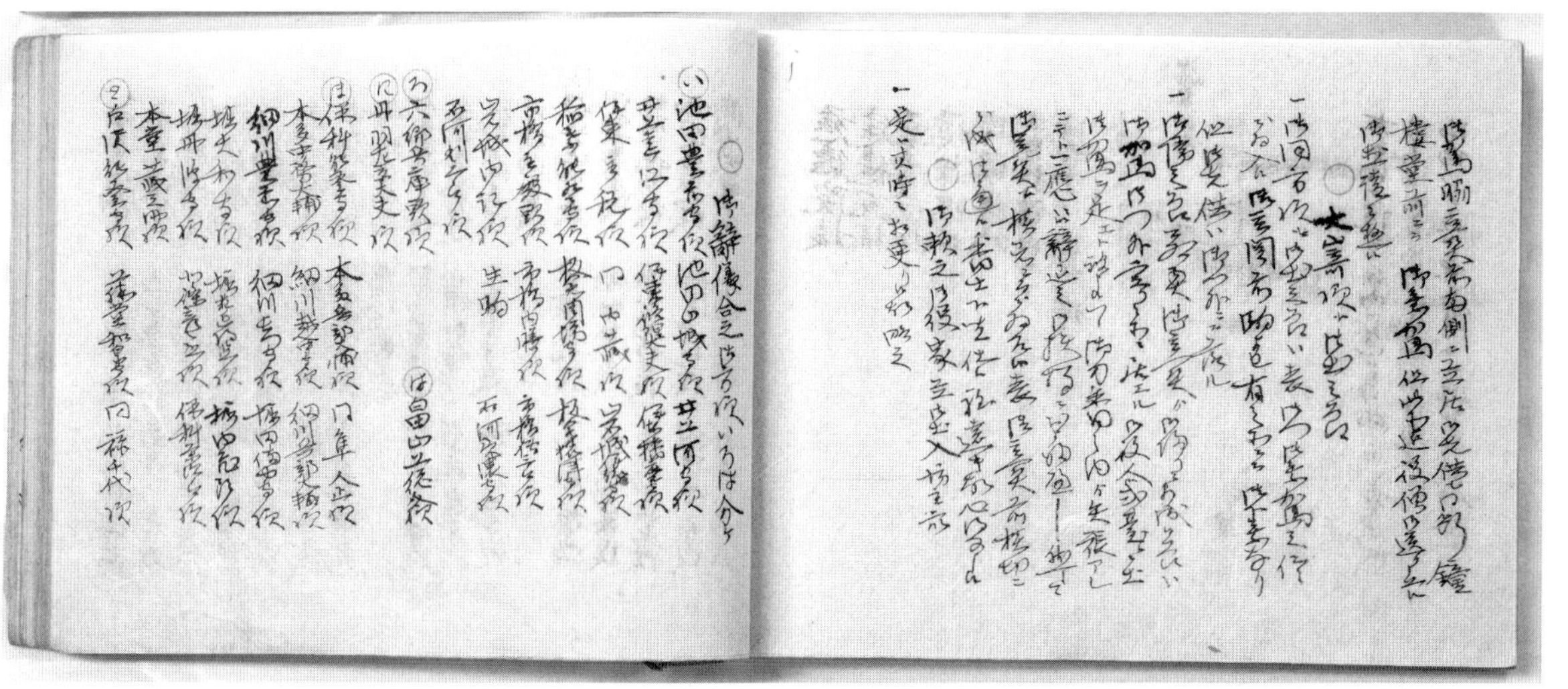

図 10 「江戸日記」の「白銀瑞聖寺」部分

り御刀を受け取り、一人は手水を用意している。御香台等は駕籠の目付が取り扱う。

拝礼の順は、壽福院（藩祖長政⑨）、良徳院（二代長廣⑩）、西来院（初代長治⑧）、慈徳院（四代政辰⑤）、建徳院（三代政富③）、雲濤院（五代長誠④）、徳操院（六代長輝①）、その他の墓、そして御霊屋に拝礼をする。

右の礼拝がすんだら、御霊屋を礼拝する。

図（霊屋内の配置）御霊屋、式台、砂り、香牌僧が迎えに出る。

右のことが全て終わったら、瑞聖寺の院主にお会いになる。（その後西の方の玄関からお通りになる。この時に、御刀をお持ちになってお通りになる。お帰りの時は、表玄関にお供が回りお待ち申し上げている。駕籠脇は脇玄関の前の両側に並び、供の先頭も同じである。鐘楼堂前で御駕籠にお乗りになる。ただし、このところまで役僧がお送りをする。（その際、役僧へ）直接お話遊ばされる。

さて、幕末では瑞聖寺墓所を礼拝は上記のように行うのであるが、まず表門から入るわけではなく、多くの場合裏門から入るようである。これは馬の置き場が裏門付近に用意されているとはいえ、表門から入場しないのは利便性を重視していたのであろうか。

また墓所内外で拝礼までの手順を踏んだ後、藩祖を含めた歴代藩主をまず拝礼する。「墓地敷石図」を参考にすると、藩祖長政は別格として初めに拝礼し、そこからは左側の墓所から右側の墓所、再び左側、右側と交互にその側々の古い藩主から古い藩主へと拝礼している。この拝礼順は、関家が津山藩及び三日月藩主の森家と親戚関係にあり、新見藩主の一部が先の藩から養子に来ているため、出自等に何かしらの関係を想定したが、特に関係性は見いだせなかった。そのため、おそらくは参拝儀礼に関係するものと思われるが、不明な点が多いため今後の課題としたい。

藩主墓所の拝礼に続いて「御総牌様」に拝礼することになっており、この「牌」が藩主以外の妻子の墓を表しているのか、または位牌廟等が別に配置されていたか、位牌を現地に持って行っていたのかなど、資料がなく判然としないが、藩主墓所を事前に拝礼していることを顧みると藩主以外の妻子の墓のことを表している可能性が高いと思われる。

全ての墓所の拝礼終了後に御霊屋を礼拝し、その後瑞聖寺のトップである院主と会談を行うのである。なお、御霊屋は現在残っていない。

改めて参詣方法と「墓地敷石図」を照らし合わせると、先程の御霊屋が描かれていないことがわかる。御霊屋の拝礼するにあたり、「御拝礼済、御霊屋江、御参拝、也、右御道筋、御子様方御墓、御拝礼有り」と子どもの墓所の脇を通るとのことから、墓所D・E・F周辺に造立されていたと考えられる。ただ御霊屋が本図の描かれている範囲内に造立されていたのか、範囲外に造立されていたのかについては不明である。また本図と「江戸日記」では最大で二九年の年代差があるので、その間に御霊屋の建て替え等で、図に反映されていない場合も考えておく必要がある。

おわりに

以上、本稿では、新見藩用人の梶並家に伝わった『梶並家文書』の「墓地敷石図」を紹介し、本図に記載されている院殿号や各墓所の配置から、合祀及び整理・縮小される前の紫雲山瑞聖寺内関家墓所の図面と推定した。瑞聖寺の関家墓所に関する資料は、現在のところ把握されていないため、本図は関家の墓所研究において大変貴重な史料といえる。また同じ『梶並家文書』の「江戸日記」は、幕末における同墓所の参詣方法が記載されており、当時の墓所礼拝儀礼やそれに付き添う藩士の行動等を把握することができるなど、本図を考える上で重要な史料である。関家の埋葬場所としての墓所の捉え方は、基本的に逝去した場所で決定していたことが窺え、新見で逝去したならば西来寺へ、江戸ならば瑞聖寺へとしているため、国許まで運ぶという意識は少なかったようである。

　旧藩主に伝わる資料が失われている新見市にとって、本史料のような各家々に伝わる資料で関家の記録が残されているものの重要性は確固たるものである。こういった貴重な資料を保護・研究し、また新たな資料を発見・把握・調査することが必要不可欠と考えるところである。

　ところで、近年、新見市では郷土史家の高年齢化や亡くなられた方々が増えてきている。郷土史家は、地域の歴史を密に研究を行うことから、地方の歴史を語る上で非常に重要な役割を担っているが、上記の理由のために新見藩や新見荘等の研究者が不足していることが近々の課題となっている。本稿は資料紹介で筆をおくことになってしまったが、新見藩に少しでも興味を持っていただき、研究者が増えていくことを切に願うばかりである。

　最後に、本稿の執筆にあたり、橋本隆也氏、松田重治氏、内池英樹氏、松原典明氏のご教示を賜ったことを記し、謝意を表する。

註

1 新見市史編纂委員会編『新見市史　通史編下巻』新見市　平成三年
2 備中聖人・山田方谷（一八〇五～一八七七）をはじめたとした多くの弟子を輩出し、「江戸日記」の梶並蘭窟もその一人である。
3 新見市地方史研究会編『新見藩資料 梶並家文書 参』平成一九年
4 任意に番号を振っており、没年月日や藩主の順番等になっていない。
5 『寛政重修諸家譜』では、「安永二年」と記載されている。
6 『寛政重修諸家譜』及び『渡邉家文書』の『関家略譜』を参考にした。なお、渡邉家とは、梶並家と同様に新見藩の用人として勤めた重臣の家である。渡邉家に伝わった『渡邉家文書』は新見藩を研究する上で重要な資料として、新見市指定文化財に指定されている。本史料は数ある関家家系図の一つであり、長治の高祖父にあたる関成重（一五二八～一五九二）から八代長道までの藩主及びその子の名・字、履歴、法号等が記載されている。
7 『寛政重修諸家譜』及び『森家先代実録（新見本）』を参考にした。『森家先代実録』は、播磨赤穂藩八代藩主が編纂を開始し、九代忠敬時に二八巻、津山城図、補遺二巻として完成したもので、森家の事績が記載されており、親戚である関家も巻二五巻に単独で記載されている。現在赤穂本、東大本、新見本の三種類が確認され、新見本は明治時代に写本されたものとされ、関家に関係する部分を他本と変えている。昭和五九年（一九八四）に新見市の重要文化財に指定されている。
8 吉村久子『関候三百年』備北民報株式会社　平成九年一〇月。
9 7と同じ。
10 7と同じ。
11 7と同じ。
12 『森家先代実録』では、「寛保二癸亥年」と記載されているが、年と干支が合っていないため、寛保三年が正しいと考えられる。
13 『梶並家文書』の「御先霊様御実名並」を参考とした。「御先霊様御実名並」に「秋光院様　桃林院殿実母利野同（文化）三四月廿四日」に記載が見える。本史料は藩祖長政⑨の祖父成政から八代長道(安政五年［一八五八］没）までやその母子の院号、諱、履歴、没年月日が書かれており、表紙に「弘化四年（一八四七）三月」と記載されている。また各人物の下に回忌と考えられる漢数字が書かれた紙が貼られており、回忌年から文久元年（一八六一）に貼られたことがわかる。

14 7と同じ。

15 慶長一五年（一六一〇）年に生まれ、寛永一一年（一六三四）に美作津山藩の二代藩主になり、延宝二年（一六七四）に長武に家督を譲っている。津山藩森家の改易に伴い、元禄一〇年（一六九七）に備中西江原藩を立藩する。翌一一年七月一一日に江戸で逝去している。

16 7と同じ。

17 立藩時期について、寛永一一年（一六三四）や寛永一四年と諸説ある。

18 長政の葬地については異説があり、新見市の個人宅に伝わった『関家記録』によると、元禄一一年（一六九八）に森長継と関長政が立て続けに亡くなり、江戸で葬送儀礼を行った後、遺骨・舎利を新見に届けている。そして、関長治の母である継光院が長政の墓所を決めるにあたって、黄檗宗の寺にするべきとして西来庵、後の西来寺に納骨していると書かれている。ただし、本史料は伝わった史料をまとめたものとされており、また現在のところ史料批判ができているとは言い難い状況である。今回は紹介するに留め、今後の課題としたい。

19 7と同じ。

20 『梶並家文書』の「御歴代御法名」を参考とした。本史料は新見藩が立藩以前の関成政から文政年間までの歴代藩主とその妻子の法号、名・字、葬地を含めた簡単な履歴等が記載されている。立藩以前と以後では書き方を変えており、以後のものは没日別に記載していることから過去帳として書かれている。なお、本史料は没日が「十六日」の項で二人の記載しているところで終わっている。

21 『梶並家文書』の「御法号」及び『渡邉家文書』の「関氏略系図」を参考とした。前者は、藩祖長政から文化三年（一八〇六）没の秋光院殿までの関家藩主とその妻子の法号と没年月日、名前等が記載されている。後者は渡邉直が書いたもので、関家先祖の政直から六代長輝の子どもまでの系図に名前と履歴が記載されている。

22 6の『関家略譜』及び7の『森家先代実録（新見本）』を参考とした。

23 没月日が『関家略譜』では「七月四日實閏月朔日」と記載されている。

24 22と同じ。

25 6の『関家略譜』を参考とした。

26 22と同じ

27 25と同じ。

28 6の『関家略譜』及び13の『御先霊様御実名並』を参考とした。

29 『関家略譜』や「御歴代御法名」には「六日」と記載されているため、誤記の可能性がある。

30 6と同じ。

31 『渡邉家文書』の「関家・湯浅家法名」によると、関家の分家等が新見市の雲居寺や養源寺（養元寺）等を葬地として使用している。

32 関家墓所として指定された頃は黄檗宗の寺院とされる。

33 本墓所は昭和五七年（一九八二）に市の史跡に指定されている。

34 秋元茂陽『江戸大名墓総覧』金融界社　平成一〇年。なお、瑞聖寺の墓地は一般公開されていない。

35 現在の瑞聖寺の関家墓所は供養塔一基分の一区画のみであり、「墓地敷石図」に描かれているような多人数が埋葬できる敷地ではないため、関家墓所の合祀や瑞聖寺墓地の整理にあたり、大々的な縮小を行ったと考えられる。

36 3と同じ。

37 3と同じ。

丸嘉講武州田無組の石造物

中野光将

はじめに

富士講は、長谷川角行が富士山の仙元大日神（仙元大菩薩）を信仰することにより天下泰平・無病息災が得られるとして誕生した講の一つである。

この富士講が庶民の間で急速に広まったのは、角行の教えを受け継いだ食行身禄（一六七一～一七三三）になってからといわれている。その身禄は、教えを広めることや当時の世情の不安定さに抗議する目的に享保一八年（一七三三）に現在の富士山八合目の烏帽子岩で入定する。この出来事が各地域で広く受け入れられ、再び富士信仰が拡大するきっかけとなり、そのため、身禄は中興の祖とも呼ばれている。

身禄が亡くなった後、身禄の娘やその弟子達が様々な講を組織した結果、さらに、その講の弟子達によって枝講が新設し、江戸時代の終わりには数多くの富士講が認められ「江戸八百八講」と称される程、爆発的な隆盛をみせた。しかし明治時代以降徐々に、富士講は衰退し、現在でも活動している講社は数少ない。

講社は少なくっているが、文献資料、富士塚や富士塚に造立された富士信仰に関連する石造物、講碑が各地に残っている。講碑は、富士登山の記念や、講社先達の顕彰など富士講の携わる人々によって築造されたもので形状は様々だが、当時の富士講の分布、講員数、信仰形態など数多くの情報をもたらし、詳細が不明な富士講を復元するのに有用な資料である。

そこで、本稿では北多摩地域に数多くの講社が存在した富士講の一つである丸嘉講武州田無組（以下、丸嘉講田無組）の石造物を取り上げ、先行研究を参考に石造物から読み取れた様相を紹介していきたい。

一　丸嘉講武州田無組

丸嘉講田無組は丸嘉講の講祖である、近江屋嘉右衛門（菊行道寿）の弟子である善行道山が享保一八年（一七三三）に現在の西東京市田無の秀行道栄に伝えたことによって誕生したといわれる富士講である。この、丸嘉講田無組は他の丸嘉講とは違い、多数の村々の丸嘉講を合わせて一つの連合体である「田無組」を作りまとまって行動をともにしていた。基本的に講員は、代々家単位で加入しており、家長が代表となっている。また、各講の先達の中から、大先達を選び、講を運営しているが、大先達は先達を辞める訳ではなく、自分の講の先達も兼務して活動をしていた。

丸嘉講田無組は、年代によって講社数および講員数に、増減があるため正確ではないが、おおよそ現在の練馬区、西東京市、武蔵野市、三鷹市、調布市、小金井市、東久留米市、清瀬市、埼玉県所沢市、新座市などに分

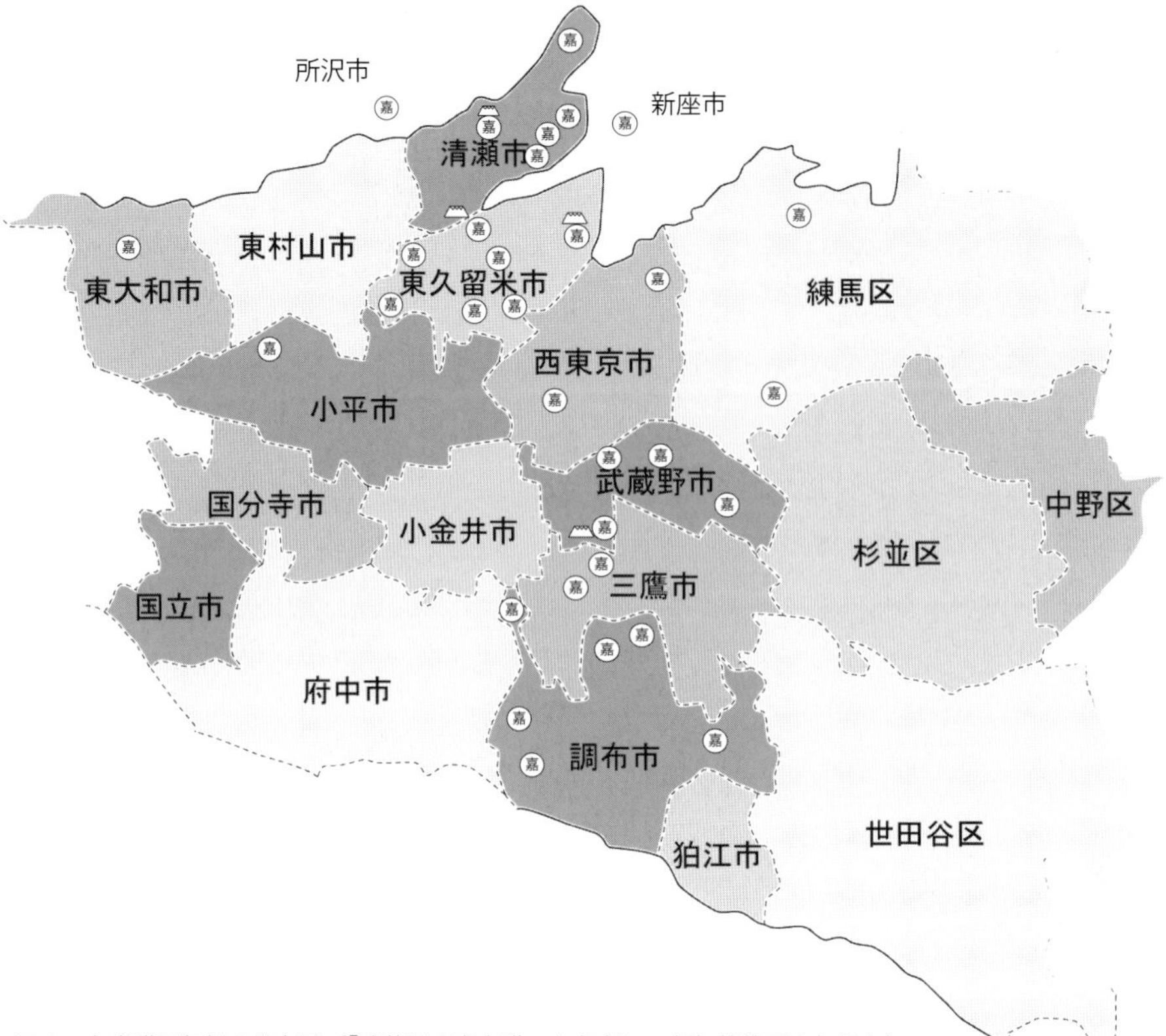

図1　丸嘉講田無組の分布図（「武蔵野の富士講」を参考に一部加筆修正を加えた）

布しており北多摩地域一帯に広がっている。最大三〇以上の講社で、講員数は二〇〇〇人以上存在していたと考えられている（図1）。

ただし、現在活動しているのは、東京都清瀬市の中里講社、東久留米市の落合講社、そして下里講社の三講社のみである。

この丸嘉講田無組の運営方法や広範囲にわたって講社が存在している特殊性から、文献資料、祭礼、富士塚そして講碑などがしばしば取り上げられてきた(1)。次に、先行研究によって確認されている丸嘉講田無組の石造物の概要を記していくことにする。

二　各地に残る丸嘉講武州田無組の石造物

今回は、講碑(2)・燈籠・水盤・鳥居のような講員が何らかの意図で奉納あるいは、建立した石造物を対象とし、一般的に富士塚に造立されているような、富士山に存在する場所などを想起させる石造物は除外した。これを踏まえて各自治体で紹介されている石造物の概要は以下の通りである。

(1)　御師　上文司家　山梨県富士吉田市上吉田269(3)

上文司家は、上吉田の御師町が成立した元亀三年（一五七二）から続く家筋で、代々淡路を名乗っている。現在の御師は十八代目であり、北口本宮冨士浅間神社の宮司でもある。現在に至るまで丸嘉講田無組の御師であり、屋敷内には丸嘉講田無組の石造物や奉納額が数多く残されている。丸嘉講田無組に関する石造物は六基存在している。

①　**講碑**（登山六十六度　武州新座郡上保谷村　野口条次郎）（図2）

富士山型をした全長七五cmの特徴的な講碑である。この碑の左側面には、上保谷村の先達野口条次郎が富士山登拝を六六回達成したことを記念して造立されたことが記されている。なお、この趣旨と同じ講碑が、後

図２　御師上文司家①講碑（『上吉田の石造物』から転載）

図３　御師上文司家②講碑（『上吉田の石造物』から転載）

図４　御師上文司家④講碑（『上吉田の石造物』から転載）

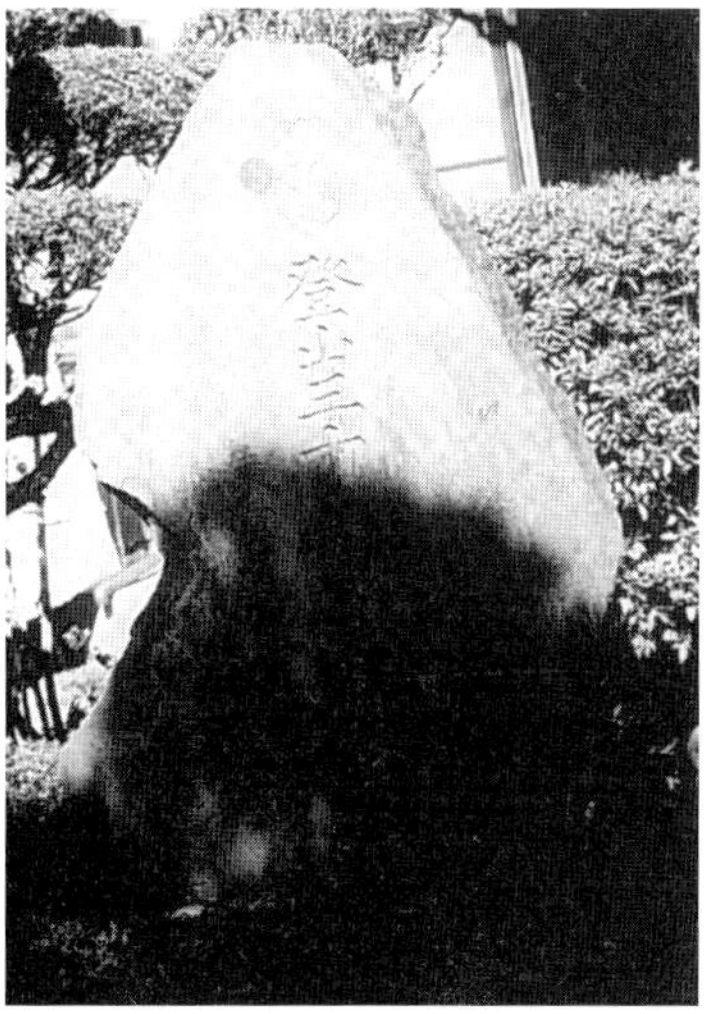

図５　御師上文司家④講碑（『上吉田の石造物』から転載）

図６　御師上文司家⑤燈籠（『上吉田の石造物』から転載）

図７　御師上文司家⑥講碑（『上吉田の石造物』から転載）

図８　御師上文司家⑦燈籠（『上吉田の石造物』から転載）

述する旧[4]上柳沢野口家にも存在しており、そこからこの講碑は明治一三（一八八〇）年四月二日に造立されたといえる。

② **講碑**（武州新座郡　上保谷村　保谷□□□　野口条次郎）（図3）

長方形の全長二五cmの講碑である。正面には先述した上保谷村の先達野口条次郎の銘が彫られていることから、上保谷村の講員によるものであると解るが、目的は不明である。

③ **講碑**（岡田五郎）（図4）

全長五六cmを測る柱状の講碑である。西窪村の先達であった岡田五郎によって造立された石造物であるが、その目的は②と同じく不明である。

④ **講碑**（登山三十三度大願成就）（図5）

不整形を呈す全長一三九cmを測る講碑である。この碑は、丸嘉講田無組第十四代大先達である村野谷吉が富士山登拝を三三回達成したことを記念して昭和一三年（一九三八）七月二四日に造立された講碑である。講碑には、御詠歌と当時の講社として清瀬村中里・中清戸・上清戸、久留米村下里・前沢・神明山・南沢・小山・落合・門前、保谷村保谷、石神井村、武蔵野町境・関前、田無町、松井村下安松の計十六講社が記されている。

⑤ **燈籠**（図6）

全長二三三cmを測る燈籠である。竿部正面に「御神燈」、右側面に「武州多摩郡田無村組(嘉)道行中」、裏面に「文政十丁亥年六月十五日」とそれぞれ記されているが、造立者は不明である。

⑥ **講碑**（登山四十年元祖代御礼　御中渡中興開山真願成就　内外八湖川上御礼）（図7）

全長一〇七cmを測る柱状の講碑である。正面に「登山四十年元祖代御礼／(嘉)道行御中渡中興開山真願成就／内外八湖川上御礼」右側面に「弘化四丁未六月吉日」左側面に「武州多麻郡　西久保村　願主　岡田五郎吉　速行道運」と記されている。この碑は、西窪村の先達岡田五郎吉が富士登拝四〇回達成を記念して弘化四年（一八四七）六月に造立された講碑である。現在の所、年代の解る最も古い講碑である。

⑦ **燈籠**（図8）

全長一〇〇cm以上を測る燈籠で、正面には「御神燈」、左側面には「(嘉)武州多麻郡西久保村／同行　岡田五郎吉」と記されている。[5] この燈籠も先の西窪村の先達岡田五郎による奉納燈籠である。

(2) 御師　番匠屋　山梨県富士吉田市上吉田343

屋号を番匠屋といい、渡辺民部・佐太夫と称していた。丸嘉講田無組に関する石造物は二基存在している。

① **講碑**（登山三十三度御礼）（図9）

全長八五cmを測る不整形を呈す講碑である。この講碑は、梶野村の先達であった野口林造が富士登拝三三度を記念した講碑を何らかの理由で野口倉之助が明治四〇年（一九〇七）七月に再建したものである。

図9　御師番匠家①講碑（『上吉田の石造物』から転載）

図10　御師番匠家②講碑（『上吉田の石造物』から転載）

② **講碑**（大々神楽）（図10）

全長一四七㎝で不整形を呈す講碑である。この講碑は、日露戦争に関連して、明治四〇年（一九〇七）に梶野村の講員が太々神楽を奉納した際に造立された講碑である。

(3) 下里の富士塚　東京都清瀬市竹丘2丁目（図11）

下里の富士塚は、横を流れる野火止用水を作る際に出た土を利用して築造されたといわれているが、延宝六年（一六七八）の成立とされる徳川林正史研究所所蔵の東久留米一帯を描いた尾張藩「御鷹場絵図」には、既にこの富士塚が描かれており、古くよりこの地に富士塚が存在していたことが指摘されている。(6)

現在は、丸嘉講田無組下里講社の拠点であり、頂上には、浅間神社が安置されているため、東久留米市の氷川神社の管轄でもある。

図11　下里の富士塚　講碑

この富士塚には、第十三代大先達である中村重蔵が、大正一四年（一九二五）七月二五日に太々神楽の奉納を記念して造立された全長一〇〇㎝以上を測る不整形を呈す講碑が存在する。

講碑には、久留米村・三鷹村・小平村・武蔵野市・石神井村・埼玉県入間郡松井村・埼玉県北足立郡戸田・田無町・保谷村・清瀬村の計一〇市町村が記されており、丸嘉講田無組の講社がそれらに存在していた可能性が想起される。なお、上文司家にも、同様の奉納額が納められている。(7)

(4) 中里の富士塚　東京都清瀬市中里3丁目

中里の富士塚は、富士山の溶岩を使用せず、赤土のみで築造された典型的な武蔵地域の富士塚である。築造年代は不明だが、頂上の石祠に文政八年（一八二五）銘が記されていることから、この時期以前に築造されたと推定されている。現在の高さ九ｍであるが、これは第六代先達である町田清三郎を中心に明治七年（一八七四）九月一九〜三〇日までの一二日間にかけて延べ一六七人を動員して二〜三ｍにかさ上げしたことによる。

この富士塚は、中央に登山道が九十九折りに続き、途中一合目から九合目までの合目石や富士信仰に係る石造物が数多く造立されているとともに、毎年九月一日には、丸嘉講田無組中里講社の祭事である火の花祭りが行われるなど、中里講社の大事な活動拠点となっている。丸嘉講田無組に関する石造物は六基存在している。

① **講碑**（惣村中　惣講中）（図12）

全長四〇㎝を測る長方形を呈す講碑である。正面に「(嘉)惣村中／惣講中」、左側面には　明治七年（一八七四）と中里村の渋谷半次郎が、右側面には、清戸村・下夕宿の講員名が彫られている。このことから、この講碑は、明治七年の富士塚かさ上げに参加した中里・下宿・清戸村の講員によって造立されたものと想定される。

② **水盤**（奉納　村中）（図13）

全長九四㎝を測る水盤である。正面に「奉(嘉)納／村中」、左側面には中里村・上安松村の講員の名、右側面には奉納された年代を示す明治八年（一八七五）が記されている。

③ **燈籠**

笠部と中台、そして台石が残存している燈籠である。全長などの詳細は不明だが、中台に「講(嘉)社」、台石には上清戸村の講員の名と明治二八（一八九五）年九月吉日が記されていることから、この時期に奉納された燈籠といえる。

④ **講碑**（富士太々講　登山五十八度中道八海御豊）（図14）

全長一〇七㎝を測る不整形を呈す講碑である。この講碑は、第九代大先達町田清三郎が富士登拝五八度を達成した際に奉納した太々神楽を記念し

図12　中里の富士塚①講碑

図13　中里の富士塚②水盤

図14　中里の富士塚④講碑

図15　中里の富士塚⑤講碑

て、明治二九年（一八九六）九月に造立された講碑である。なお、この太々神楽の奉納に関する文書が武蔵野市の関前秋本家に残されている。(8) 講碑の表・裏面には、当時の講社として関前・野塩・下清戸・境・石神井・小山・下安松・中清戸・西堀・中里・上安松・本郷・南永井・上清戸・下宿の計一五講社が記されている。なお、上文司家にも、下里の富士塚と同じく、同様の奉納額が納められている。(9)

⑤ 講碑（富士太々講）（図15）

全長一〇〇㎝以上を測る長方形を呈す講碑である。この講碑は、第十三代大先達中村重蔵が富士登拝三三度を達成した際に奉納した太々神楽を記念して、大正六（一九一七）年七月二七日に造立された講碑である。講碑には、講社が存在したと考えられる下里村・下連雀村・小川新田・大和田町菅沢・大和田町西堀・大和田町野火止・上安松・下安松・城・神田区富山町・上清戸・下清戸・野塩・中里・清戸下宿・松井村牛沼・三芳村北永井・中清戸・保谷・東村山久米川・柳瀬村本郷・所沢町の計二三町村が記されている。なお、④と同じく、上文司家に奉納額が納められている。(10)

(5) 杵築大社の富士塚　武蔵野市境南町2丁目

この富士塚は、明治一四（一八八一）年五月境本村をはじめ近隣一二町村の丸嘉講の協力により作られ、中里の富士に次いで三多摩では最大のものである。石造物は、頂上に石祠、中腹に講碑が一基あるのみで少ない。

① 講碑（同行）

全長一〇〇㎝以上を測る不整形を呈す講碑である。この講碑は、杵築大社の富士塚の築造に際して協力した講社などによって奉納されたものである。そのため、裏面には、この富士塚の築造に協力した講社名と築造された年月日である明治十四年五月が記されている。

なお、講碑に記されている富士塚築造に参加した講社は、上安村・関前村・上清戸村・田無町・落合村・梶野村・上石神井村・保谷下柳沢村・上保谷又六組・境村・中里村・門前村・落合村・南窪村・神明山村・前沢村・深大寺新田・井口新田・上連雀村・下連雀村・新堀村・新座郡上保谷村・梶野村の二三講社である。

② 講碑（登山三十三度）

全長五〇㎝以上を測る不整形を呈す講碑である。この碑は、境村の先達である高橋定五郎が富士山登拝を三三回達成したことを記念して、明治三二（一八九九）年五月に造立された講碑である。

(6) 旧上柳沢野口家　東京都西東京市本町4丁目(11)（図16）

西東京市本町に所在していた旧上柳沢野口家の屋敷内に、全長七五㎝を測る講碑が存在していた。

この講碑は、明治一五（一八八二）年に野口条次郎が六六度目の富士登山を記念して造立されたものである。正面に「武州新座郡田無組上保谷村／(嘉)登山六十六度御禮／小社長禅行道性　野口条次郎」、裏面には御詠

図16　旧上柳沢野口家講碑（『保谷の石塔　石仏　二』より転載）

歌と造立年月日が記されている。野口条太郎は、『保谷の石塔　石仏　二』には、丸嘉講田無組の大先達として記されているが、田無組の大先達には該当した行名はなく、さらに上文司家に造立されている同様の講碑に上保谷村先達として記されている。このことから、野口条太郎は、大先達ではなく、上保谷村先達であったといえる。

(7)　**下連雀八幡神社　東京都三鷹市下連雀4丁目**[12]（図17）

下連雀八幡神社には、丸嘉講田無組に関する全長三五二cmを測る燈籠が存在している。この燈籠の竿部正面に「東京／善行同行／赤坂」、左側面には「富士仙元太神」と記されている。台石は二段存在しており、一段目の台石には「文政三辰年／九月吉日／明治弐拾一年／十一月再建立」二段目の台石には「大正拾三年／三月建立」と記されており、本来は文政三（一八二〇）年に寄進されたものと想定される。台石部分には下連雀村の先達である渡辺庄之助を含んだ下連雀村、上連雀村そして、小金井村の講員の名が記されている。

図17　下連雀八幡神社燈籠（『みたかの石造物』より転載）

図18　市杵嶋神社燈籠

(8)　**市杵嶋神社　東京都小金井市梶野町4丁目**[13]（図18）

市杵嶋神社には、丸嘉講田無組に関する一対の燈籠が存在している。この神社は享保一七（一七三二）年九月に梶尾新田の開発時に創立された神社である。

右側の燈籠の竿部正面には「村内安全　氏子中」、裏面には「慶應元年九月」にと記されている。この燈籠の中台部分に「㊀嘉」記されており、かつ台石には「当村　富士先達　野口磯右衛門」と記されていることから丸嘉講田無組梶野村講社の奉納燈籠であることが窺える。

三　奉納された石造物から解る事

現在、知りうる限りの丸嘉講田無組の石造物の概要を記してきた。総数は二〇基にのぼり、時期別に見ていくと江戸時代が四基であり、明治・大正時代が一二基、昭和が一基、年代不明が三基であった。最古の石造物は、上文司家に所在する弘化四年六月に造立された講碑である。造立された年代は、明治・大正時代に増加しており、富士吉田市の富士信仰に関連する石造物調査においてもほぼ同様の傾向[14]を示し、神仏分離などを乗り越え今日まで存続していたことが推定される。

石造物の種類では、講碑が一三、燈籠六、水盤一であり、講碑が最も多い。また、講碑と燈籠で全体の九割を占めているが、既にこの二つが富士信仰に伴う代表的な石造物であることが指摘されており[15]、今回もこの傾向を追認したことになる。

講碑は、富士登拝、太々神楽奉納碑、そして富士塚築造碑に関するものである。富士登拝に関する講碑は、ある一定回数の富士登拝を記念として建立されたものが大半である。講碑に記されている回数は、三三回が最も多い。富士講では、三三回富士登拝すると、大先達になることができると言われており、この回数を記念した講碑が多いのは、既に指摘されている所であり[16]、丸嘉講田無組もそれに準じて講碑を造立していた。それ以外には、三三の倍数である六六回や節目の四〇回の富士登拝に際して造立されたものである。また、付随して中道巡りや八海巡りといった修行をしたことを記した講碑も存在している。

太々神楽の奉納に関する碑は、下里・中里の富士塚に造立されている。これらは、明治二九年、大正六、一四年の太々神楽に関するものであり、上文司家にも奉納額がそれぞれ残されている。この石造物と奉納額の両方が残っている例はこの三回だけであり、それ以外は基本的に奉納額のみである。この講碑や奉納額が両方認められる時期は、講碑や奉納額内に数多くの講社が記されており、丸嘉講田無組が教線を拡大した時期でもある。講碑・奉納額を両方作成したことは、この当時の講員や金銭面でも丸嘉講田無組が隆盛を誇っていた傍証の一つであるといえる。

さらに、中里の富士塚に造立された講碑は、富士登拝の記念に太々神楽を奉納した際の講碑でもある。現在、丸嘉講田無組は、平成以降では一〇年に一度、神楽を奉納していたが、それ以前は不定期であり、何らかの記念の時などに神楽を奉納していたと言われていた。中里の富士塚に残るこれらの講碑は、過去の太々神楽の実態を窺える資料であると同時に、富士講にとって、江戸時代から現代になっても富士登拝することは、神聖で重要な祭事であることを示しているといえる。

富士塚築造碑は、杵築神社の富士塚に認められる講碑である。築造碑とは記されていないが、紀年銘の年月日や講社などから富士塚築造に伴う講碑と想定される。丸嘉講田無組の富士塚ではここのみに認められる。

燈籠は、御師上文司家、下連雀八幡神社、市杵嶋神社、そして中里の富士塚に認められる。先達を主体とする講員名が刻まれているのが大半であり、燈籠を奉納すること自体が造立趣旨であったといえる。

最後に、講社数を石造物から見ていくことにする。

丸嘉講田無組は各村々の丸嘉講合わせた一つの連合体であることは先述した。このことから富士登拝などの文献資料や石造物に残る講社数から丸嘉講田無組の隆盛を知ることが可能であり、先行研究でもその実態は把握されている[17]。文献資料によれば、文化八（一八一一）年の富士登拝には三二、万延元（一八六〇）年には一二、明治一四年には一五講社が参加していることが知られている[18]。しかし、その一方で明治時代後半以降の講社の実態はあまり分かっていない。

太々神楽の奉納あるいは富士登拝記念碑を中心に見て行くと、明治一四年の杵築神社の富士塚築造碑では二三講社、明治二九年の富士太々講碑では一六講社、大正六年の富士太々講碑では二二講社、大正一三年の富士太々講碑では一〇講社、昭和一三年の富士登拝碑では一六講社となっている。その後の推移は上文司家の奉納額を参考に見て行くと、昭和四四（一九六九）年には七講社、昭和五四（一九七九）年には四講社となり[19]、そして、現在は三講社になっている。

講社の存在した地域を見て行くと、多少のばらつきはあるものの、明治時代前半は、東京都練馬区・三鷹市・調布市・西東京市・武蔵野市・清瀬市・東久留米市・埼玉県所沢市の講社が主体となっており、東京都の北多摩地域と埼玉県南部に講社が広がっているのが認められる。おおむね江戸時代の講社範囲とほぼ変化はなく、先行研究で指摘される丸嘉講田無組の範囲は、この時期までは存在していた可能性がある[20]。

明治後半〜昭和一〇年代にかけては、講社数が多少減少し、やや地域が狭くなり東京都練馬区・三鷹市・西東京市・武蔵野市・清瀬市・東久留米市・小平市・埼玉県所沢市の講社が主体となっている。

戦後になると規模が急激に減少し、東京都西東京市・清瀬市・東久留米

杵築神社の富士塚　講碑（明治14年5月）
練馬区（上石神井村）、武蔵野市（境村・関前村）、西東京市（田無町・上保谷村・保谷下柳沢村・上保谷又六組）、小金井市（梶野村）、調布市（深大寺新田・井口新田）、三鷹市（上連雀村・下連雀村）、清瀬市（上清戸村・中里村）、東久留米市（落合村・門前村・南窪村・神明山村・前沢村）、新座市（新堀村）、所沢市（上安松村）
中里の富士塚　講碑（大正6年7月）
千代田区（神田富町）、小平市（小川新田）西東京市（保谷）、東村山市（久米川）、三鷹市（下連雀村）、清瀬市（上清戸・中清戸・下清戸・清戸下宿・中里・野塩）、東久留米市（下里）、新座市（菅沢・野火止・西堀村）、所沢市（城・本郷・上安松・下安松・牛沼）、三芳町（北永井）
上文司家　講碑（昭和13年7月）
練馬区（石神井）、武蔵野市（境・関前）西東京市（保谷・田無）、東村山市（久米川）、清瀬市（上清戸・中清戸・中里）、東久留米市（下里・前沢・神明山・南沢・小山・落合・門前）、所沢市（下安松）

図18　講碑に残る丸嘉講田無組講社一覧

市の東京都の北多摩地域に限定されている。ここから、丸嘉講田無組の講社数は、戦前までは緩やかに減少していたが戦後に急激な変化があったことが認められる。背景としては、当然ながら第二次世界大戦の影響もあるだろうが、北多摩地域の人々のライフスタイルの変化も要因の一つであるといえる。

講社の増減は、丸嘉講田無組の伝播経路などの過程を示す有用な資料であるといえるため、今後更なる石造物や奉納額などから詳細な分析が必要であろう。

おわりに

富士講は、江戸時代に数多く誕生したが、その後徐々に減少し現在では数えるほどとなっている。急激に減少したため、文献資料等が残っている講も非常に少ない。その中で、当時の富士講が残した石造物は当時の講社の動向を知る貴重な資料といえる。

今回は、現存し、かつ講の構成が特殊である丸嘉講田無組の石造物から富士講の様相を見てきた。先行研究の追認に終始した部分が多いが、石造物を中心とする検討でも講社の造立意図や講社数の増減などの様相を明らかにすることができた。

今後は、石造物などの更なる検討から、富士講から見える現代まで続く富士信仰の実態を明らかにしていきたいと思う。

末尾になりますが、本稿執筆に至る過程で、多くのご指導ご協力をいただきました。記して感謝申し上げます。（敬称略・五十音順）
上原健弥　小宮佐知子　篠原武　近辻喜一　東野豊秋

註

（1）丸嘉講田無組に関連する代表的な先行研究として、松岡六郎『武蔵野市の民間信仰』昭和四七年・『武蔵野市の民間信仰（二）』昭和四九年武蔵野市教育員会、新谷尚紀「丸嘉講田無組の展開とその史料」『富士講と富士塚―東京・埼玉・千葉・神奈川―』昭和五四年（財）日本常民文化研究所、平野栄次「清瀬富士の「火の花祭り」」・「武蔵野の富士講」坂本要　岸本良　高達奈緒美著『富士信仰と富士講　平田栄次著作集Ｉ』平成十六年　岩田書院などがある。

（2）富士講碑の概念として『上吉田の石造物』富士吉田市史編さん室平成三年に記されている「燈籠や狛犬などと違って、固有の形状をもち用途を有する石造物ではなく、富士講の人々が講の発展、講祖や先達の忌年、先達の発願成就を記念して造立した石造物」を参考にした。

（３）富士吉田市史編さん室　『上吉田の石造物』　富士吉田市史資料叢書一一　平成三年。

（４）保谷市史編さん委員会『保谷の石仏と石塔　二』保谷市史別冊二　昭和五九年。

（５）（３）参照。

（６）新谷尚紀「丸嘉講田無組の展開とその史料」『富士講と富士塚―東京・埼玉・千葉・神奈川―』昭和五四年（財）日本常民文化研究所。

（７）富士吉田市史編さん室　『マネキ』富士吉田市史資料叢書１３　平成八年。

（８）武蔵野市史編さん委員会　『武蔵野市史　続資料編九』諸家文書一　平成一四年。

（９）註（７）参照。

（10）註（７）参照。

（11）保谷市史編さん委員会『保谷市史　通史編二』昭和六三年

（12）三鷹市教育委員会『みたかの石造物　文化財シリーズ第二十二集』平成八年。

（13）小金井市史編さん委員会『小金井市史　Ⅱ』昭和四二年。

（14）註（３）参照。

（15）註（３）参照。

（16）註（３）参照。

（17）註（１）参照。

（18）註（８）参照。

（19）註（７）参照。

（20）平野栄次「武蔵野の富士講」　坂本要　岸本良　高達奈緒美著『富士信仰と富士講　平田栄次著作集Ⅰ』平成十六年　岩田書院。

引用参考文献

・岩科小一郎『富士講の歴史』昭和五八年　名著出版。

・小俣小五郎『あゆみ丸嘉講　中里講社』昭和六一年。

・清瀬市郷土博物館　『清瀬の民俗行事と民俗芸能』　平成二六。

・清瀬市郷土博物館　『清瀬の富士講』平成三〇年。

・篠原武「北口本宮冨士浅間神社と御師の家に伝わる奉納額」『富士吉田市歴史民俗博物館研究紀要　第2集』平成三〇年　ふじさんミュージアム。

先哲の墓所　1

川勝政太郎とその墓

川勝政太郎《かわかつまさたろう》（大手前女子大学教授・文学博士）

川勝政太郎（昭和 48.5.20・近畿文化会 - 奈良戒長寺にて）
〈※『歴史考古』第 2 号より〉

一　川勝政太郎の足跡

川勝は、一九〇五年（明治三八）五月二二日、中京区の染色を家業とする旧家の一人子として生まれる。大正一二年、京都市立第一商業学校卒業。昭和初年頃より建築史家・天沼俊一博士(1)に師事し、古建築や石造美術品に関心を寄せた。

昭和三年九月（二三才）スズカケ出版部を創設し、『古美術史蹟・京都行脚』を自費出版した（昭和二二年、臼井書房-プランゲ文庫『京都古蹟行脚』として再版（図1）。

この頃、京都市の丸太町通り河原町東入の北側の文林堂書店で店番をしていた薮田嘉一郎(2)（後に綜芸舎《しゅげいしゃ》創立）と出会い親交を深めた。以後、京都における川勝の足跡は、薮田との親交と深く関わることになるのである。

京都史蹟会(3)（創設者は呉服商・千吉の西村吉右衛門）の会員でもあった川勝は、昭和四年十月、京都史蹟の会誌『京都史蹟』を創刊した。会誌では、「編集主幹とし、史蹟顕彰は勿論のこと「誌友名簿」や例会の記録等や史蹟会の活動状況を掲載するなど工夫が図られた(4)。

また、同じ頃、薮田の勧めで『帰化人の研究』でも著名な今井啓一が主催した土俗同好会（機関誌「怒佐布玖呂《ぬさふくろ》」に参加し、土俗的な興味から京都市内を散策をし、昭和八年（一九三三）には、薮田の就職した京都日出芸林社の「日出芸林」への寄稿や原稿依頼も多々あり、編集にも関わった。

昭和五年（一九三〇）一一月、自らが主幹を務める史迹美術同攷会から、雑誌『史迹と美術』を発刊した。現在、刊行から約九〇年が経つが、継続的に刊行され現在、九〇三号を数えている。この間、多くの研究者が寄稿し、考古、美術史界の発展に貢献した。

図1　臼井書房再刊『京都古蹟行脚』

特に、石造美術研究の分野で学問的体系を確立するべく川勝の指導は大きかったと思われる。

一方、昭和一二年から一四年末まで、重要美術品等認定の関連調査における文部省嘱託として活躍した。この頃、周囲の研究者からの勧めもあり昭和一五（一九四〇）年四月から京都帝国大学文学部史学科考古学選科に入学。梅原末治博士に師事し学問的基礎が培われた（図2）。余談であるが、梅原は、一九三九年に「支那青銅器時代の研究」で京都大学より文学博士を授与されている。天沼俊一への師事とは別に、タラればの話であるが、大正期後半に臼杵摩崖仏を調査した小川琢治や浜田青陵との接点があったならば、川勝のその後はどのようになっていたのか想像してみたくなるのは私だけであろうか。

その後、川勝は、畿内を中心に活動し、昭和一八年一〇月、近畿日本鉄道の嘱託に就任、大和中心の古美術調査研究を行った。昭和二〇年五月

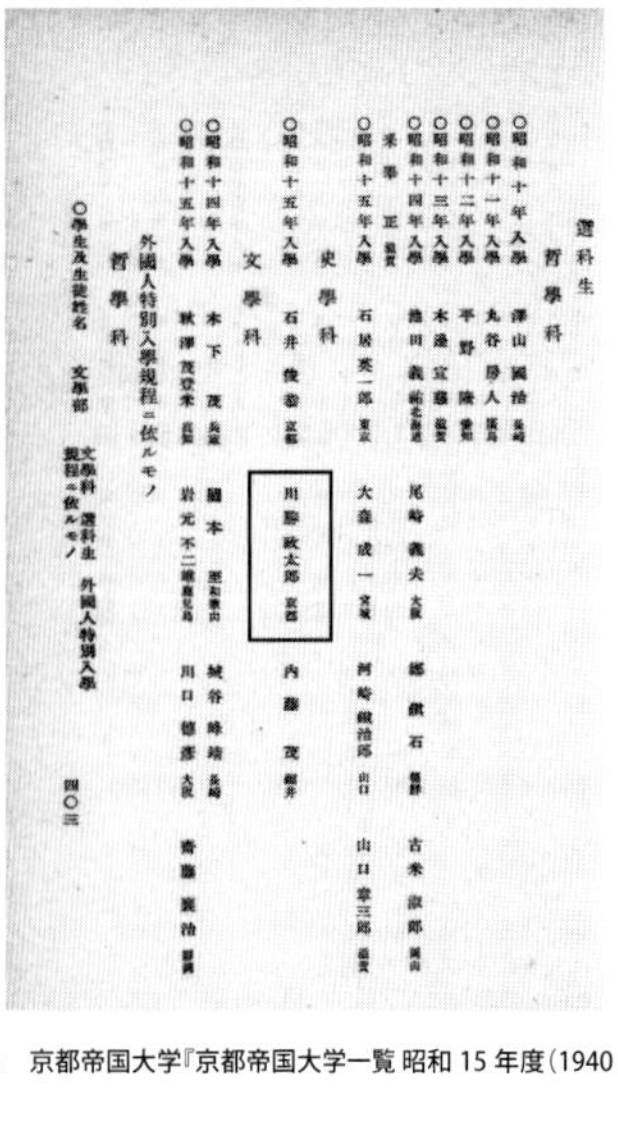

選科生
哲學科
○昭和十年入學　澤山國治　尾崎義夫　鄒猷石　古米淑郎
○昭和十一年入學　丸谷勝人
○昭和十二年入學　平野隆
○昭和十三年入學　木逢宣藤
○昭和十四年入學　池田義
柔華正
○昭和十五年入學　石居英一郎　大森成一　河崎鐵治郎　山口幸三郎
史學科
○昭和十五年入學　石井俊若　川勝政太郎　京都　内藤茂
文學科
○昭和十四年入學　木下茂　國本　城谷峰晴
○昭和十五年入學　秋澤茂登米　岩元不二雄　川口德彦　齊藤寅治
外國人特別入學規程ニ依ルモノ
哲學科
○學生及生徒姓名　文學部　文學科選科生　外國人特別入學規程ニ依ルモノ　四〇三

図2　京都帝国大学『京都帝国大学一覧 昭和 15 年度（1940 年）』

京都市文化課嘱託、昭和二九年財団法人京都史蹟会理事など要職を担った。

そして、一九五八年（昭和三三）、國學院大學に提出された論文「日本石材工芸史」によって、文学博士の称号を授与（四月三日・第三六号）された。この論文もまた、薮田の勧めにより綜芸舎から『日本石材工芸史』（一九六八）として刊行された。この時のことを、薮田嘉一郎は、遺作（編著）となってしまった『五輪塔の起源』（一九五八年）の「序」に、「畏友川勝政太郎の大著、日本石材工芸史の出版をお世話した云々」と触れている。なお、話が逸れるが、薮田の先の遺作を纏めるに当たり、川勝が仲立ちをして佐々木利三や黒田昇義《のりよし》・村田治郎らの論考が収録された(5)。

昭和三四年、大阪工業大学教授に就任。昭和三六年二月より四一年三月まで文部省文化財専門審議会専門委員を委嘱された。

昭和四四年、大手前女子大学教授に就任。同四八年一一月、多年に亘る石造美術の研究により紫綬褒章を受章。広範な実地調査に基づく研究の成果は多数の論文として『史迹と美術』を中心に発表され、単行図書も多い（【参考資料】）。

二　川勝政太郎の「石造美術」

一九三五年『石造美術概説』「序」で、「「石造美術」といふ熟語は従来使用されたことがなく、私が初めて使ひ出したものである」と記しているが、「私が初めて」とは、昭和八年（一九三三）中野楚渓編『京都美術大観』第九巻石造美術（東方書院）を任された折に「石造美術」を用いたことを指している。目次を簡単に触れておくと、「京都石造美術・京都石造美術地圖・山城石造美術年表（室町以前）・京都石造美術時代別一覧標・京都石造美術種類別一覧標・石造美術概説」である。これ以来、川勝は、一貫して「石造美術」を用い、昭和一〇年『石造美術概説』更に昭和一四年『石造美術』の刊行へ繋がった。

二〇〇一年、坂詰秀一は、考古学的な視点から「石造美術」は美術としての主観で捉えるのではなく、客観的に「石造文化財」として捉えることの必要性を喚起した(6)。

一方、昭和一六年（一九四一）に「平安時代の五輪塔」（『古代文化』第一二巻六号所載、後に薮田嘉一郎編『五輪塔の起源』に所収）で、文献に記された平安後期の小塔供養と五輪塔造立の起源に触れ、平信範の日記「兵範記」仁安二年（一一六七）の木幡浄妙寺の近衛基実の墓の記載を最古とし、石造物として著名な岩手県平泉町の釈尊院五輪塔、大分県臼杵市の中尾五輪塔（嘉応塔）、同承安塔を挙げ、これに続く年代として治承五年（一一八一）の在銘五輪塔として福島県石川郡玉川村大字岩法寺所在の五輪坊墓地の治承五年銘の五輪塔に触れながら、五輪塔造立の起源と供養・信仰の変化に着目した点は、文化としての石造物、信仰の対象として造られた、石塔の本来的な位置づけについて極めて重要な視点を示唆した。しかし、近年の石造文化財の研究は、形だけに囚われた研究にとどまっている点は、自戒している。

三　川勝政太郎の墓

一九七八年一二月二三日逝去した（享年七三才）。墓所（図3）は、京都市上京区本満寺（日蓮宗）にある。戒名は、「瑞光院石洞日政居士」。没後に、勲四等旭日小綬章が贈られた。

川勝の墓は、小形ながら軒に緩やかな反りを持たせ、重量感のある空風輪、基台上部に框を表現した緊張感のある五輪塔である。墓の銘文で明らかな通り、川勝が生前に設計施工した寿塔であり、没後に埋葬されたのである。「兵範記」の五輪塔造立の件が頭をよぎった。

（松原典明）

註

註1　天沼俊一：一八七六‐一九四七。東京生まれ。東京帝国大学工科大学を明治三五年に卒業。奈良県技師、京都府技師を経て京都帝国大学教授、建築史研究の泰斗。金戒光明寺が墓所（『石造文化財』第10号参照）。

註2　薮田嘉一郎：明治三八年（一九〇五）三月二八日、京都市東山区祇園で生まれる。

註3　京都史蹟会は、大正二年（一九一三）発足。同年四月二〇・二一日、京都府立図書館で第一回大典資料展覧会が開催される。

註4　京都府立総合資料館デジタル展覧会『企画展 先人たちの京都研究』に詳しい。
川勝政太郎の著作関連目録は、『歴史考古学』第一一号、歴史考古学研究会（一九八三）に詳細である。

註5　佐々木は昭和一六年『京都古銘聚記』で川勝と共著であり、スズカケ出版部から発行されていた。黒田氏は、奈良県古社寺修理室技手として昭和一三年、奈良県山辺郡山添村の毛原廃寺の礎石調査の中心として参画した人物である。フィリピン・ルソン島で戦死。
村田は、東洋建築史。中国建築の研究者・京都大学名誉教授・京都市埋蔵文化財研究所理事長、京都府文化財保護審議会会長なども歴任した人物である。

註6　坂詰秀一　二〇〇一「仏教考古学と「石造文化財」」（『石造文化財』1）

※川勝政太郎の写真は、『歴史考古学』第二号より（歴史考古学会　一九七九）、墓実測図・写真は、実査。

【参考資料】川勝政太郎　主要著作目録（註4より）

書名	発行年	出版
古美術・史蹟京都行脚	昭和三・九	スズカケ出版部
京都美術大観の内編	昭和八・四	スズカケ出版部
古建築入門講話	昭和九・六	スズカケ出版部
石造美術概説	昭和一〇・三	スズカケ出版部
石造美術	昭和一四・二	スズカケ出版部
京都古銘聚記（共著）	昭和一六・三	スズカケ出版部
燈籠・手水鉢	昭和一七・八	河原書店
大和の石造美術	昭和一七・一〇	天理時報社
日本の石仏	昭和一八・六	晃文社
梵字講話	昭和一九・二	一條書房
石造美術と京都（京都叢書）	昭和二一・五	高桐書院
京都古蹟行脚	昭和二二・一	臼井書房
古建築鑑賞	昭和二二・八	河原書店
京都石造美術の研究	昭和二三・六	河原書店
「大和路新書」室生・当麻・南山城・東大寺	昭和二七・二九	綜芸舎
史蹟行脚・京都	昭和三〇・七	京都出版社
日本石材工芸史	昭和三二・一	綜芸舎
京都古寺巡礼	昭和三九・四	社会思想社
石の奈良	昭和四一・一二	東京中日新聞出版局
石造美術入門	昭和四二・五	社会思想社
歴史と文化・近江	昭和四三・四	社会思想社
京都の石造美術	昭和四七・六	木耳社
燈籠	昭和四八・二	集英社
石造美術の旅	昭和四八・一〇	朝日新聞社
石仏の大和路	昭和四九・六	朝日新聞社
日本石造美術辞典	昭和五三・八	東京堂出版
「近畿日本ブックス」伊賀	昭和五四・二	綜芸舎

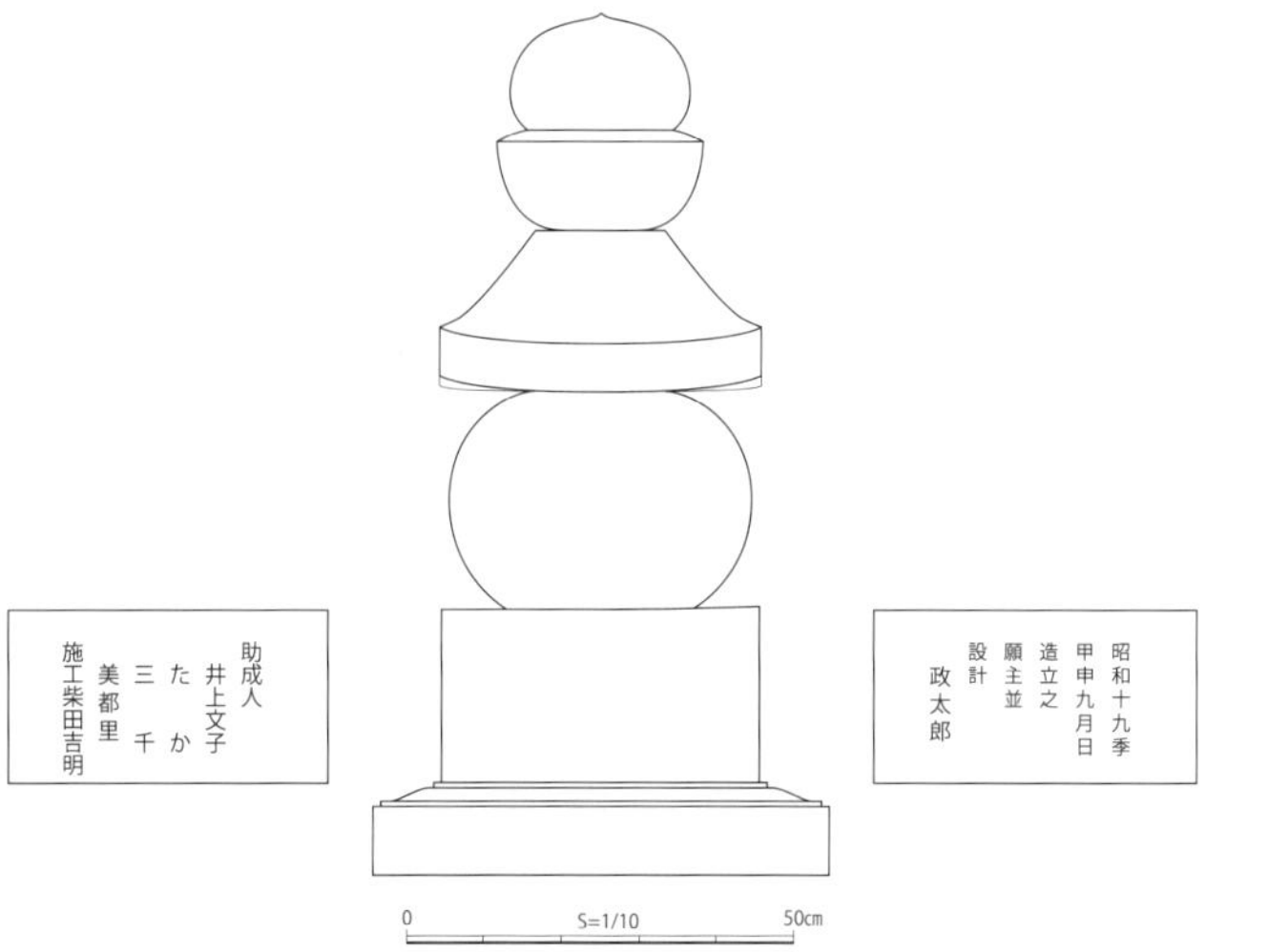

図3　川勝政太郎墓碑（京都市上京区本満寺〈日蓮宗〉）

上写真（向かって地輪右）

文化財の保護と活用

西国三十三所と清水寺の活動

清水寺執事補・草創千三百年記念事業　森　清顕

はじめに

西国三十三所観音巡礼は、『中山寺縁起絵巻』によると養老二年(七一八)、奈良長谷寺の徳道上人（六五六～不明）によって開創された、近畿二府四県と岐阜県に亘る日本最古の巡礼である。この西国三十三所が、平成三十年（二〇一八）に草創一千三百年を迎えた。この草創一千三百年を記念して、平成二十八年（二〇一六）から令和二年（二〇二〇）十二月十八日までを事業期間とし、月参り巡礼、スイーツ巡礼、京都国立博物館において「聖地をたずねて～西国三十三所の信仰と至宝～」開催など様々な事業を企画実施している。また西国三十三所観音巡礼は、令和元年度の「日本遺産」認定も受けている。周知のように清水寺も、西国三十三所の第十六番札所であって、今回の一千三百年を記念した布教活動も合わせて行っている。そこで、このような西国三十三所の草創一千三百年事業やこれに伴った清水寺の活動などを少しく紹介したい。

一　西国三十三所札所会と巡礼

ではまず、西国三十三所札所会が主催となって実施されている月参り巡礼、スイーツ巡礼、京都国立博物館にて開催される「聖地をたずねて～西国三十三所の信仰と至宝～」などの事業について紹介したい。

1　月参り巡礼

月参り巡礼とは、札所寺院が毎月持ち回りで法要と法話を行い、その折に参拝された方だけに、月参り巡礼の特別印を納経帳に捺すというものである。毎月持ち回りであることから、三十三ヶ月で満願する巡礼である。これは、毎月どこかの札所寺院で、法要と法話を行うことで継続した巡礼を促すことと、法話によって巡礼者との接点を持ち、布教活動につなげることを目的とした事業である。

2　スイーツ巡礼

スイーツ巡礼は、古刹名刹である札所寺院には、札所や周辺に様々な銘菓が伝わる。そこで、札所寺院と関係する銘菓を合わせて紹介することで、巡礼だけではない楽しみを付加した企画である。経済的には、周辺の事業者との連携することで、札所寺院というピンポイントな点から、周辺へ巡礼者の行動を広げ、面として巡礼を盛り上げることを目的としている。

3　京都国立博物館での展覧会について

本来は、令和二年四月十一日から五月三十一日までの期間、京都国立博物館において「聖地をたずねて～西国三十三所の札所の信仰と至宝～」と題して、西国三十三所の札所寺院の寺宝が展示される予定であった。しかし、この度のコロナ禍によって延期され、令和二年七月二十三日から九月十三日まで実施される予定である。今回は、第一番札所青岸渡寺からは、重要文化財である平安期の「那智山経塚出土仏教遺品」や、第十六番清水寺からは鎌倉期（嘉禎二年）の鰐淵なども出陳する。また特に、今まで寺外に出ることがなく、初めて出陳されるのが第十八番札所頂法寺（六角堂）の秘仏如意輪観世音菩薩坐像である。この如意輪観世音菩薩は、治承二年（一一七八）六月二十七日に建礼門院徳子が、安産祈願で寄進したと伝わる仏像である。西国三十三所の札所寺院は、三十三ヶ寺のうち四ヶ寺が世界遺産であるなど、歴史的にも重要な寺院ばかりである。各寺に様々な文化財が護持されているが、今回のように一同に会することは少ない。

　この他、各札所で独自に特別寺宝展や法要、漫画家集団である「クランプ」のデザインによる朱印帳や、子供用朱印帳の製作など次世代への巡礼文化啓発も行っている。

　このように、「西国三十三所」の知名度を上げることや、新たな巡礼者の掘り起こしなどを中心に、布教活動への展開を目指した事業が計画されている。ではつぎに、西国三十三所が令和元年度の「日本遺産」に認定されたことについて少しく述べてみたい。

4　西国三十三所の「日本遺産」認定をめぐって

　西国三十三所観音巡礼は、令和元年度の文化庁が選定する「日本遺産」に、「一三〇〇年つづく日本の終活の旅～西国三十三所観音巡礼～」というタイトルで認定された。日本遺産とは文化庁が認定する制度で、文化庁ホームページから抜粋すると次のように定義されている。

「日本遺産（Japan Heritage）」は地域の歴史的魅力や特色を通じて我が国の文化・伝統を語るストーリーを「日本遺産（Japan Heritage）」として文化庁が認定するものです。
ストーリーを語る上で欠かせない魅力溢れる有形や無形の様々な文化財群を，地域が主体となって総合的に整備・活用し，国内だけでなく海外へも戦略的に発信していくことにより，地域の活性化を図ることを目的としています。また、世界遺産登録や文化財指定との違いについては、世界遺産登録や文化財指定は，いずれも登録・指定される文化財（文化遺産）の価値付けを行い，保護を担保することを目的とするものです。一方で日本遺産は，既存の文化財の価値付けや保全のための新たな規制を図ることを目的としたものではなく，地域に点在する遺産を「面」として活用し，発信することで，地域活性化を図ることを目的としている点に違いがあります。」

　このように「日本遺産」は、従来の建築や記念物など、そのものを単に保護するものではない。文化財が構成される歴史的背景など、なぜその場所にその建物や伝統文化、風景があるのかというストーリーに主眼をおいて認定し、地域活性化を見込む制度である。その目的は、令和二年に開催される予定であった、東京オリンピック・パラリンピックにむけて、全国から一〇〇のストーリーを認定し全国各地の観光促進につなげることであった。

二　西国三十三所観音巡礼と「終活」

　今回、西国三十三所観音巡礼は「一三〇〇年つづく日本の終活の旅～西国三十三所観音巡礼～」というストーリーで認定を受けた。ところで、このストーリータイトルに注目すると、なぜ西国の巡礼に「終活」というキーワードが使用されているか疑問を持たれるであろう。実際に観光関係者からは、巡礼と終活の関係性が分からないなどの指摘もあった。しかしこのストーリータイトルは、西国三十三所観音巡礼という宗教儀礼であり、日本の巡礼文化の伝統を、「終活」という現代の言葉に置き換えたものである。そこで、西国三十三所観音巡礼を「終活」とした理由について少しく述べたい。

1　西国三十三所草創の概説

まずはじめに、そもそも西国三十三所観音巡礼とは、どのような信仰であるのか概略を確認したい。先に少しふれたが西国三十三所は、『中山寺縁起絵巻』などによると養老二年（七一八）、奈良長谷寺の徳道上人（六五六〜不明）が開創したと伝わる。徳道上人があるとき、危篤仮死状態になり閻魔法皇の御前に参上する。徳道上人と対面した閻魔大王は、昨今の亡者は生きている間に悪業を成しており、その報いにより地獄ばかりに送っている。生きている間に、仏縁を結び善業を行うように布教して欲しい。その一つとして、三十三の観音霊場へ巡拝し仏心を養うよう生き返り、人びとに伝えることを、徳道上人に託されたのである。そして閻魔大王は、三十三の観音霊場を巡拝し納経した証として、宝印を各寺で捺してもらい、自らが亡くなったときには、三十三の宝印を捺したものを棺に入れ、持参すれば極楽へ通すと約束したのである。このような約束で、証となる三十三の宝印を、閻魔大王は徳道上人に託した。この宝印こそが、今の朱印の始まりである。

息を吹き返した徳道上人は、閻魔大王の命に随い三十三の観音霊場を巡るが、人びとが信じなかったり、行場や草庵であって寺として機能が整っていないところもあった。徳道上人は、閻魔大王から託されたことではあるが、まだ時機が到っていないと考え、宝塚にある中山寺の石の唐櫃に宝印を納め、後に長谷寺法起院にて遷化されたのである。

その後、平安期に花山天皇（九六八〜一〇〇八）は、寵愛する弘徽殿の女御が亡くなった悲しみ、もしくは政変のためとも伝わるが、山科の元慶寺にて落飾され、花山法皇となった。そして、播磨圓教寺や熊野三山などで、厳しく仏道を求められた。そして修行中に熊野権現が現れ、徳道上人と閻魔大王の話や埋納された宝印のことを告げられ、三十三の観音霊場再興を託されたのである。この熊野権現からの託宣に随い花山法皇は、中山寺へ赴き石の唐櫃に納められた宝印を取り出し、三十三の霊場を巡拝して現在の三十三所の基盤を中興されたのである。

なお、この時に参拝の証として札を柱に打ち付けたことで、各霊場を「札所」と呼称し、巡礼のことを「札打ち」や、順番に巡礼することを「順打ち」、逆番で巡礼することを「逆打ち」と称されるようになった由縁である。また、花山法皇が巡礼に際し詠まれた和歌が「ご詠歌」となって現在まで伝統している。

この後、西国三十三所観音巡礼は現在の巡礼の形式になるのは、三井寺の『寺門高僧記』に記録される行尊（一〇五五〜一一三五）や覚忠（一一一八〜一一七七）の巡礼記などから、鎌倉時代末から室町時代初頭以降には整備されていたと考えられる。当時は修行者が巡礼をしていたようだが、江戸時代になると庶民の巡礼として広がったと考えられる。

このような西国三十三所の由緒において、注目したいのは、閻魔大王が徳道上人への託宣である。すなわち、三十三の観音霊場を巡拝し、その証となる宝印の捺したものを持参すると、仏の世界である浄土へ導かれるということである。よって古来より、亡くなると西国三十三所巡礼の満願をした朱印帳を棺に入れたり、朱印の掛け軸を懸けてご詠歌を夜通しで唱える風習が現在も残っている。この風習も、西国巡礼が死後の安心であるこ

興福寺中金堂落慶法要西国札所総出仕（奈良）

草創 1300 年記念法要（於：奈良・長谷寺）

とを前提としている。

したがって西国三十三所観音巡礼は、閻魔大王伝来の宝印を授かることが、「現世安穏」だけではなく、死後の安心という「後生善処」も含めた信仰世界として受容されていたことが理解できる。

2　なぜ終活の旅なのか

このような、西国三十三所観音巡礼の宗教的背景を踏まえて、なぜ「一三〇〇年つづく日本の終活の旅～西国三十三所観音巡礼～」という「終活」を、テーマストーリーとして申請したのかである。

そもそも「終活」という語は、二〇一〇年「ユーキャン新語・流行語大賞」にノミネートされ、世に知られた現代用語で「自らの人生の終わりに向けた活動」という略語である。例えばエンディングノートは、自分史をまとめたり、それぞれ関係ある人に感謝を伝えたり、自分らしい葬儀の形や遺産相続などを書き記すことで整理をし、家族や周囲の人と最期の共通理解を持つ有益な方法である。しかし、エンディングノートの対象とする範囲は、生前の整理である。つまり、死後については宗教的領域でありエンディングノートには当然含まれていない。

換言すれば、エンディングノートを記すことだけで決して解決できないことは、死に対峙する自分、死にゆく自分そのものである。死生観は、個々人の自由であり、その様相は様々でなくてはならない。エンディングノートを記すことは、自己の死生観の形成という混沌とした作業を通し、明確になる自身の死を受容する大きな示唆を与えてくれると考える。この死を受容する一つとして、此岸から彼岸へとつながる救済を説く西国三十三所観音巡礼があるのである。

このようなことから、西国三十三所観音巡礼は「日本最古の終活の旅」というストーリーで認定を受けたのである。今回の認定は、これからの多

清水寺内陣

死社会に向けて、単なる観光ではない本来の寺院参拝の意義を再提示したと言えよう。

三　清水寺における西国三十三所観音巡礼の布教について

最後に、清水寺における西国三十三所観音巡礼の布教について述べておきたい。清水寺は現在第十六番札所であって、折り返しの札所でもある。隣山の第十七番札所六波羅蜜寺とは約一キロメートルであり、札所のなかで一番の近距離に両山が位置する。『梁塵秘抄』にも観音の霊験あらたかな寺として第十六番清水寺、第十三番石山寺、第八番長谷寺が挙げられるように往事より観音霊場として有名な寺である。清水寺も西国三十三所草創一千三百年を記念して、平成二十八年より毎年特別拝観を実施していた。なかでも、平成三十年の草創一千三百年祥当年は、随求堂に安置される大随求菩薩の御開帳を、約一七〇年ぶりに執行し、大随求陀羅尼の版木を二千部摺り授与をした。なお、大随求菩薩は観世音菩薩の変化身ともされる。

本年は、コロナ禍で延期となったが、清水寺に所蔵される寺宝展を予定していた。公開予定であるのは、延宝五年（一六七七）に奉納された西国三十三所の写し本尊である三十三体を中心に、現在も行われている国宝本堂及び重要文化財八棟の解体半解体修理において、発見されたものなど含め十件である。それらの概略は次の通りである。

①　西国三十三所観音像

木造　像高二〇・〇—八〇・七　江戸時代

西国三十三所観音霊場の観音菩薩像三十三躯を模した一組の彫像である。各霊場の観音菩薩の像容を忠実に写したものではなく、千手観音、如意輪観音、十一面観音など類型化して造立し、ほぼ同一の輪光を頭上に飾っている。すべて金泥による皆金色身に彩り輝かせる。一度の礼拝で西国三十三所巡礼を成就したのと同様の功徳が得られるようにしている。延宝五年（一六七七）に奉納され、朝倉堂内に安置されてきた観音像である。

② 清水型本尊三尊図

紙本著色　江戸時代

本尊千手観音図　三一二・二×一三三・五

勝敵毘沙門天図　三一四・五×一二〇・一

勝軍地蔵菩薩図　三一四・〇×一一九・八

清水寺本堂に祀る本尊三尊図である。

本尊は十一面千手観音立像（秘仏）であるが、一般的な千手観音立像の像容とは異なり、四十手ある体の左右両脇手の最上手を頭上に高く掲げ如来形化仏を支える形をとっている。一般に「清水型千手観音」と呼ばれる。本図はその像容を極彩色で他に例のない大画面に描いた観音図である。

また本尊の右脇侍として地蔵菩薩を祀るが、獅子頭の兜を被り甲冑を着して右手に剣を持つ将軍地蔵菩薩像（秘仏）とする。この地蔵菩薩と対をなす左脇侍は勝敵毘沙門天像（秘仏）とし、この二像を造って開山の延鎮上人が坂上田村麻呂の東征を助勢する修法を行ったことを『元亨釈書』は伝える。本図の両脇侍はその二像の像容を本尊同様の大画面に描いたものである。

③ 阿弥陀・観音・地蔵来迎図

絹本著色　一四二・八×七六・八　室町時代

阿弥陀如来が来迎印を結び、脇侍の観音菩薩が蓮台を捧持し、地蔵菩薩が左手に宝珠、右手に錫杖を持って、それぞれ飛雲に乗り極楽への往生を願う人のもとへ来迎するさまを描く。阿弥陀来迎図の一形式である阿弥陀三尊来迎図では、脇侍として蓮台を差し出す観音菩薩と合掌する勢至菩薩を従えるのが通例であるが、後世は阿弥陀如来の脇侍が多様化し観音・地蔵両菩薩を配する例が見られ、本図はその一例である。三尊が着する袈裟や衣には截金と金泥による精細な模様が施されている。近年、修復を終えた仏画である。なお当山には阿弥陀三尊来迎図も二幅所蔵している。

④ 牽馬図　寛永十年三月銘

板地著色　五九・七×八一・三　江戸時代

本堂修理に伴う絵馬修復で、本堂外陣南側に掛る「田村麻呂夷賊退治図」の裏面から新たに発見された絵馬である。年記にある寛永十年（一六三三）は清水寺本堂が再建された年にあたり、同年十二月の本尊還座の落慶に先立つ三月に奉納されていることが分かる。本図は清水寺に現存する絵馬のうち「朝比奈草摺曳図」「渡海船額末吉船」（ともに重要文化財）につぐ古い絵馬となる。しかも絵馬本来の題材である馬を描いたものが多く奉納され現存するなかで、本図は最古のものとなる。図様は板地金箔押しに著色で二人の人物が左右から馬の口取りをする姿を描き、金箔がよく残り保存状態がよい。絵は江戸狩野派によるもので、古風な描き方から狩野孝信系の画家とみられる。

⑤ 牽馬図　田中言兵衛筆　寛永十一年銘

板地著色　一三五・二×一六八・八　江戸時代

「牽馬図」寛永十年三月銘と馬の向きが反対であるが、同様に二人の人物が左右から馬の口取りをする姿を描く絵馬である。かつて朝倉堂に掛けられ、現在は新倉に収蔵され、昨年修復が行われたばかりである。筆者の田中言兵衛については閲歴が詳らかではないが、同じく狩野派の系統とみられる。清水寺には「牽馬図」の絵馬がほかに、現在も本堂外陣に掛かる海北友雪筆・寛文九年銘、宝蔵殿収蔵の寛永十二年銘のものが蔵されている。

⑥ 和唐内図　幽泉斎筆　文政七年銘

板地著色　一〇五・五×一一八・八　江戸時代

近松門左衛門作『国性爺合戦』の主人公・和藤内が中国・明の危機を救うため渡海し、千里が竹で人食い虎を退治し従える場面を描く。怪力を発揮する和藤内の雄姿が一枚板に濃彩で鮮やかに写されている。筆者の幽泉斎については閲歴が詳らかでない。もとは朝倉堂に掛けられていたが、現在は新倉に収蔵されている。

⑦　西国三十三所順礼納札

木製・紙製　江戸時代

納札は「順礼札・巡礼札」とも表記され、巡礼者が霊場寺社に参詣した際に壁や柱などに打ち付ける奉納の札である。この巡礼習俗によって霊場寺社を札所と呼ぶ。柱に打ち付けられたものではないが、「平成の大修理」に伴う本堂、奥の院の修復で内法長押に遺されていた西国三十三所順礼納札が八百十八点発見された。うち木製札が七百八十三点、紙製札三十五点であった。漆塗朱書札・万治二年（一六五九）銘も一点あった。最古の納札は寛永十二年（一六三五）の年記がある甲斐国北巨麻郡大八田村（現・山梨県北杜市長坂町）からの巡礼者によるものである。また巡礼者の居住地は北は東北・秋田、南は九州・長崎に及んでいる。

⑧　笈摺

布製　四五・八×一八・五　江戸時代

「おいずる」「おいずり」と呼ぶ。袖のない羽織のような木綿製の薄い衣服で、巡礼者の日用品などを入れた笈を背負ったとき、着物の背が擦り破れないように着物の上に羽織った。布に記した墨書によって常陸国（現・茨城県）から寛文二年（一六六二）に巡礼にきた岩佐吉右衛門が破れ傷んだため残していたものと分かる。

⑨　洛陽三十三所順礼納札

紙製　江戸時代

洛陽三十三所観音は西国巡礼に倣って京都の周辺地域に限って設けられた霊場である。室町時代以来の歴史があり、「洛陽」を冠する三十三所観音が成立したのは万治三年（一六六〇）頃とされる。その一方で、寛文五年（一六六五）に霊元天皇の勅願によって「洛中」「京師」に定めたとする史料もある。今回、洛陽三十三所順礼納札が五点発見された。洛陽三十三所としては初めての納札遺例の発見であり、西国巡礼同様の習俗が行われていることがわかった。五点のうち丹波国桑田郡亀山荘（現・京都府亀岡市）からの巡礼者による納札には霊元天皇勅願による霊場制定とする年号に一致する年記がある。

⑩　七観音順礼結願札

木製　二四・〇×七・六　江戸時代

平安時代末期、京都で七カ寺の観音を参拝する巡礼の流行が三条実房の『愚昧記』に記される。七カ寺は清水寺・頂法寺（六角堂）・行願寺（革堂）・六波羅蜜寺・吉田寺（中山寺）・感応寺（清和院）である。この巡礼は以後、江戸時代に及んでも続き、本札は七観音巡礼を三十三度達成した結願の納札である。今回、発見の納札のなかで七観音巡礼については唯一の遺例である

角倉了以奉納絵馬（清水寺蔵）

以上の十件である。またこの他には、筆者個人によるで、本誌にも紹介頂いたエフエム大阪において、西国三十三所観音巡礼の情報紹介番組の企画と立ち上げを行った。平成三十年一月より放送を開始し、放送だけではなくリスナー参加型のバスツアーなどを企画し、実際に札所巡礼を行ったた。また、番組オリジナルの朱印帳制作など複合的な情報発信も行っている。

　これらの放送と連関した地域創成企画が、全国ＦＭ放送協議会（ＪＦＮ）に評価され、翌平成三十一年に当該番組に対し、ＪＦＮ賞２０１９企画部門地域賞を受賞した。現在は、コロナウィルスによる外出自粛によって巡礼促進の放送が難しいために、各札所の紹介と共に札所本尊の真言を唱え「遙拝」を薦める番組内容となっている。

むすびにかえて

　如上のように、西国三十三所観音巡礼が草創一千三百年を迎えたことによる記念事業と、これに伴う清水寺での慶讃事業などの活動を紹介した。特に、西国三十三所の「日本遺産」認定においては申請原案を執筆した立場から、観光的な企画であっても、如何に観音信仰や巡礼としての宗教性を失うことなく立案できるのかという視点が重要であった。仮に観光的な企画にシフトすると、宗教施設で行う意義を失い、寺院の本来の目的である宗教活動・布教活動との乖離が発生するからである。近年の文化財行政は、平成三十一年の文化財保護法改正に見られるように、文化財活用という施策に力を入れるようになった。この背景には、「観光立国」という政策がある。文化財を利用したイベントなどの活用計画は、結果として観光誘致につながり、文化財活用によって生産性を上げることで、保護につなげるということである。今回のコロナウィルス蔓延により、どのような影響があるか未だ明確ではないが、今後この文化財活用という政策は、宗教団体の主たる目的である宗教活動と文化財活用の整合性を問われることになるであろう。

　以上、西国三十三所観音巡礼の「日本遺産」認定の経緯や、草創一千三百年企画事業、清水寺での記念事業を通して、宗教活動を主とした観光的企画や文化財活用の例を紹介した。

エフエム大阪西国三十三所
トリップアラウンド 33 巡礼バスツアー

ＪＦＮ賞 2019 企画部地域賞受賞式（森 清顕）

先哲の墓所 2

三宅敏之とその墓

三宅敏之《みやけとしゆき》（元東京国立博物館次長・文学博士）

三宅敏之先生の足跡

三宅敏之先生の墓所は、京都市四坊大宮町の浄土宗のお寺、成円寺にに所在する。こじんまりしているが整った形をした五輪塔である。

三宅先生の業績の中心となるのは、経塚研究であろう。全てを網羅した訳ではないが、主要な論文は『経塚論攷』に纏められている。その例言に、次の論文集の構成が示されている。抜粋すると以下のようになる。

「便宜上、これらを三部分類した。

一部は「経塚造営の諸相」とし、主として造営者、あるいは特定の地域を中心としたものに、概括的なものを加えた。

また、二部は遺跡、遺物を中心に扱ったものを、三部には、経塚研究史、あるいは動向的なものをそれぞれ集めた。」

とかかれている。

『経塚論攷』の「序」の中で、木下修一先生が三宅先生が「平安朝の貴紳ののこした日乗記録の精査をはじめ、短念にノートをつくっていたこと、それが仏教考古学への志向をみのらせ、やがて、斯学の開拓者であり最高の権威でもあった故石田茂作博士の門をたたくいきさつともなった。」

とかかれている。

三宅先生の丹念で緻密な研究をずっと続けていたお姿はいつもみていた。細やかな多くのメモがそれを語ろう。そして、石田先生の考えられるであろう仏教考古学のを逸脱せずに研究に邁進されたと思う。そして、石田先生のコピーのようなものではなく、石田先生の研究を思考したのち、昇華され三宅先生の言葉で表現がなされている。

先生のご自宅で
（奥様撮影 - 平成 14 年〈78 歳〉）

経塚に関して言えば、大体の部分で石田先生が言語化している。そのため、後継の研究者達は苦労している。少しでも油断すれば、石田先生と同じ結論に導かれる。信仰の部分を強調した形だと考古学の体裁は整わない。

また、考古学の手法に力点を置きすぎると信仰の部分は形を潜めてしまう。石田先生が仏教の信仰の部分と考古学の部分を熟知した上で記されたものであろうから一気に概要が纏められてしまったのだろう。

では、三宅先生は、どのような役割を果たしたかを考えたばあい、仏教信仰も考古学も熟知された上に緻密さを加えて、石田先生の仏教考古学を補完や補強されていったと言える。

訂正はと言うとおそらく、そんな必要がなかったのであろう。三宅先生が石田先生の話をされる時は、本当に楽しそうで懐かしそうであった。それ故に、確実に石田先生の仏教考古学を引き継がれた方であったと思う。先生の歩まれた足跡を上げておきたい。

なお、足跡は、坂詰秀一先生が代表となり発行された『佛教考古学基礎資料叢刊』（第二輯　平成十九年六月五日発行）を引用した。

（山川公見子）

三宅敏之先生略歴

大正一二年　八月一八日　京都市にて出生　父義一、母一栄　長男
昭和一一年　三月　京都市立待賢尋常小学校卒業
昭和一六年　三月　京都府立京都第一中学校卒業
昭和一九年　九月　東京高等師範学校文科四部修了
同　年　一〇月　東京文理科大学文学部国史学科入学
昭和二〇年　五月　津田沼陸軍予備士官学校入学
同　年　六月　前橋陸軍予備士官学校転入学
同　年　八月　東京文理科大学復学
昭和二二年　六月　国立博物館陳列課（考古）
同　年　九月　東京文理科大学文学部国史学科卒業
昭和二五年　一一月　文化財保護委員会保存部記念物課（埋蔵文化財）
昭和四二年　五月　東京国立博物館学芸部考古課原史室長
昭和四五年　四月　東京国立博物館学芸部考古課有史室長
昭和四八年　四月　東京国立博物館学芸部考古課長
昭和五五年　四月　東京国立博物館学芸部長
昭和五八年　二月　東東国立博物館次長
昭和六〇年　三月　東京国立博物館停年退職
平成　二年　一〇月　東京国立博物館学名誉館員
平成　三年　一二月　文部大臣表彰
平成　六年　四月　勲三等瑞宝章
平成一四年　一二月　日本考古学会副会長
平成一六年　一〇月　日本考古学会会長
平成一七年　六月五日　逝去　（享年八十一歳）、従四位に叙せらる。
「成徳院信覚敏慧居士」（京都市中京区四坊大宮町成円寺〈浄土宗〉
平成一七年　六月一一日　葬儀　（多磨葬祭場）

右のほか、横浜国立大学、東京教育大学、国士舘大学、明治大学、青山学院大学、立正大学、中央大学、早稲田大学に非常勤講師として出講、その他（財）古代学協会評議員、古代学研究所非常勤講師、聖徳太子奉讃会理事、日本山岳修験学会理事、三鷹市文化財専門委員会委員長、三鷹市遺跡調査会理事、日本考古学協会々員などを勤める。

※なお、三宅先生の略歴と写真は、次からの引用である。
佛教考古学基礎資料叢刊　第二輯『三宅敏之先生略歴并著作目録』
発行　佛教考古学研究会、代表　坂詰　秀一
平成十九年六月五日発行。

京都市四坊大宮町成円寺に墓参

（左 - 坂詰秀一先生、山川・松原 2013.1.20）

対談「近世大名家墓所を語る」(続)

立正大学名誉教授・石造文化財調査研究所顧問　坂詰秀一
vs
石造文化財調査研究所・代表　松原典明

坂詰　先般、近世大名家墓所の調査研究の現状について、最先端の多くの研究者により『近世大名墓の世界』（季刊考古学・別冊二〇、二〇一三・一〇）が編まれました。その中に「近世大名家墓所を語る」と題する対談を収めましたが、その後の状況について触れたいと思います。松原さんが代表となって公益財団法人 高梨学術奨励基金 特定研究助成を受けましたが、その報告書が完成しました。感想について述べてください。

松原　二〇一六年から三年間に亘り公益財団法人 高梨学術奨励基金から特定研究助成を頂いたことは、地域限定的な調査研究の範囲が、全国レベルに広がり、新たな視点を生み出す礎になりました。地方における調査では、各地域の石造文化財調査研究所の研究者らが参加して下さり大きな成果が得られたと思います。

　助成に際して三年間の研究計画を立てましたが、現地調査にかかる時間を甘く見積っていたため、進捗状況に若干の齟齬が生じ、西日本中心に留まってしまった事は残念でした。しかし、大名の婚姻関係に視点を当てた研究では、姻戚関係が汎日本的な繋がりを有することが明らかになり、地域的な偏在性が、図らずもカバーされました。例を紹介すると、文献史の研究でしばしば取り上げられる厩橋藩（群馬県前橋市）酒井家の婚姻関係と墓所様式を考古学的な視点から取り上げました。特に大老まで登り詰めた四代藩主忠清の子息の婚姻関係を検討してみると、婚姻関係では、亀姫は津藩（三重県）三代藩主藤堂高久、松姫は、高松藩（香川県）二代藩主松平頼常（水戸藩二代藩主水戸光圀嫡子）、紀伊姫は岡藩（大分県）四代藩主中川久通、奈阿姫は、大洲藩（愛媛県）三代藩主加藤泰恒、彦姫は丹波篠山藩（京都府）四代藩主松平信庸に嫁しているのですが、婚姻先の藩主らは、思想的な共通性が確認されたり、墓所の構成が共通する点が多いなど、極めて密接に政略的同盟関係を結んでいることが知られました。

　墓所構成から確認できる思想的な共通性という点に触れてみると、酒井忠清の儒教的な思惟と津藩藤堂高久の葬送が『家礼』の治葬に従った葬送であったことなど、儒教思想を背景に同盟が完結していることが明らかになりました。また同様に、高松藩主家墓所について確認してみると、高松藩初代藩主頼重（水戸頼房嫡子）が無嗣であったために松平頼常（実は水戸光圀の嫡子）が、養子入りし二代を継承するのですが、遺言によって歴代が葬られる法然寺ではなく、さぬき市の霊芝寺という城下から離れた場所に、馬鬣封様式（出身が水戸家）墓に埋葬されています。中国礼記に登場する儒教的な思想

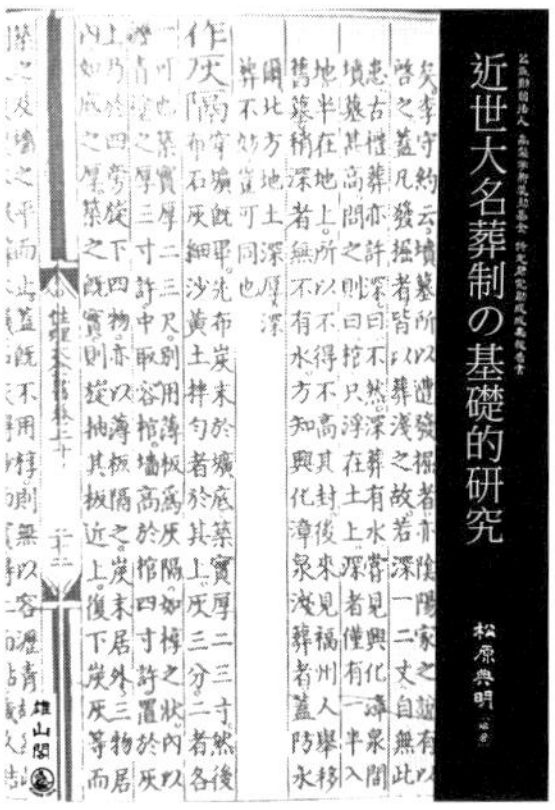

【B 5判、398頁、雄山閣
2018年、12,000円＋税】

への傾倒した意識を確認することが出来きます。このような共通した意識が、婚姻を介した同盟関係構築を可能にしたものと考えました。

さらに、各地の大名思想的な意識に視点を置いて信仰や帰依を確認していくと、一時期、黄檗派への帰依が多いことも判ってきまして、黄檗派帰依大名間における婚姻関係においても婚姻関係が顕著であることが指摘できます。黄檗派は、長崎の華僑らの招請で東渡した隠元隆琦によって開堂されますが、当該期は、紫衣事件などで国内の禅宗が低迷した時期にあり、仏教復興への大きな刺激であったものと思われます。そしてこの黄檗派は、後水尾天皇をはじめ公家・多くの武家の援助と信仰を受け、一気に全国に教線を拡張します。この様な宗教的な変革の様相についても、各地に造営された帰依大名の墓所構造と墓碑の特殊な様式を紹介しながら確認することが出来たことは、大きな成果であったと思います。

大牟田市法雲院仙台姫塔（二代目忠宗女鍋子）

坂詰　近年、新しい視点から注目すべき所見が得られたようですが、一方各地の大名家墓所の保存整備・活用の委員会に参画されていますが感想は。

松原　平成二七年（二〇一五）度から四年間、史跡岡藩中川家墓所調査整備委員会（竹田市教育委員会）、また同年度、史跡彦根藩主墓所保存管理計画策定委員会（彦根市教育委員会）、同年度、高島藩主廟所保存活用計画策定準備委員会から継続で高島藩主諏訪家墓所保存活用計画委員（諏訪市教育委員会）として参画しています。この他、鹿児島市教育委員会では清泉寺跡を市の史跡とするための調査を実施する中で、磨崖仏や中世後半の石塔・墓碑類が多数存在することがわかり、二〇一六年から三年間遺跡確認調査の指導をさせていただきました。近年、鹿児島では、島津宗家と一門家の各家の墓所を国の史跡とするために、各自治体ごとに墓所の価値づけの調査を進めてきました。かかる状況の中で二〇一八年七月に、指宿市教育委員会が進めていた今和泉島津家墓所の位置づけのための調査への参画要請がありました。指宿市ではこれまで墓所内の宝篋印塔の解体調査など保全活用に向けた調査を積極的に行ってきており、以前に現地見学を案内していただいたこともありました。報告書では、今和泉島津家の婚姻関係に触れ、貴種性や養子縁組の結果が、墓所造営に反映されることについて触れました。二〇一九年一一月、宗家と一門家四家、一所持家が、〈鹿児島藩主島津家歴代の墓所と、一門家四家及び一所持一家の墓所からなる近世墓所群〉として国の史跡として答申されました。

（鹿児島市教育委員会『薩摩藩主島津家墓所（福昌寺跡）調査報告書』〈二〇一七〉
指宿市教育委員会『今和泉島津家墓地埋蔵文化財発掘調査報告書』二〇一九年）。

二〇一五年から各地の大名家墓所の整備や保存活用計画策定に参画させていただき、改めて各地の大名家墓所を目の当たりにしてきました。墓所という宗教的なアジールと観光として活用する方向を模索していますが、極めて厄介で大きな問題が山積されていることを知りました。現実問題として、墓所の立地はその性格から、閑静な場所にあることが多く、見学するにも、交通手段を探すことが容易ではない例が多いのです。そこで、史跡整備を行い、活用事業を積極的に行っている竹田市中川家墓所の保護と見学の取り組みについて紹介しておきたいと思います。史跡中川家墓所の内、三代藩主とその子供の墓所は四年間かけて史跡整備を実施しました。墓所は、竹田市内からは凡そ二五㎞離れた、標高一八〇〇mの大船山中腹一四〇〇mの場所にあり、山麓から約一時間半かけて登山を行わないと見学ができませんでした。市では墓所見学のために登山道中腹まで道路整備を行い、市運営の送迎バス運行を始めました。このことで登山やハイキングを楽しむ人々をはじめ、多くの人々に墓所見学をしてもらえ、史跡の保護の理解にも繋がり評価されています。市内の荒城の月で有名な岡城跡の観光と併せて城主の墓を積極的に見学してもらうという市の取り組みは、他の自治体には真似のできない例ではないでしょうか。加えて、この中川家墓所は、標高が日本一高い場所に眠る藩主の墓としても、儒教に傾倒した独特の思想的な意思を感じ取ることがでるユニークゾーンで、一見の価値があります。東京都内のように何処を見ても大名家の墓所があるという場所ではなく、とにかく市民一人一人が、今の竹田市の礎を築いた城主に対して敬意を払っているような感じさえします。この様な思いを、自治体がきめ細かにくみ取った結果が、現在のような遺跡や史跡保護など繋がっているように感じられます。

また、墓所の整備事業では、現地の史跡整備のほか、文献資料などの検討も行われ、近世後半に記された旅日記に登場する墓所の様子にも着目し、「構築当初の墓所の様子」をどこまで遡って復元可能かの検討が重ねられました。調査によって、墓所は数度の盗掘や落雷による罹災が判明しました。史跡指定時の姿は、自然荒廃ではなく人為的な破壊が加わった後の状態であった可能性が高いこと明らかになったため、盗掘の実態確認の必要性から部分的な確認調査を実施しました。その結果、盗掘は主体部には至ってないと思われ、これらの新知見を踏まえた上で、調査以前の現状復帰を行うことと錯誤がないことを確認し、整備を完了しました。構築当初と現況との整合性や、現状変更と復旧の難しさをつくづく感じた事例で、史跡指定までの過程と経緯を調査する重要性にも気づかされました。

岡藩３代中川久清墓修復整備調査前（左）と盗掘孔確認時（右）

『史跡岡藩中川家墓所（三代藩主中川久清墓）』（史跡岡藩主中川家墓所公開活用事業報告書　二〇一九竹田市教育委員会）

坂詰　近頃、港区芝・泉岳寺の浅野長矩墓及び夫人墓保存修理委員会に参加されているようですが、如何ですか。

松原　平成三〇年度から港区芝泉岳寺にある国指定史跡の浅野長矩墓及び夫人墓の保存修理委員会に参画しています。保存修復事業は、今年度に夫人墓の整備が予定されており、これが終われば完了の見込みです。

史跡としては、大正一一年〈一九二二〉三月八日の告示第四九号で「浅野長矩墓および赤穂義士墓」の名称で指定されています。大正八年〈一九一九〉四月施行の史蹟名勝天然紀念物保存法下で内務大臣によって指定された国の史跡として今日に至っています。指定から百年が経過する中、玉垣の劣化や墓碑の傾きが著しく、公開の際に危険が伴うため修復の申請が行われ、墓所の保存修理委員会が設置され修復整備が実施されました。

委員会では修復に先立って、特に墓碑の傾きがあることから、墓所上部構造解体により、下部の状況の把握のための調査実施とその後の修復の必要性が提言されました。現状に与える影響を最小限にするためにトレンチによる調査方法がとられ、土層の堆積状態や、埋葬に伴う版築状況などの把握に努め、その結果、間知石内部の墓碑下部の版築が、極めて軟弱であり、水の侵入の影響や二次的撹乱状況と思われるような堆積状況であることが確認されました。この状態による上部の復旧は、再び碑が傾斜する可能性が懸念されたため、現状復旧の方法が検討されました。特に軟弱地盤の要因として、他の大名墓の調査事例から、埋葬主体部の柩が経年によって崩落し、版築が緩んでいる可能性が疑われました。私としましては、この様な軟弱な地下の地盤改良を行うには、埋葬主体部の考古学的な発掘調査の実施とその後の安定した埋め戻しによる地盤改良の必要性を提言しました。しかし、施工者は埋葬主体部の調査をせず、上部構造を修復整備する方法を検討し、版築上面を不透水シートで覆い、水の侵入を避け、その上で上部構造を支えるためのアルミ枠の設置を行い復旧を行いました。

長矩墓基壇内部（撹乱状況）

浅野内匠頭長矩墓修復前

　今回の国の史跡としての修復整備事業ですが、「保存管理計画」が策定されていないようでした。近年、国史跡の整備あるいは活用事業などに参画する中では、天然記念物における保存管理に万全を期すための策定を前提とした「保存管理計画」が求められ、多くの場合「保存管理計画」に沿った活用計画事業が策定されるべきであろうと思います。「保存管理計画」を作成することで、当該文化財の保存・活用に関する基本的な考え方や、厳密に保存すべき箇所と改変が許容される部分・程度等が明確化されます。今回の事業に先立ち、自治体としては「保存管理計画」を策定し、それに基づいて保存修理に臨むべきではなかったと私かに考えています。委員会においても同意見を述べ、文献調査、墓所内の碑の銘文調査の必要性も提案しましたが、目的外となる点から、施主独自の事業として実施すべきという方針が示されました。「保存管理計画」策定に示されている「当該文化財の保存・活用に関する基本的な考え方」に従えば、「浅野長矩墓および赤穂義士墓」について「保存管理計画」実施者である東京都あるいは港区は、基礎的な調査が未了なのではなかったのかと考えています。公開のための文化財修復整備は必要ですが、大正一一年という古い年代に指定された史跡の新たな整備に際しては、細心の注意を払うべきでありましょう。個々の史跡に対して「保存管理計画」は必要なし、という意見もないわけではないが、それならば百歩譲って、当該地域は、近世大名の屋敷地や菩提寺、それに伴う墓所が他の区に比べ突出して多いため、個々の事例に対して「保存管理計画」を策定することは無理でも、近世を支えた大名の生活地や宗教的なアジールとしての菩提寺や

池上本門寺細川家三代藩主光尚側室清高院墓主体部断面

墓所を、歴史ストーリーの中で捉えれば、江戸の墓制を保全する一貫として「保存活用計画」の策定等も出来るのではないかと思っています。

坂詰　近頃、特に儒教受容について研究を進めておられますが、その道程と研究例を紹介してください。

松原　まず、「儒教」については全く考えたこともなかった、というのが正直なところです。切っ掛けは、二〇〇〇年に池上本門寺における大名所縁の人々の墓所八件の調査（坂詰秀一先生団長）に参画させていただいたことに端を発します。当時、池上本門寺の大名家墓所の発掘調査は、徳川将軍家・伊達家・牧野家に続く事例として関係者には関心が高かったのですが、墓所の基壇構築から全ての行程を解明し上部構造だけの研究ではなく、墓の下部構造の究明の重要性を提示しようという坂詰団長の調査方針のもと、全ての環境が整い、完全に近い発掘が実現しました。

「儒教」との関係については、報告書を纏めている時点では考えにも及びもしませんでした。主体部に遺骸が丁寧されているので、大名の側室という階層性が見事に捉えられる、という程度であり、経済的に豊かな場合、当然の結果で、家格の差による結果である、という程度の知見でした。しかし、この丁寧な遺骸埋葬の方法は、その工程の復元を行う過程で、漆喰と木炭の用い方が特殊であり、徳川将軍家、伊達、牧野家などの事例にも共通していたことに、石高などの家格を越えた「意識」があるのではないかというようなことを感じていました。この疑問が晴れたのは、二〇一〇年、文部科学省の推進するグローバルCOEプログラムにおいて関西大学（文化交渉学交渉研究拠点）の篠原啓方先生が主催した東アジアにおける近世期の王権・王朝・国家の位相を議論する国際学術フォーラム『陵墓からみた東アジア諸国の位相－朝鮮王陵とその周辺－』（於：高麗大学開催）に参画する機会でした。特に、朝鮮王陵の埋葬様式の発表で、日本の近世大名家墓所のそれと共通していたことに驚愕を覚えました。そして朝鮮半島では、「儒教」が国教として位置づけられていた結果、王陵の埋葬様式が成立しているという背景を関西大学の吾妻重二先生からご教示いただいたことは、自分の中で消化しきれていなかったが、正鵠を射た感を覚えました。これらの示唆が、日本における近世武家の埋葬様式と儒教からの影響や、近世大名家墓所の様式の変遷における儒教の影響に着目する切っ掛けになり、坂詰秀一先生からの勧めもありまして、二〇一二年に『近世大名葬制の考古学研究』（雄山閣出版）として纏めることが出来ました。この著書では、大名家の儒教受容の実態に触れ、儒者（儒臣）が実践に関与している可能性を指摘し、儒者の葬制についても着目しました。また、坂詰先生から序文で「近世儒教は、武家政治の指導理念」である、との示唆が次の研究を深める第二の切っ掛けになりました。最近の考え方としては、日本近世の遺骸埋葬では、朱熹『家礼』の治葬をを方法として用いますが、「儒教の受容」として実践した大名は限られ、多くの場合は「儒教テキストに示された治葬」を埋葬の方法に取り入れたに過ぎないのではないかと考えるようなっています。儒教を国教とした朝鮮半島と日本の違いは歴然

世界遺産・九里市東九陵（太祖〈李成桂〉陵）

でありまして、今日、発掘調査で得られる埋葬様式の結果について、「需葬」という言葉を無意識に使用している感がありますが、中国・朝鮮半島の「需葬」とは似て非なるものであることを改めて感じています。

遺骸は丁寧に埋葬されるべきであるという儒教に説かれた治葬を「武家理念」「規範」「嗜み」として実践した結果が、共通する埋葬様式として捉えられるのではないでしょうか。この「理念」が、生前から実践・選択した大名らの思惟・意識であり、その意識が、政治基盤構築のために婚姻関係を介して重視されたと考えています。墓に示された意識について、考古学的な視点でどのように捉えられるかの解明に力を注ぐことは、発掘調査に至らずしても大名家墓所の位置づけを可能にし得ると思います。婚姻関係の解明や文献などと合わせて考察すれば、考古学による歴史叙述さえも可能にし、考古学が歴史の補助学として終わらせないためにも、これまでも繰り返されてきた「モノ」から人間の意識を探る方法論を考え体と思います。

坂詰　広い視野から儒教のあり方についてはどうですか。

松原　これまで行ってきた近世武家の葬制研究を見直してみると、遺骸の埋葬様式としての葬法に着目してきました。その葬法は、「灰隔板」を用いて、石灰と炭化物を多用するという儒教のテキスト（朱熹『家礼』）に示された「治葬」に依拠した葬法であることを指摘し、「治葬」＝儒葬と捉えてきました。しかし、一八世紀代の旗本の向井将監正方夫妻墓の調査事例では、「治葬」に従って丁寧に埋葬されているのですが、柩に大甕を用い、銅板を繋いだ板によってこれを閉じています。この様な葬法は、類例では、神祇長官家である吉田家の葬法と共通しており、神道との関連が想起できる事例と言えます。葬制における宗教的な変革も看過できないと感じました。

近世大名墓における神道の影響を考古学的に捉えるときには、金属製の板に銘を刻んだ「牌」に注視したいと考えています。儒教の影響下での葬法は、『家礼』に従った治葬と思われ、遺骸の三尺上に石製の墓誌埋納する場合が多く確認されています。しかし、港区済海寺長岡藩牧野家墓所の発掘例では、儒教の制による墓誌とは別に全ての藩主墓から金属製銘板が発見されています。牧野家の場合、墓誌銘は石槨の蓋石裏面に刻み、これとは別に、金属製の銘板を埋納しているのです。牧野家の銘板導入の背景を調べて見ますと、荷田春満と三代藩主牧野忠辰知遇にあることが判ってきました。荷田春満は、伏見稲荷祠官家で後陽成院から古今伝授の所縁を持っており、歌学神道を極めた人物です。この人物が牧野家三代・四代にに仕えます。また、三代忠辰は、後に樗谿神社に神人とし祀られます。この様な背景が、牧野家の葬制に影響していることが想定出来ようと考えています。牧野家における葬制は、葬地として浄土宗済海寺を開基していますが、遺骸の埋葬方法は儒教の治葬に従い、銘板を入れるなど死者を送る方法を、神道の葬制をもって執り行っていまして、神儒仏が一体となった葬送を実践していたと理解出来るのです。先に示した横須賀の旗本・向井将監正方夫妻の墓についても同様な解釈が可能であろうと考え

諏訪家墓所（諏訪市温泉寺）

ています。

近世武家の葬制における宗教の複合性（神儒仏一致）については、茅野市と諏訪市にある諏訪家墓所の国指定記念として開催されたシンポジウムの基調講演で示された坂詰秀一先生の視点（坂詰二〇一七）が、極めて重要であると思われるので紹介しておきたいと思います。

坂詰先生は、高島藩諏訪家墓所（特に温泉寺）の宗教性に触れる中で、歴代の墓碑に刻まれた戒名とその下の置き字の「神儀」の組み合わせや、墓上部の碑型式が神牌（碣）を具現した様式と捉えられることについて、神道的な要素が強いことを示唆しました。その上で、近世大名家墓所における墓制について触れ、仏式仏葬・神式仏葬・神儒式仏葬・儒式儒葬が存在し、多様性に富むことを指摘し、宗教性に言及されました。

かかる指摘を踏まえた上で、諏訪家三代忠晴生母・永高院の葬制を確認しると、火葬（仏葬）であり、銅製の牌を伴う（神葬）。埋葬において炭化物・石灰が使われ（儒葬）、一字一石経（仏葬）が埋納されるなど、まさに「宗教の複数性（混淆状態）」を示していると言えます。母・永高院を葬った三代藩主忠晴の思惟は、朱子学と神道を習合させた山崎闇斎の垂加神道に求められましょう。偶然でしょうか、現在の高島城の展示室に山崎闇斎加点の「論語」が展示されています。

近世武家社会における墓の造営、葬礼に認められた宗教性は、黒住真（二〇〇六）や末木文美士（二〇一〇）が示した「宗教の複数性」、あるいは「複合性」と捉えるべき点が多々確認でき、その通底には、神道があり、道徳的な規範を儒教がカバーしているように捉えられます。このような考え方は、尾藤正英（一九八八）によって「多様なる宗教の併存」と定義され、近世の神儒仏の複合状態を「国民的宗教」と称されています。また、国民的共通の宗教性は、古くは熊澤蕃山が、宝永六年（一七〇九）『集義外書』にて「水土解」を示し、日本の水土（風土）による神道のあり方とそれを中心にした文化の取り入れ方について既に触れ、儒教と仏教との関係や中国、天竺などの古き礼法などを交えながらその真偽、易簡について意見を端的に纏めています。また蕃山の「水土」の解釈に対して、西川求林斎は、葬法について具体的に一八世紀前半の神儒仏への理解を示しながら疑義を披瀝しており、このような二人の捉え方は、大変興味深く、改めて近世の宗教性を考えるための視点と思っております。

坂詰秀一 二〇一七「近世大名家墓所の保全と活用 ‐「高島藩主諏訪家　墓所の特徴」‐」（『第　九回大名墓研究会』）
黒住　真二〇〇六『複数性の日本思想』（ぺりかん社）
末木文美士二〇一〇『近世の仏教』（吉川弘文館）
尾藤正英一九八八「日本に於け国民的宗教の成立」（『東方学』第七十五輯）

坂詰　最後に目下、関心を持って進めている「大名墓」をめぐる研究について述べてくださいませんか。

松原　近世大名家葬制と「宗教の複数性（混淆状態）」、近世大名葬制と礼楽思想形成について関心があります。これまで葬制の内実を精査せずに「神儒仏の一致」としてやり過ごしてきたと思われるのです。しかし特に近世大名、あるいは武家の墓の考古学的な調査結果の精査を踏まえますと、「一致」・混交は、むしろ神儒仏が役割を認めつつ共生している様相が読み取れます。これは宗教者がそうしたのではなく、武家・大名らが帰依、あるいは何らかを実践した結果が顕現していると考えています。つまり、大名たちの心の意識・思惟が宗教者の説く教えに傾倒し、規範に基づいて実践した最大のイベントが葬送として位置付けられるのではないでしょうか。これを歴代や近親者が「制」として受け継ぐことで、「家」における「礼」制（規範）として成立すると捉えています。儒教の基本的な「礼楽」の思想を水土に解して気概とした近世武家社会の本質を考えてみたいと思うのです。

規範をもって正しく過ごすことが、心の安定につながる。これは儒教の礼楽思想の「楽」と同義であろうと思うます。「楽」の概念は、単に「音楽」というだけでなく、調和こそが「楽」「楽しく」「健やか」「安定」を示しており、礼節を導きうる概念の一つと言えると思います。簡単に言えば、礼節と音楽。社会秩序を保つための礼と、人心を感化し礼節を保持するために用いる楽。中国で、古くから儒家によって尊重された思想と同義であります。近世武家文化形成において、武家の祭祀や葬制は、儒教に説かれた礼節に従った「礼楽」の思想が顕現されていると考えています。したがって葬送の実態を確認することは勿論ですが、被葬者と属人のコミュニケーションを捉えることで、墓と被葬者を理解することに繋がるのです。具体的には、生前に帰依をした高僧や、文化交流を得た人々を探ることが、葬制と葬送を理解することに繋がるのではないでしょうか。また、儒学・儒教が言説としてではなく、慣習的な実践行為として水土に解し土着したことの証左を示すことにもなると考えています。さらに、近世武家社会における礼楽思想形成を理解するには、宗教的な思想背景の把握が重要です。

　そこで近世武家社会に大きな影響を与えた仏教の内、従前の近世宗教研究ではあまり研究が及んでいない新たな仏教として隠元隆琦がもたらした黄檗派に注視したいのです。近世初期、紫衣事件がきっかえで混沌とした禅宗に対して大きな刺激となりました。隠元没後も木庵性瑫・慧林性機・独湛性瑩・高泉性潡などに代表される黄檗派の教線活動は、多くの大名らの帰依を得て、多くの文芸圏を生み出すエネルギーになったとされています。これらの点について、考古学的な視点からモノに示された痕跡を探求し、その実態を示したいと考えています。その一つとして亀趺碑の造立による頌徳事業における黄檗派（高泉）と朱子学実践者の交流の実態を確認し、治世希求としての礼楽思想を詠みたいと考えています。

　石造文化財調査研究所は、開所以来二〇年を迎えました。研究所としての調査成果の他、多くの研究者の研究者の成果を年に一冊のペースで機関誌『石造文化財』に掲載・発行し、今号で一二号目となりました。調査研究における一貫したテーマは、宗教と人との関わりにあり、仏教・神道・儒教などと人々の関わりや、人々の対峙の様相を、考古学的な視点から解明しようと、心がけてきました。近年は、中世・近世の人々の宗教観に視点を当ててきました。具体的には、墓あるいは供養塔など、人々の意識がより具現化された「モノ」の象徴を捉え、それが造られた意味・意識・背景を読み解き、それが属する社会にどのように位置づけられるかについて考察を重ねてきています。「モノ」の意味を解き明かすのは、「ヒト」を読み解くことにも繋がるのです。

　今後も、「ヒト」を読み解くために各地における「モノ」の調査を重ね、大いに人の営みの読み解きを続けたいと考えています。

　具体的なテーマとしては、公益財団法人高梨学術奨励基金などで集中的に行った近世大名墓の成果を根幹に、中世から近世への死生観の変化について墓を通して読み解くことや、近世期の宗教を読み直すことを追及していきたいです。これまで常識的に捉えられてきたことについて、改めて現段階で出来る解釈を再度行うことも重要でしょう。とりわけ近世考古学分野では、「モノ」の研究は進んできましたが、意外に社会や文化・宗教を読み解くまでには至っていないのではないでしょうか。方法論も含めて、今後の大きな課題として「形而上の意識」を考古学することを目標にしたいと思っています。

　一二号は、当研究所の顧問をお引き受けいただき、日頃からお教えを頂いている森清範先生の傘寿を慶祝して所員一同が執筆をしました。

　機関誌『石造文化財』の題字揮毫を汚さぬよう、今後とも研究を重ねたいと思っています。

【学界動向】

『令和元年鹿児島県考古学会秋季大会研究発表会』

於：鹿児島国際大学

近年、鹿児島県下において鹿児島藩主家と、一門家、一万石以上の領地を有する家臣団の墓所を国指定史跡としての指定を目指した取り組みが行われて来ていた。

鹿児島市は歴代藩主家墓所、一門家墓所として重富島津家・加治木島津家墓所を姶良市、指宿市は今和泉島津家墓所、垂水市は垂水島津家墓所、一所持家の宮之城島津家墓所をさつま市が調査に取り組んできた。

これら自治体の調査成果は、鹿児島藩主島津家歴代の墓所と、一門家四家及び一所持一家の墓所からなる近世墓所群として、令和元年一一月一五日に行われた文化審議会の文化財分科会の審議・議決を経て文部科学大臣に答申され、官報告示を受けて国指定史跡となるものと思われる。

鹿児島県考古学会では、県下のかかる状況を踏まえて、令和元年の秋季大会（一一月三〇日鹿児島国際大学）において、島津宗家墓所、越前島津家・加治木島津家墓所、今和泉島津家墓所、宮之城島津家墓所の調査成果が各自治体によって発表が行われた。当日参加させていただいたので、各墓所調査の成果について簡単に触れておきたい。

宗家島津家墓所は、平成二三年から同二八年にかけて鹿児島市教育委員会により調査が実施され、その成果は『薩摩藩主島津家墓所（福昌寺跡）調査報告書』（二〇一七）として刊行されている。今回は、市教育委員会・有川孝行氏によって調査概要と宗家墓所としての特質が丁寧に発表された。特に六区画に区分された墓域の造成・形成過程や、墓域に奉献された多数の石燈篭とその奉献者との関係、また文献や絵図面で確認された御灰塚六面幢との関係、藩主の葬礼など様々な視点からの分析、解析が行われていることが強調され、歴代藩主の葬礼における一門家も含めた封建的な規則的な役割分担など、家の思惟を重視した実践が、他の藩には例のない重要な規範を創り上げていることが示された。これに加えて宗家墓所の情報としては、平成三〇年に、長年調査に携わった藤井大輔氏によて文化財レポート「鹿児島島津家墓所の調査」（『日本歴史』八四四号）では的確に墓所の概要がまとめられているので参考取れたい。

島津宗家福昌寺跡墓所

越前（重富）島津家墓所は紹隆寺跡に残っている。島津継豊の弟・忠紀が再興した寺で、周辺の五つの村を合わせて「重富」と称した。寺は廃仏毀釈によって廃寺となった。

加治木島津家墓所

加治木島津家墓所は、曹洞宗能仁寺跡と長年寺跡、に所在している。両墓所では、五輪塔型式墓碑と石廟型式の墓所が特徴的。長年寺墓所には宗家島津重豪母・都美の三十三回忌に建てた供養亀趺碑があり、亀趺碑造立により墓所の改変が行われたとされる。墓所における亀趺碑は象徴的であり、宗家重豪の墓前にも大きな亀趺碑があり、一所持家宮之城島津家墓所にも、亀趺碑が造立されており共通する。重豪は祖先祭祀を熱心に行ったことも明らかで、黄檗宗とのつながりが強い。宮之城島津家における亀趺碑造立背景においても、近衛家との縁であり、近衛家熙、基熙が黄檗派の篤信的信奉者でもあったことが共通している。宮之城島津家墓所（宗功寺跡）の特徴は、歴代頭主及び子女すべてが石廟を墓としている。特に五代当主久竹が宗家島津藩二代の光久の筆頭家老を務めたことで石廟型式の墓所造立が許された。

今和泉島津家は、平成一八・二七〜三〇年にかけて墓所調査が行われ、多くの成果が公にされている。墓所造営としては江戸期後半であるが被葬者の一人に今和泉島津家五代当主忠剛は、一三代将軍家定の御台所・天璋院篤姫の実父である。五代当主忠剛の墓所造営において、大きな改変が行われ、墓碑型式も宝篋印塔型式ではなく、五輪塔型式が用いられた。つまり、三代当主が加治木島津家領主久徴の子供であり、加治木島津二代であった島津重豪の子といて今和泉家三代に養子入したのである。加治木家のアイデンティティーを具現化させえるために四代忠厚・忠剛の墓を五輪塔で造立したことなどについて、詳細に報告された。二〇一九年に指宿市教育委員会から『今和泉島津家墓地埋蔵文化財発掘調査報告書』が刊行。

宮之城島津家墓所

長年寺跡重豪母亀趺碑

今回、鹿児島県考古学会では、宗家をはじめ一門家・一所持家の墓所の調査成果と実態が詳細に報告されたことで、改めて各墓所の独自性を認識し、鹿児島藩における墓制と階層構造が明確になったシンポであり、有意義な一日となった。

（松原典明）

今和泉島津家五代当主忠剛墓（篤姫実父）

【石造文化財調査研究所　彙報】

-二〇一九年度-調査・研究活動-

二〇一九年

4月　・久松家墓所改葬調査〔~五月まで〕（港区松原）

・久松家墓所調査出土遺物整理（小平・松原）

5月　・久留里藩初代藩主黒田直邦墓所調査（埼玉県飯能市多峯主山中）

・「暗闇の清水寺」～千本のカーネーションで祝うお釈迦さまの誕生日～（森清顕・関西支部・文化財の活用を考える（京都5／12）

・石造文化財調査研究所総会開催（東京尾山台〈徳助〉／坂詰秀一顧問の日本考古学協会シニアフェローの称号表彰祝賀会（5／26）

・久松家墓所調査出土遺物整理・写真撮影（小平・松原）

6月　・久松松平家菩提寺大林寺御遺骨調査（愛媛・松原）

・愛媛県宇和島吉田藩伊達家墓所調査（愛媛・松原）

・萬福寺黄檗研究会（京都・松原）

・北九州市大牟田中世的景観の復元的研究参画（金子・松原）

・浅野内匠頭長矩墓所修復調査参画（坂詰・松原）

7月　・久松家墓所調査出土遺物整理・写真撮影（小平・松原）

8月　・西国三十三所 trip around33FM 全国FM 放送協議会（JFN 賞 2019）地域賞受賞（森清顕）

和束正法寺亀趺碑

黒田直邦墓

柿本人麻呂神社亀趺

坂詰顧問　日本考古学協会設立70周年記念・岩宿発表

観光考古学会発足　記念講演（坂詰顧問）

森君 JFN2019 地域賞受賞写真

9月
・岸和田藩主岡部家墓所調査（五代藩主長著墓所・十輪寺）（松原）
・観光考古学会シンポジウム参加（葛飾・増井・松原）、
・京都相国寺・塔頭大通院亀趺碑調査（山川・松原）
・京都和束正法寺亀趺碑調査（山川・松原）

10月
・京都和束正法寺亀趺碑調査（松原）
・鳥取藩家老家墓所調査（山川・松原）

11月
・鹿児島県考古学会参加（松原）
・日本考古学協会設立七〇周年記念岩宿大学公開講座『岩宿遺跡と日本の近代考古学』顧問：坂詰秀一「戦後の考古学研究の歩みと歴史学」主催：みどり市教育委員会・一般社団法人日本考古学協会、会場：笠懸公民館1階 交流ホール（11月24日）

12月
・仙台伊達墓所調査（大年寺・瑞巌寺）
・明石市松平家墓所見学（山川・松原）
・久松家墓所調査出土遺物整理・写真撮影（小平・増井・松原）
・海福寺・瑞聖寺黄檗塔実測調査（増井・松原）

1月
・伊勢原市浄業寺跡石塔実測調査（松原）
・駒ヶ根小町谷家黄檗関係調査（松原）

2月
・宇和島吉田藩伊達家墓所委員会（松原）

3月
・鳥取藩筆頭家老家墓所・位牌調査（白石・山川・松原）

紫雲山瑞聖寺大雄宝殿と青木家墓所

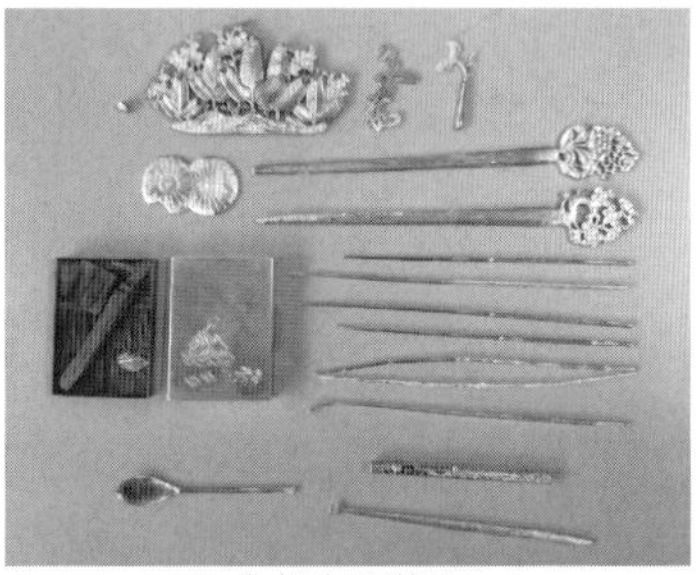

久松家香道具

海福寺実測調査

森清顕 JFN 祝賀会にて

鳥取家老家調査

文化財活用と清水寺